LA MÉDIUM D'À CÔTÉ

Éloges pour Maureen Hancock et *La médium d'à côté*

« Dans *La médium d'à côté*, Maureen Hancock relate ses expériences de communication avec d'autres mondes sans perdre de vue le contexte de la vie quotidienne, offrant ainsi au lecteur un ouvrage accessible et crédible. Maureen est non seulement une formidable messagère des esprits, mais elle est en outre une personne bienveillante d'une grande intégrité et dotée d'un merveilleux sens de l'humour. J'ai eu la chance de la rencontrer en séance privée, laquelle fut menée dans le respect de conditions particulières. Sa prestation m'a ébloui, et les preuves irréfutables de sa conversation avec Brandon, mon fils bien-aimé, m'ont rendu le scurire. »

— Mark Ireland, auteur de *Soul Shift : Finding Where the Dead Go*

« La capacité qu'a Maureen de comprendre et d'interpréter les messages des morts est remarquable. Elle décrit les événements, les lieux et les situations avec tant de réalisme qu'elle semble les avoir personnellement vécus. Je suis en admiration devant ses connaissances et sa compréhension de la vie de personnes qu'elle n'a jamais rencontrées. Ses interprétations sont inspirantes et réconfortantes, même pour le plus grand des sceptiques. Un livre incontournable pour ceux qui ont perdu un proche et qui se questionnent sur la mort et sur la continuité de la vie. »

— Cindy Hall Felts,
Alamance County Homicide Detective

« Maureen Hancock est une référence ! Sa capacité innée à prendre contact avec nos proches décédés et à recevoir leurs messages est véritablement un don du ciel. Parce que j'ai occupé pendant 30 ans le poste d'agent de la force publique, j'ai besoin de preuves concrètes pour adhérer à quoi que ce soit. En 2006, ma vie a changé après une séance de médiumnité qui m'a mis en contact avec un être cher décédé des dizaines d'années plus tôt, bien avant que les ordinateurs, Internet et Google n'existent. *La médium d'à côté* ouvrira votre cœur et votre âme à la possibilité que vos proches ne meurent jamais vraiment, et qu'ils soient « simplement différents maintenant », comme l'explique Maureen à partir de ses expériences. Son livre foisonne de récits véridiques inspirants et réconfortants qui dissipent les doutes pouvant subsister et qui procurent au lecteur force, espoir et sérénité. »

— John M. LaCross, Chef de police du Rhode Island
et Major retraité de la police d'État du Rhode Island

« Lorsque notre petit ange de quatre ans, Lulu, est venue à nous par l'intermédiaire de Maureen, nous n'arrivions pas à le croire ! Ce fut l'expérience la plus spéciale qu'il m'ait été donné de vivre. Maureen transmet les messages avec efficacité, humour et grâce. Elle se dit clairaudiente, mais je l'ai également vue adopter une gestuelle totalement identique à celle des esprits avec lesquels elle était en contact. Maureen est un cadeau pour les vivants et pour les morts ! Elle est une référence ! Pour ceux qui vont quitter ce monde, ceux qui ont perdu un être cher... Maureen et son livre sont des incontournables ! Si vous avez toujours été sceptique quant à la possibilité d'une vie après la mort, ce livre dissipera tous vos doutes ! Merci Maureen de partager votre don avec le monde ! »

— Gretchan Pyne, The Lulu Foundation,
auteure de *Lulu's Rose Colored Glasses* et autres ouvrages
(rendez-vous au www.lulubellebooks.com)

« Maureen Hancock possède un don, et elle nous en fait profiter. Son merveilleux livre nous permet de pénétrer dans le monde d'une vraie clairvoyante et nous éclaire sur certains des plus grands mystères de la vie. Je trouve son histoire inspirante, amusante et merveilleusement bien écrite. Deux mots pour le résumer : hautement recommandé. »

— Bobby Farrelly, réalisateur et scénariste

LA MÉDIUM D'À CÔTÉ

Les aventures d'une authentique messagère des esprits

Maureen Hancock

Traduit de l'anglais par
Claire Perreau

ADA éditions

Éditeur : François Doucet
Traduction : Claire Perreau
Révision linguistique : Daniel Picard
Correction d'épreuves : Nancy Coulombe, Katherine Lacombe
Conception de la couverture : Paulo Salgueiro
Photo de la couverture : © Thinkstock
Mise en pages : Sébastien Michaud
ISBN papier 978-2-89667-708-5
ISBN PDF numérique 978-2-89683-688-8
ISBN ePub 978-2-89683-689-5
Première impression : 2012
Dépôt légal : 2012
Bibliothèque et Archives nationales du Québec
Bibliothèque Nationale du Canada

Éditions AdA Inc.
1385, boul. Lionel-Boulet
Varennes, Québec, Canada, J3X 1P7
Téléphone : 450-929-0296
Télécopieur : 450-929-0220
www.ada-inc.com
info@ada-inc.com

Diffusion

Canada :	Éditions AdA Inc.
France :	D.G. Diffusion Z.I. des Bogues 31750 Escalquens — France Téléphone : 05.61.00.09.99
Suisse :	Transat — 23.42.77.40
Belgique :	D.G. Diffusion — 05.61.00.09.99

Imprimé au Canada

Participation de la SODEC.
Nous reconnaissons l'aide financière du gouvernement du Canada par l'entremise du Fonds du livre du Canada (FLC) pour nos activités d'édition.
Gouvernement du Québec — Programme de crédit d'impôt pour l'édition de livres — Gestion SODEC.

Catalogage avant publication de Bibliothèque et Archives nationales du Québec et Bibliothèque et Archives Canada

Hancock, Maureen

La médium d'à côté : les aventures d'une authentique messagère des esprits
Traduction de : The Medium Next Door.
ISBN 978-2-89667-708-5
1. Hancock, Maureen. 2. Médiums - États-Unis - Biographies. I. Titre.

BF1283.H36A3 2012 133.9'1092 C2012-941758-0

Ce livre est dédié à notre ange, Sean Michael Ewas, qui a fait souffler le vent sous mes ailes terrestres, et à ma merveilleuse famille, pour son amour inconditionnel et ses encouragements.

Table des matières

Introduction

Une chose est sûre, je mène une vie peu ordinaire. Disons que je ne suis pas une maman comme les autres. Il me faudrait presque avoir une penderie dédiée à toutes les différentes casquettes que je porte au cours de mes journées. Celles-ci commencent comme celles de la plupart des mères de mon quartier. Après avoir laissé mon réveil sonner à deux reprises, je roule hors du lit à 7 h 20. Ma routine de beauté du matin consiste à enfiler un chandail à manches longues et des chaussures de sport. Je me précipite ensuite au rez-de-chaussée pour mettre en route le petit déjeuner, pour faire sortir Ally, notre labrador, afin qu'elle se soulage, et préparer les collations, l'eau et les affaires d'école. Ensuite, c'est la course contre la montre pour réveiller mes garçons, Tyler et Drew, pour les faire manger et les conduire à l'école avant que retentisse la cloche de 8 h. Après les bisous d'au revoir, je revêts ma cape de superfemme. Voyez-vous, il se trouve que je descends d'une longue lignée irlandaise de voyantes et de guérisseuses. Mon arrière-grand-mère avait un don, ainsi que ma grand-mère et ses sœurs, plus particulièrement sa sœur Annie. Le curé de la ville de Donegal, en Irlande, lui avait d'ailleurs ordonné de partir pour l'Écosse lorsqu'il a vu que des dizaines de personnes campaient devant sa petite chaumière dans l'espoir qu'elle les guérisse ou qu'elle les gratifie d'une séance de voyance. La médiumnité fait partie de mon ADN, mais il m'a fallu quelques expériences à la frontière de la mort et la tragédie du 11 septembre pour être pleinement consciente de ma capacité à communiquer avec les morts. Maintenant, je partage ce don à l'échelle de notre pays pour aider les gens.

Vers 9 h, j'arrive à mon bureau, lequel se trouve dans une ville rurale, à environ 40 minutes au sud de Boston, où je retrouve mon organisatrice d'événements et amie, Kelly Scriven. Kelly passe en revue une liste de choses dont nous devons nous occuper en prévision d'une présentation ou d'un événement important. Ensuite, je fais le point avec mon assistante, Wanda, qui me remet une liste de tâches à accomplir pour la journée. Par l'intermédiaire de la fondation Seeds of Hope, il m'arrive d'aller soigner des malades par imposition des mains à leur domicile ou à l'hôpital. Je peux également être sollicitée pour rechercher un enfant ou un adulte disparu en collaboration avec la Metro Investigations de Boston. Notre organisme — Mission for the Missing — fournit bénévolement ce service. En outre, je rencontre souvent des parents qui ont perdu un enfant dans le but de leur procurer une certaine paix en leur transmettant des messages de l'autre monde. Ce genre de rencontre débute habituellement avec beaucoup de pleurs et d'anxiété, mais elle se termine généralement par une transformation positive, des larmes de joie et des sourires. Toutes ces activités, qu'il s'agisse de séances individuelles de médiumnité, de visites de guérison à des cancéreux ou de recherches de disparus, se font à titre gratuit. Je suis une adepte de la philosophe

« payez au suivant », et je suis convaincue que Dieu m'a transmis ce don pour que je le partage avec les autres.

À 15 h, lorsque la cloche de l'école marque la fin de la journée, j'ai parfois réussi à aider les mourants, à réconforter les personnes endeuillées, à résoudre un mystère, à intervenir dans une émission de radio, à effectuer une chasse aux fantômes et à localiser un chien perdu, juste à temps pour les retrouvailles avec mes enfants, les devoirs et le repas du soir.

— Est-ce qu'on a du baseball, du soccer, du football ou de la crosse ce soir ?

C'est ce que je leur demande calmement, tout en remuant le repas qui mijote.

Après le repas, c'est direction terrain de sport, où je participe à l'entraînement des petits joueurs. En fonction du jour de la semaine, ma prochaine activité consistera à animer une soirée de « Postcards from Heaven » (Cartes postales du ciel). Il s'agit de rassemblements pouvant attirer entre 50 et 500 personnes qui espèrent entrer en contact avec un proche décédé. Ces rencontres peuvent avoir lieu à différents endroits tels que des restaurants, des vieux cinémas de Boston, des hôtels, des librairies, des auberges historiques ou d'anciennes casernes de pompiers. Certains de ces événements visent à lever des fonds pour aider des organismes caritatifs de la région et des familles dans le besoin.

Réputée comme la « médium comique », je me sers de l'humour pour alléger un peu le sujet difficile de la mort. Après avoir rapidement expliqué comment j'interprète ce qui me vient de l'« autre monde », je suis attirée par certaines personnes de la salle et leur transmets ce qui m'est dicté, la plupart du temps des messages d'êtres chers devenus esprits.

En plus des rencontres Postcards from Heaven, je donne des cours sur la communication avec les esprits. J'aime particulièrement enseigner à ceux qui croient impossible de parler directement à des morts, et je suis ravie lorsque leurs froncements de sourcils et leurs doutes se transforment en sourires et en prises de conscience. L'éclectisme des personnes qui assistent à mes séminaires me surprend toujours. J'ai en effet eu l'occasion de former des médecins, des avocats, des juges, des agents du FBI, des policiers, des infirmières, des enseignants, des personnes muettes, des ingénieurs, des médecins légistes, des pères et des mères au foyer, des grands-parents et des adolescents.

Ceci étant dit, je passe mes moments les plus précieux avec mon mari et nos deux garçons dans notre maison typique de Cape Cod, située sur une voie sans issue. Lorsque je n'ai pas de rencontre ou de cours à mon agenda, j'aime les moments où nous nous rassemblons autour de la table pour partager un bon repas. Parce que mon emploi du temps est chargé, j'apprécie d'autant plus les moments en famille. Dès l'instant où mes garçons rentrent de l'école, ils me demandent :

— Est-ce que tu vas rester avec nous jusqu'à la fin de la journée ?

Cette question a été récurrente ces dernières années, car j'ai souvent été appelée pour une urgence ou pour aider une famille. Aujourd'hui, j'essaie de donner la priorité à la mienne. Je pense que nous devrions tous travailler pour vivre et non vivre pour travailler. Dans mon métier, j'ai l'occasion de constater à quel point chaque instant est précieux.

À la maison, il me faut pratiquement tordre un bras à mes fils, surtout celui de neuf ans, pour savoir comment s'est passée leur journée. Je dois habituellement me contenter d'un « bien » pour toute réponse. Quant à nos conversations autour de la table, elles sont légèrement différentes de celles de nos voisins. Il nous arrive de parler d'événements auxquels je vais participer ou de cas d'enfants disparus. Mes garçons sont très curieux à l'égard de mon travail. Pendant le repas, ils me demandent qui j'ai vu pendant la journée. Tous les deux sont particulièrement sensibles et empathiques. Je leur parle des enfants malades avec lesquels je travaille. Leurs visages expriment de l'empathie lorsqu'ils me demandent :

— On peut faire quelque chose pour les aider ?

Drew, le plus jeune, me dit :

— Pourquoi le docteur ne leur donne pas des médicaments pour faire partir leur cancer ?

Nous parlons de la chance que nous avons et des moyens possibles d'aider les autres. Une fois le repas terminé, nous disposons d'une règle claire : si j'ai cuisiné, mon mari s'occupe de la vaisselle. Nous terminons ensuite la soirée en lisant un bon livre à voix haute.

En ce qui concerne ma parenté, j'ai une mère énergique qui mesure 1,50 mètre et se fait le porte-parole de la droite chrétienne. Mon père, quant à lui, aura toujours une bonne blague et un sourire pour vous. Je viens d'une famille de neuf enfants — deux garçons et sept filles — qui ont partagé une seule et même salle de bain dotée d'une petite baignoire sur pieds. Je suis la septième, ou la troisième plus jeune, ce qui m'a valu d'être considérée comme l'un des « trois bébés » jusqu'à ce que j'atteigne la vingtaine avancée.

Je tiens énormément à mes frères et sœurs. Lorsque mes six sœurs et moi allons danser, nous sommes impayables.

Nous sommes la famille de comiques qui occupe la table la plus animée, où que nous allions. Mes proches ont fini par accepter l'idée que « Mo » soit une médium. Quand je leur ai révélé mon don, la plupart de mes frères et sœurs ont été compréhensifs. Mais mon frère Jim, le psychologue sceptique, ne se fera probablement jamais à cette idée. Je vois qu'il est curieux de ce que je fais, mais qu'il n'est pas encore convaincu. Et quel défi j'ai eu à relever en annonçant à ma dévote de mère que je parlais aux morts ! Depuis, elle est devenue ma plus grande admiratrice et ma meilleure publicitaire. Quant à mon père, il s'installe pour écouter mes histoires qui le font sourire. Si je lui dis qu'un ancien camarade de la marine lui transmet son bonjour, il me répond en gloussant :

— Ah oui ? Est-ce qu'il boit toujours de l'Aqua Velva ?

Apparemment, de l'alcool sous n'importe quelle forme fait l'affaire lorsque vous êtes en mer pendant des mois[1].

Chaque semaine, je me retrouve confrontée à de nouveaux défis et à des requêtes étranges. On m'appelle notamment pour un cheval perdu. Qui donc peut bien perdre un cheval ? Oh, et j'ai également un groupe de mères qui affirment que leurs enfants voient des morts. Il y a aussi ma voisine qui a perdu son diamant. Est-ce que je pourrais le retrouver ?

Je suis la voisine d'à côté avec des taches de rousseur et une légère particularité : je parle avec les morts. En plus de converser quotidiennement avec les morts, je consacre mon temps à aider les personnes en fin de vie ainsi que leurs familles. Je suis une enseignante hors norme qui démystifie

1. N.d.T. : Aqua Velva est une gamme de produits de soins pour hommes dont l'après-rasage avait été lancé au départ comme rince-bouche.

la mort et célèbre la merveilleuse transition qui nous mène dans l'autre monde. Notre enveloppe physique – notre corps – est un véhicule de location. Quand la location expire et que le véhicule retourne au garage, le conducteur existe toujours.

Peu importe quelles sont nos croyances, quelle est notre race ou combien de voitures nous possédons, nous avons tous une chose en commun : la mort. Nous connaissons tous quelqu'un qui a perdu un être cher, qui a souffert d'une maladie ou qui a été ravagé par le chagrin.

J'ai de nombreuses raisons d'écrire ce livre. L'une d'elles est de partager avec vous des connaissances qui vous aideront à naviguer dans les eaux troubles de la vie. Que vous soyez du style prudent mais curieux, optimiste à l'écoute de son intuition ou entre les deux, à la recherche de réponses, les techniques que je vous propose dans ce livre vous permettront de profiter de la vie et d'affûter votre sagesse intérieure avec une conscience et une présence accrues. Savoir que la vie continue en esprit lorsque nous perdons un être cher nous procure une grande sérénité.

Au fil de ces pages, je vous confie l'histoire de ma vie, les luttes que j'ai dû mener à titre de médium, et la passion avec laquelle j'aide les mourants. Pendant des années, j'ai résisté à ma vocation. Mais maintenant, je peux enfin dire que j'ai senti que Dieu me poussait doucement du coude. Mon verre est toujours à moitié plein, et mon cœur est plus grand que les 24 heures d'une journée. Je vous propose de m'accompagner sur le chemin imprévisible du « sixième sens », tandis que je vous dévoilerai les mystères de la vie d'une médium.

1

Prises de conscience

Je suis née avec le visage « voilé ». En effet, ma tête était entourée de restes de la poche amniotique, ce que l'on considérait dans l'ancien temps comme un signe de chance. Les gens croyaient que ces « bébés voilés » avaient le don de prédire l'avenir et de faire des rêves prémonitoires. Certains pensaient même qu'ils pouvaient communiquer avec les morts.

Je suis la septième d'une fratrie de neuf enfants nés et élevés à Boston, dans le Massachusetts, dans une vieille ferme blanche. Nous étions sept filles et deux garçons entassés dans quatre petites chambres, et nous devions nous battre pour accéder à l'unique salle de bain de la maison. Je partageais une chambre avec mes deux sœurs, Sarah et Patrice, et notre papier peint, décollé par endroits, était fidèle aux années 70, avec ses grosses pâquerettes blanches sur fond jaune criard. Sarah et moi partagions à contrecœur un lit de deux places, et, tous les soirs, nous faisions la bagarre pour avoir le plus de couverture, mais je perdais la plupart du temps, car j'étais la plus petite.

Mon père, Jim Dalton, était un col bleu travaillant comme technicien pour la Boston Gas Company. Il réparait les fours commerciaux dans les restaurants de la ville. Il avait toujours une histoire amusante à raconter et une bière à partager, et il vous aurait donné les deux derniers dollars qui lui restaient dans sa poche si vous en aviez plus besoin que lui. Ma mère, Gracie Dalton, restait à la maison pour garder le fort. Dans ses moments libres, elle se battait pour la cause de la semaine. S'il fallait réparer une injustice ou élire un démocrate, il suffisait d'appeler ma mère à la rescousse. Elle avait le don de régler les problèmes et de le faire vite. Le combiné de son vieux téléphone à cadran coincé entre son cou et son épaule, une cigarette à la main, un café Maxwell House dans l'autre, elle s'efforçait d'organiser des actions bénévoles, de faire entendre raison au maire et de défendre la cause des plus défavorisés.

En commençant par la plus âgée, mes frères et sœurs sont : Rosie, Jimmy, Liz, Maggie, Joe, Marygrace, Sarah et Patrice. Chacun de nous a une histoire à raconter. Chacun a relevé un défi et triomphé d'une tragédie.

Pour continuer mon histoire, quand j'avais environ 18 mois, je regardais mes grands frères et sœurs par la fenêtre tandis qu'ils jouaient dans le jardin, car j'étais trop jeune pour me joindre à eux. Ma sœur cadette, Sarah, avait presque un an et était installée dans son parc à côté de moi. À l'époque je faisais mes dents, et, pour me soulager, je mordais le rebord de la fenêtre en les observant, et cette activité est devenue une habitude. Ce que ma mère n'a pas remarqué, c'était que j'ingérais les écailles de peinture qui tombaient sur le sol. La peinture à base de plomb, qui a un goût sucré, crée une accoutumance. En fait, ce type de dépendance est un véritable trouble appelé pica — ingestion compulsive de substances non comestibles telles que le papier ou les éclats de peinture —, qui frappe principalement les enfants. Au bout de quelques mois à ce rythme, ma mère m'a trouvée inconsciente sur le sol de notre salon. Lorsqu'elle a pris dans ses bras mon corps inanimé, elle a vu que mon visage devenait bleu et s'est précipitée avec moi à l'hôpital Cardinal Cushing de Brockton, dans le Massachusetts. Les médecins étaient déroutés et n'arrivaient pas à déterminer d'où venait le problème. Puis mon cerveau s'est mis à enfler, et je suis tombée dans le coma. Ayant passé une bonne partie de la nuit à consulter compulsivement des livres de médecine pour éclaircir le mystère, le Dr Murphy, notre pédiatre, est arrivé à la conclusion que je souffrais d'un grave empoisonnement au plomb et m'a transférée à l'hôpital pour enfants de Boston.

Dès mon arrivée à l'hôpital pour enfants, une équipe de chirurgiens m'a rapidement transportée vers la salle d'opération, puis a installé un « shunt », ou drain, dans mon cerveau pour en retirer le liquide (je souffrais d'une encéphalite aiguë). Mes parents ont ensuite été informés que je ne passerais probablement pas la nuit. Sa foi inébranlable a permis à ma mère de ne pas se laisser aller et d'entamer une croisade pour contacter des amis, de la famille, des prêtres et des organisations religieuses — en bref, elle a appelé à la rescousse l'escouade de Dieu. Je me suis retrouvée sur des listes de prière de Boston, d'Irlande, de l'Italie et du

Portugal – tous les endroits où ma mère avait des amis et de la parenté.

Leurs prières ont été entendues puisque j'étais encore en vie le lendemain. Cependant, je suis restée dans le coma pendant deux semaines et demie. Mes parents sont restés à mon chevet en se relayant sur le fauteuil près de mon berceau. En plus du drain dans le cerveau, des aiguilles avaient été insérées dans mes talons pour extraire le plomb de mon sang, selon un procédé appelé chélation.

J'ai passé les trois années suivantes à faire des visites fréquentes à l'hôpital. Les médecins avaient informé mes parents que les séquelles seraient importantes, car la quantité de plomb que j'avais ingérée était si grande qu'elle aurait pu tuer cinq hommes. Ces séquelles étaient habituellement des lésions cérébrales, un retard mental, une cécité et même la mort.

Dans l'unité où je me trouvais, il y avait beaucoup d'autres enfants empoisonnés par la peinture au plomb. Je partageais ma chambre avec une petite fille du nom de Sapphire. Nous avions le même âge, et elle souffrait elle aussi d'un grave empoisonnement au plomb. Personne n'est jamais venu pour la voir. Tous les soirs, ma mère nous berçait pour nous endormir, prenant Sapphire sous son aile. Elle m'a raconté plus tard que Sapphire et moi nous tenions toujours la main et nous transmettions réciproquement de la force pour guérir.

Plusieurs mois ont passé et aucun membre de sa famille n'était venu rendre visite à ma sœur d'adoption. Bien que mes parents eussent déjà du mal à nourrir leurs neuf enfants, ma mère a fait une demande d'adoption. Le jour où les démarches devaient être finalisées et où la santé de Sapphire était assez bonne pour être ramenée chez nous, sa grand-mère s'est présentée au tribunal pour protester. Je n'ai plus jamais revu Sapphire.

À cette époque, les gens ne savaient pas à quel point les empoisonnements d'enfants avec la peinture à base de plomb étaient nombreux. En octobre 1968, ma mère était tellement contrariée par cette méconnaissance du sujet qu'elle a lancé un mouvement visant à promulguer une loi sur la prévention des empoisonnements à la peinture au plomb. Sa croisade a débuté par un rassemblement d'amis dans son salon. À partir de là, ceux-ci ont créé le Committee for Lead-Based Paint Poisoning Prevention[2]. Ma mère a ensuite rencontré James A. Burke, membre du congrès du Massachusetts, au bureau de poste de Canton, dans le Massachusetts, pour établir un projet de loi. Celui-ci était déterminé à accomplir cette première étape en vue de protéger les enfants. En novembre 1968, il a transmis le projet de loi à Patrick Moynihan et Daniel Hart, deux membres du congrès du Massachusetts, pour que ceux-ci le présentent à Washington.

Le 8 décembre 1968, les grands pontes du Capitole ont invité Grace Agnes Dalton à témoigner au nom de la loi pour la prévention des empoisonnements à la peinture au plomb qu'elle avait parrainée. En plus de dépenser la totalité de son fonds d'urgence dans le paiement du voyage (lequel fonds était réparti dans une dizaine de bocaux remplis de pièces de monnaie et répartis stratégiquement dans toute la maison), ma mère a également dû emprunter de l'argent à quelques amis pour financer son billet de 99$. Elle est ainsi partie seule, laissant huit enfants à la maison, tandis que je

2. N.d.T. : Comité pour la prévention des empoisonnements à la peinture au plomb.

séjournais encore à l'hôpital pour poursuivre mon traitement.

Ce jour-là, à Washington, ma mère devait être la dernière à prendre la parole lors de la réunion du sous-comité du Sénat, lorsque le sénateur Ted Kennedy a déclaré :

— Nous n'avons pas le temps de vous entendre, Madame Dalton. Je suis attendu pour le déjeuner.

Le cher sénateur aurait dû comprendre qu'il ne fallait pas se frotter à Gracie Dalton, encore moins quand des caméras de télévision se trouvaient sur le sol du Sénat.

— Monsieur Kennedy, a-t-elle commencé, d'une voix qui signifiait « Ne me prenez pas pour une idiote », ma petite fille est à l'hôpital dans un état critique, et vous vous souciez de votre déjeuner ?

À cet instant, une nuée de caméras a entouré cette arrogante dont les joues ont subitement viré au rouge. C'est ainsi qu'elle s'est retrouvée dans l'Associated Press et dans *World News Tonight!* Après cette réprimande culottée, les sénateurs ont gentiment différé la fin de la réunion.

Lorsqu'elle a finalement pris la parole, ma mère a parlé des dangers de la peinture à base de plomb et du nombre d'enfants qui sont empoisonnés ou qui en meurent, en affirmant avec ferveur :

— Dans la ville de Boston seulement, la peinture à base de plomb est responsable de cas de cécité, de retard mental et même de décès chez 1 enfant sur 10. La ville de New York estime que 25 000 nouveaux cas apparaissent chaque année sur son sol.

Elle a ensuite proposé des solutions, notamment d'attribuer des fonds fédéraux à la prévention, à la détection et au traitement de l'empoisonnement à la peinture au plomb; d'extraire le plomb présent dans les maisons et d'exiger des fabricants de peinture qu'ils retirent le plomb de leurs produits. Puis elle a invité les sénateurs à prendre position contre les grandes entreprises qui empoisonnent les enfants et contre les politiciens qui ferment les yeux sur le problème. Lorsque l'écho de ses dernières paroles s'est envolé, un silence électrifiant s'est installé. Le sénateur Ted Kennedy, après avoir soupiré d'un air entendu, a invité Gracie à se joindre à lui dans son bureau privé où il lui a lancé :

— Nous avons besoin de quelqu'un comme vous dans notre équipe. La passion avec laquelle vous défendez votre cause est louable. Pourriez-vous envisager de travailler dans notre bureau du sénat?

Ma mère a décliné son offre avec grâce. Son but état de conscientiser le plus de gens possible sur les dangers de la peinture au plomb dans l'État du Massachusetts, où elle s'est efforcée de promouvoir la création d'une loi d'État pour combattre l'empoisonnement au plomb. Pendant les cinq années qui ont suivi, elle s'est déplacée d'une ville à l'autre pour familiariser les gens aux dangers du plomb.

À la suite de cette audience, le sénateur Edward Kennedy a coparrainé le projet de loi et l'a fermement défendu en collaboration avec le membre du congrès James Burke. Le projet de loi a ensuite été déposé par le membre du congrès William Fitts Ryan.

Le 13 janvier 1971, le président Richard Nixon est allé à l'encontre des recommandations de son secrétaire à la Santé, à l'éducation et aux services sociaux, en ratifiant la loi visant à lutter contre l'empoisonnement des enfants par le plomb. Grâce à cette loi, un montant de 30 millions a été débloqué pour une durée de 18 mois en vue de prévenir, de détecter et de traiter les cas d'empoisonnement au plomb.

Le 25 janvier 1971, Grace Dalton a reçu une lettre écrite par le président Nixon lui-même pour l'informer que le projet de loi avait été adopté.

Ma mère a toujours été ma force. Je n'arrive pas à imaginer comment elle a pu être à mes côtés tout en se battant pour la cause des enfants, en sachant qu'elle en avait huit à la maison. J'ai deux enfants en bonne santé, et il m'est difficile de trouver l'équilibre entre mon travail et le temps que je souhaite leur consacrer. Heureusement, je ne me souviens pas vraiment de mon long séjour à l'hôpital. Quand j'étais jeune, il m'arrivait d'avoir des flashs et des visions terribles où l'on m'attachait dans un berceau en métal tandis que des lumières vives étaient dirigées vers mes yeux endoloris. Ma mère m'a expliqué plus tard que la méthode expérimentale employée pour retirer le plomb de mon sang était particulièrement douloureuse. Ce processus pourrait s'apparenter à une expulsion de plusieurs gros calculs rénaux qui s'étendrait sur plusieurs mois. J'ai la chance de ne pas me souvenir de cette douleur. En revanche, mes talons sont encore marqués de cicatrices profondes tellement je frappais contre le berceau en métal avec mes pieds. Il s'agissait probablement d'un mécanisme m'ayant permis de détourner mon attention de ma véritable douleur.

Ma mère est mon héroïne. Aujourd'hui encore, elle protège ses amis et sa famille. Je m'efforce d'être une mère à moitié aussi bonne qu'elle ne l'est. Toute leur vie, mes parents ont beaucoup travaillé pour que leurs enfants soient heureux et en bonne santé. Je suis remplie de fierté lorsque je me remémore, avec mes frères et sœurs, toutes les croisades que ma mère a menées lorsque nous étions jeunes, notamment auprès de nos enseignants, du Massachusetts State House[3], des méchants petits amis, ou des voisins et médecins malhonnêtes, pour n'en nommer que quelques-uns.

Une des histoires que nous aimons particulièrement raconter s'est déroulée en 1980, à la veille de Noël. Nous étions tous rassemblés dans la cuisine. Mon père venait de terminer la préparation d'un gros plat de boulettes de viande, et en l'espace de quelques minutes, la moitié de celles-ci avaient toutes été englouties. Dans le salon, de nombreux cadeaux ornaient le pied du sapin. Parce que mon père redoutait les incendies, il ressortait, la plupart du temps, le sapin artificiel Charlie Brown de notre sous-sol. À un moment donné, le téléphone a sonné, et ma mère a pris le combiné qui était accroché au mur. Un air perplexe s'est dessiné sur son visage, et elle s'est rapidement efforcée de démêler le cordon pour pouvoir s'isoler. Sarah, Patrice et moi-même nous sommes alors rapprochées discrètement pour écouter la conversation.

Ma mère s'est écriée :

– Oh non, c'est terrible ! J'arrive tout de suite. Aucune famille ne devrait passer Noël sans avoir de cadeaux sous le sapin.

Puis elle a pris deux grands sacs de poubelle verts et s'est dirigée vers le salon où elle s'est emparée de la moitié de nos cadeaux pour les mettre dans les sacs.

Nous avons été quelques-uns à nous offusquer :

– Maman, mais qu'est-ce que tu fais ? Ce sont nos cadeaux !

---

3. N.d.T. : Siège du gouvernement fédéré de l'État du Massachusetts.

— C'était madame Patrick au téléphone. Elle n'a rien à donner à ses cinq enfants pour Noël. Elle et son mari sont au chômage depuis trois mois. Nous avons plus que ce qu'il nous faut, et je vais lui donner la moitié de ces cadeaux.

Nous étions sous le choc. C'étaient nos cadeaux. Nous étions jeunes (j'avais 13 ans), et il nous était difficile de comprendre que quelqu'un puisse avoir plus besoin de ces cadeaux que nous.

Ma mère nous a transmis tellement de leçons. Lorsqu'il sera temps pour elle de partir retrouver sa famille au ciel, je sais qu'elle nous regardera avec un sourire en pensant que nous avons appris et apprécié ses leçons. Je suis fière de dire que, petit à petit, je deviens comme elle.

Parfois la vie semble insensée, surtout lorsque nous traversons une épreuve. Même si nous ne comprenons pas toujours le « pourquoi » de ce qui nous arrive, il y a toujours une raison derrière chaque chose. Aucune expérience n'est perdue. Chaque événement fait partie d'un dessein plus grand qui façonne notre vie. C'est à nous de décider si nous sommes victimes ou si les circonstances nous rendent plus forts. En repensant à l'épisode de mon empoisonnement, je me dis que ma mère aurait pu être paralysée par la peur et se comporter en victime. Pourtant, elle a choisi de se servir de cette expérience pour faire une différence dans la vie des autres, et je crois que nous devons agir comme elle face aux défis que la vie nous présente.

Si vous souhaitez appliquer cette leçon à votre vie, voici comment vous y prendre :

1. Remémorez-vous quelques-unes des situations difficiles que vous avez rencontrées dans votre vie.
2. Réfléchissez aux possibles leçons ou cadeaux spirituels véhiculés par ces expériences. Ceux-ci peuvent se présenter sous la forme d'une foi plus grande, d'une confiance renouvelée, d'une capacité à poser des limites ou à exprimer qui vous êtes, d'une force nouvelle, d'une volonté de défendre votre cause ou celle d'une autre personne, de la création d'un produit inspirant, d'une occasion de vous entraîner à vous pardonner ou à pardonner aux autres, et ainsi de suite.
3. Maintenant, pensez aux façons dont vous pourriez vous servir de cette leçon pour insuffler de la paix, de la joie ou de l'espoir à la vie d'une autre personne.

Il est inutile que vous sachiez dès à présent comment vous allez reconnaître cette leçon ou ce don et les transmettre à quelqu'un d'autre. Soyez simplement convaincu que vous pouvez utiliser chacune de vos expériences pour vous permettre de créer une vie significative pour vous-même et pour les autres. L'aspect du « comment » vous sera révélé au fur et à mesure et vous permettra d'apporter votre contribution unique à ce monde.

Vous pensez peut-être :

— Vous vous moquez de moi ? Il m'est impossible de tirer une leçon de cette expérience !

Parfois, nous sommes incapables de déceler le cadeau qui se dissimule derrière un événement, car nous sommes obsédés par la souffrance qu'il véhicule. Si c'est votre cas, voici quelques pensées apaisantes sur lesquelles vous pourriez méditer :

Si Dieu me le présente, je peux le dépasser.
Cela, aussi, passera.
La douleur est inévitable ; la souffrance, facultative.
Aujourd'hui, je choisis de voir qu'un Ordre divin est à l'œuvre dans ma vie.
Je lâche prise et me repose sur Dieu.

2

De retour parmi les vivants

Pendant près de trois ans à la suite de mon coma, il m'a fallu retourner régulièrement passer des nuits à l'hôpital pour enfants afin de continuer à être traitée pour mon empoisonnement au plomb. Juste avant de fêter mes cinq ans, j'ai pu retourner pour de bon chez moi, dans notre ferme animée de la Nouvelle-Angleterre, où je me suis sentie réconfortée par les rires et les cris familiers de mes huit frères et sœurs. Le premier soir, alors que je m'apprêtais à sombrer dans le sommeil, j'ai découvert, non sans surprise, qu'une dame aux cheveux grisonnants et aux yeux bleus, vêtue d'une robe longue et d'un tablier, faisait le tour de ma chambre comme si elle y cherchait quelque chose. J'étais curieuse, alors que j'aurais dû être tétanisée par la peur. Je me suis tournée vers mes sœurs Sarah et Patrice, avec lesquelles je partageais ma chambre, pour leur demander si elles aussi voyaient cette femme. Mais elles dormaient profondément. Au bout de cinq minutes, la femme s'est rapprochée de moi, et une vague de froid m'a traversé le corps, m'incitant à tirer la couverture au-dessus de mes yeux. J'essayais de décider s'il s'agissait d'un fantôme ou d'une vraie personne. Puis elle a disparu vers la porte menant à la salle de bain, et j'ai fini par m'endormir.

La nuit suivante, deux hommes me sont apparus dans le coin opposé de ma chambre, en pleine discussion. L'un d'eux portait un costume noir et un haut-de-forme, tandis que l'autre était vêtu d'un pantalon de travail troué et de bretelles. Malgré son apparence négligée, cet homme avait un sourire chaleureux et me regardait par moments pour me faire des clins d'œil. Cette fois encore, une vague de froid est montée dans mon corps, me donnant la chair de poule. Je les entendais, mais ne comprenais pas leurs paroles, lesquelles me faisaient penser à ce que l'on obtient en appuyant sur le bouton d'avance rapide d'un lecteur de cassettes. Même s'ils ne semblaient pas trop s'intéresser à moi, je me sentais mal à l'aise. Recevoir deux nuits d'affilée la visite d'étrangers dans ma chambre commençait à m'effrayer un peu. Je savais au fond de moi qu'ils ne représentaient pas une menace, mais je m'interrogeais sur leurs intentions. La femme qui m'était apparue le soir précédent était chaleureuse et me semblait familière, mais elle n'avait pas parlé. Mais ces deux-là parlaient, et j'avais l'impression d'entendre deux extraterrestres. J'avais envie de hurler ou de me précipiter en bas pour aller voir ma mère, mais celle-ci avait instauré des règles strictes : on devait rester dans son lit et ne pas faire de bruit. En outre, je pensais qu'elle ne me croirait pas.

Les nuits suivantes, de plus en plus de gens sont venus errer dans ma chambre. Au réveil le lendemain matin, ils étaient tous partis, et j'entamais ma journée comme n'importe quel enfant de cinq ans. Mes deux sœurs étaient trop jeunes pour comprendre ce qui se passait, et elles semblaient de toute façon dormir pendant les « visites ». (Sarah avait quatre ans et Patrice, deux ans.) J'avais quand même demandé à Sarah si elle avait vu quelqu'un se promener dans notre chambre pendant la nuit, et elle m'avait crié « Non ! » avant de s'en aller en courant.

Une nuit, un de mes « visiteurs » est entré dans mon placard — en traversant la porte, ce qui m'a donné la confirmation qu'il s'agissait d'un fantôme. Ils n'étaient pas mal intentionnés, mais, parfois, ils se mettaient autour de mon lit et m'observaient. Les femmes me regardaient avec beaucoup de compassion et de bienveillance, tout en me souriant et en me faisant des signes. Mais il arrivait aussi que je sois entourée par des chiens qui se mettaient à aboyer, ce que je trouvais effrayant ! Je tirais alors ma couverture au-dessus de la tête et priais pour qu'ils partent. Ces visions nocturnes ont duré quelques mois.

J'ai compris depuis que ma maladie et mon état comateux avaient ouvert une porte vers l'Au-delà, ce qui attirait ces esprits à moi. Mais à l'époque, je ne saisissais pas pourquoi ils étaient là. J'ai gardé toute cette histoire pour moi aussi longtemps que j'ai pu. Je ne pensais pas que l'on puisse me croire.

Lorsque j'ai fini par me confier à mes sœurs aînées, elles ont considéré mes visions comme des effets secondaires de la chélation. Puis je me suis tournée vers ma sœur Maggie, qui avait 10 ans à l'époque :

— Il y a des gens qui viennent dans ma chambre pendant la nuit. Je crois que ce sont des fantômes.

Je suppose qu'elle ne savait pas ce qu'elle devait en penser, mais elle m'a avertie que, si je reparlais de ces fantômes, mes parents risquaient de me ramener à l'hôpital. Par conséquent, la perspective de me confier à eux était terrifiante.

Pendant la journée, ma vie était normale. Je jouais aux poupées avec mes sœurs plus jeunes, et, tant que ma santé ne m'a pas permis d'aller dehors, des voisines venaient faire des parties de Monopoly ou de Parchési[4] avec moi. J'adorais quand il faisait jour, car il n'y avait pas de fantôme. La plupart du temps…

Parce que nous étions une famille de fervents catholiques, un des murs de notre salon était orné du Sacré-Cœur de Jésus. Tous les matins, ma mère s'installait devant cette représentation pour prier le Rosaire, et je comprenais donc que cette image était importante. Jésus y pointe le doigt vers son cœur ensanglanté et recouvert d'épines. Sur son visage magnifique, un regard bienveillant dissimule en ses profondeurs la souffrance du monde entier. Un matin, alors que j'observais cette scène, j'ai cru voir bouger les lèvres de Jésus. Je me suis rapprochée, et, en effet, l'image me parlait ! Avec une voix profonde, il m'a révélé des événements à venir — à propos de personnes malades ou en danger. Il m'a confié que ma sœur Margaret souffrait de mononucléose, et que notre grand-mère Mac, la mère de ma mère, qui vivait avec nous, allait faire une crise cardiaque, mais qu'elle s'en sortirait. J'étais trop jeune pour comprendre l'ampleur de ce qui se passait (et ne se reproduirait jamais), ou l'importance de transmettre ces informations à ma mère.

Permettez-moi de vous parler un peu de grand-mère Mac. Avant que ma mère ne reprenne le flambeau, c'était elle qui dirigeait l'escouade divine de notre ferme et qui était le

4. N.d.T. : Équivalent américain du Jeu des petits chevaux.

ciment de notre famille. Cette femme imposante, qui « culminait » à près d'1,70 mètre, était dotée d'un regard perçant couleur noisette, de longues jambes, de bras musclés et d'un rire chaleureux. En outre, elle prenait un malin plaisir à voir notre réaction lorsqu'elle enlevait son dentier et se mettait à loucher. Issue d'une famille de 15 enfants dans le Comté de Donegal, en Irlande, elle avait dirigé la ferme familiale avant d'immigrer aux États-Unis. Avec pratiquement pour seules possessions les vêtements qu'elle portait sur le dos, elle a embrassé sa mère une dernière fois pour venir aux États-Unis au moment où la dépression faisait rage en Irlande. Elle y a rencontré l'homme qui allait devenir son mari, s'est installée au Massachusetts, et a élevé sept enfants avec lui. Son existence tournait autour de sa foi et de sa famille. Elle aimait lire les Écritures – et un bon roman Harlequin. Grand-mère Mac nous a appris, à mes frères et sœurs et à moi-même, à prier le Rosaire *et* à lire dans les feuilles de thé, bien installés autour du vieux poêle à bois du salon.

La lecture des feuilles de thé (également appelée « tasséographie » ou « tasséomancie ») est une pratique ancienne qui consiste à interpréter les formes que prennent les feuilles de thé au fond d'une tasse. Même si elle est habituellement associée aux gitanes pratiquant la voyance, cette tradition est également apparue en Asie, au Moyen-Orient et dans la Grèce ancienne. La tasséographie moderne a également été associée à l'Irlande, à l'Écosse et aux cultures d'Europe de l'Est.

Grand-mère Mac préparait une théière en utilisant uniquement du thé en feuilles, puis elle nous donnait à chacun une tasse aux bords larges. Nous attendions que le thé refroidisse, puis nous en buvions la quasi-totalité en laissant une petite quantité d'eau au fond. Puis grand-mère penchait doucement la tasse sur le côté pour verser prudemment le liquide restant sur du papier essuie-tout. Elle nous demandait ensuite de tourner rapidement le thé resté dans la tasse trois fois dans le sens des aiguilles d'une montre.

Ensuite, elle revêtait ses lunettes épaisses à bord noir, lesquelles glissaient sur le bout de son nez lorsqu'elle se penchait sur la tasse pour en observer le fond. Elle nous expliquait que les feuilles de thé éparpillées au fond formaient différents symboles, chiffres ou lettres qui représentaient le passé, le présent et l'avenir. Alors qu'elle procédait à son analyse, l'expression de son visage changeait comme si elle contemplait un Picasso original. Nous nous penchions tous vers elle, en retenant notre souffle, dans l'attente que notre avenir surgisse de la tasse. Puis, sans prévenir, elle levait la tête et nous criait « Bou ! », ce qui nous faisait sursauter avant de nous plonger dans une crise de rire. Après ce petit jeu, grand-mère procédait à la lecture des feuilles, et son interprétation était, bien souvent, incroyablement précise.

Huit jours après l'avertissement concernant la crise cardiaque de ma grand-mère, ma sœur Marygrace et moi avons été réveillées au milieu de la nuit par le bruit de sirènes. Il y avait beaucoup de cris et d'allers-retours en bas, et nous avons rampé jusqu'aux escaliers pour voir ce qui se passait. Mes frères et sœurs aînés, rassemblés dans l'entrée, observaient les événements, tandis que mes sœurs cadettes dormaient dans leur chambre. Accroupie en haut des escaliers, j'ai découvert que deux hommes habillés en bleu s'affairaient sur le thorax de ma grand-mère. Je les ai vus insérer une aiguille dans son bras et attacher un sac rempli de liquide à une barre verticale en métal. Puis ils ont attaché des sortes d'autocollants ronds en métal à sa poitrine (j'ai appris plus tard qu'ils mesuraient son rythme cardiaque). Un des hommes se servait de son talkie-walkie pour parler à quelqu'un. Je me souviens de certaines de ses paroles.

— Nous avons une femme de 65 ans se plaignant de douleurs dans la poitrine. La patiente est stabilisée, et on part pour l'hôpital Goddard.

Puis ils ont rapidement sorti ma grand-mère de la maison sur un brancard. Sur le porche, elle s'est retournée pour nous regarder et nous faire le demi-sourire que nous lui connaissions bien, avant d'être entraînée dans l'ambulance.

Grand-mère Mac est restée une semaine à l'hôpital avant de revenir à la maison, mais ce ne fut pas la dernière fois qu'elle allait voir un brancard. Au cours des 20 années suivantes, elle a survécu à plusieurs crises cardiaques après celle-ci. Chaque fois, elle surprenait les médecins en se rétablissant rapidement sans séquelles importantes. Ma grand-mère disait toujours :

— Ma vie est entre les mains de Dieu. Lorsque le moment sera venu pour moi de partir, il en sera ainsi, tout simplement.

Nous savions qu'elle n'avait pas peur de mourir. Elle était impatiente de retrouver son fils cadet, Pat, qui avait été tué pendant la guerre de Corée, à l'âge de 22 ans. Vingt ans après sa première crise cardiaque, ces retrouvailles tant attendues étaient sur le point de se produire. Ce jour-là, j'étais assise près de sa tête et lui caressais les cheveux. Bien qu'elle ne parlât plus depuis la crise cardiaque qui l'avait frappée un mois plus tôt, elle s'est subitement assise dans son lit en pointant frénétiquement le doigt vers le seuil de la porte de sa chambre en s'écriant :

– Pat ! Mon Pat est là !

Ma sœur Élizabeth a agrippé ma main, et nous nous sommes regardées, sous le choc. Personne d'autre dans la pièce ne voyait Pat, mais nous sentions sa présence. Puis l'atmosphère s'est emplie d'un parfum de roses, et grand-mère nous a quittés, les bras grands ouverts et un immense sourire sur le visage. J'avais alors 24 ans.

À l'âge de neuf ans, j'étais déjà une grande lectrice. Mais, tandis que la plupart de mes amis se tournaient vers des livres comme *Dieu, tu es là ? C'est moi Margaret !*, je faisais la chasse aux pièces de monnaie tombées entre les coussins du canapé pour m'acheter les livres de Ruth Montgomery sur les médiums et les vies antérieures, tels que *Here and Hereafter*, *A World Beyond* et *Born to Heal*. Je ne me lassais jamais du paranormal. Ces livres répondaient à des questions que je n'osais poser à personne, de peur que l'on me trouve bizarre ou différente des autres. Souvent, je lisais dans mon lit le soir avec une lampe torche jusqu'au petit matin, lorsque les oiseaux commençaient à piailler. Mes sœurs se réveillaient par moments et me criaient d'éteindre ma lumière. Je cachais mes livres entre mon matelas et mon sommier, redoutant que ma mère, formée à la vieille école catholique, ne les trouve et s'en débarrasse.

Grâce à ces livres, j'ai appris énormément sur la vie après la mort. Mon intérêt marqué pour ce sujet m'a suivie pendant l'adolescence. J'étais fascinée par les livres traitant, entre autres, des expériences de mort imminente, de la vie après la mort, des phénomènes paranormaux et des extraterrestres.

En septembre 1979, alors que j'étais âgée de 12 ans, ma sœur Marygrace (que nous avions surnommée MG), âgée de 14 ans, ramenait un chien perdu à sa famille lorsqu'une voiture l'a percutée, la projetant à 150 mètres dans les airs, avant qu'elle ne retombe sur la chaussée. Après avoir été transportée d'urgence au Massachusetts General Hospital de Boston, MG a été déclarée en état de mort cérébrale. Mes parents ont dû prendre la terrible décision de débrancher l'équipement de maintien en vie, et l'hôpital leur a même demandé de faire don de ses organes.

Les appareils ont été débranchés, mais ma mère a refusé d'abandonner tout espoir. Assise au bord du lit de MG, elle a pris la main de celle-ci dans la sienne et lui a demandé de la serrer si elle l'entendait.

— Marygrace, a commencé ma mère, si tu dois partir, alors pars. Dieu t'accueillera dans ses bras. Mais si tu veux te battre, alors bats-toi. Nous serons à tes côtés.

À cet instant, MG a serré très fort la main de ma mère. La bataille venait de commencer.

Marygrace est restée dans un état comateux pendant près d'un an, mais ma famille était auprès d'elle tous les jours pour l'encourager et lui parler comme si elle pouvait entendre et comprendre. Son regard se promenait dans la pièce, sans jamais se fixer, mais nous savions qu'elle était là, quelque part. Puis, un jour, une de ses amies, avec laquelle elle s'était disputée, est venue lui rendre visite.

— Marygrace, Arlene est ici, lui a dit ma mère. Elle est venue te voir.

À notre grande surprise, MG a levé le bras pour faire un doigt d'honneur à son amie déchue. Nous avons tous crié, et MG a souri. Même si nous n'avions jamais imaginé qu'elle sortirait du coma de cette façon, ce fut un moment de bonheur, et nous avons tous crié de joie, y compris Arlene. Ensuite, MG a commencé sa rééducation à l'hôpital Kennedy Memorial de Brighton, dans le Massachusetts, lequel était l'un des plus grands hôpitaux pédiatriques de réadaptation au pays. MG avait beaucoup de chemin à faire. En plus d'être paralysée du côté gauche du corps, son cerveau était endommagé, et ses capacités émotionnelles et cognitives étaient celles d'un enfant de cinq ans.

Ma mère a décidé que Marygrace et moi ferions notre confirmation quelques mois après le début de la rééducation, à la chapelle de l'hôpital. (La confirmation est un sacrement catholique et un rite de passage.) L'évêque Daniel Hart a dirigé la cérémonie. À cette étape de sa rééducation, MG était incapable de se tenir debout ou de marcher seule. Elle avait toujours un tube de trachéotomie dans la gorge pour l'aider à respirer, mais elle parvenait à parler à travers celui-ci. Sa voix était très râpeuse. Elle passait trois heures par jour en physiothérapie pour réapprendre à marcher, mais, quand ses médecins essayaient de la mettre debout, elle s'effondrait immédiatement. Par conséquent, le jour de notre confirmation, je l'ai conduite à la chapelle en chaise roulante. Mais, alors que nous allions remonter l'allée principale de la chapelle, MG s'est mise debout. Tout le monde en a eu le souffle coupé. Les infirmières, les aides et les membres de la famille se sont précipités à ses côtés, mais elle nous a tenus à distance par un signe de la main en nous disant :

— Je vais marcher jusqu'à l'évêque, laissez-moi faire.

J'ai donc retenu mon souffle tandis que MG mettait doucement et méthodiquement un pied devant l'autre en titubant, jusqu'à ce qu'elle atteigne l'évêque Hart. Ce jour de printemps 1980, notre famille et le personnel de l'hôpital Kennedy Memorial ont été témoins d'un miracle, et j'ai la chance de l'avoir moi aussi vu de mes propres yeux. Vers la fin des années 80, une émission télévisée populaire en Nouvelle-Angleterre, s'intitulant *Chronicle,* a diffusé l'histoire de ma sœur en la surnommant « La miraculée ».

Ayant passé presque toutes mes journées et soirées au chevet de ma sœur, je n'ai pas été très assidue pendant deux années de ma scolarité. Avec mes frères et sœurs, nous allions à l'hôpital en alternance, par groupes de quatre ou cinq. Lorsque je n'étais pas avec eux, je me promenais souvent parmi les victimes de traumatismes crâniens pour vérifier si certaines d'entre eux n'avaient pas de visites. Ma mission consistait à les faire rire. Dans la chambre voisine de celle de MG, j'ai rencontré John, âgé de 17 ans qui était devenu quadraplégique à la suite d'un accident de voiture. Je savais que, même s'il ne pouvait pas converser comme tout le monde, je pouvais communiquer avec lui par télépathie. C'était la première fois que j'en prenais conscience. En plus d'être paralysé du cou jusqu'aux pieds, il était incapable de parler. Pourtant, je l'entendais me parler dans ma tête quand je regardais ses yeux bienveillants. La première fois que je suis rentrée dans sa chambre et me suis présentée à lui, j'ai entendu dans ma tête :

– Ma mère s'appelle Linda.

Lorsque l'infirmière est arrivée, je lui ai demandé :

– La mère de John s'appelle-t-elle Linda ?

– Oui, en effet, m'a répondu celle-ci. Tu la connais ?

Maintenant que j'avais obtenu la confirmation de ce que je pressentais, je savais que John et moi allions pouvoir nous amuser lorsque d'autres personnes seraient dans la pièce. Je lui posais des questions en esprit, et il souriait et me faisait un clin d'œil en réponse – doucement pour oui, et rapidement pour non. Parfois, j'entendais sa réponse dans ma tête. Je pense que mon petit jeu présentait pour lui un défi et rendait ses journées et ses nuits plus belles. Quant à moi, je trouvais agréable de partager mon don caché avec lui sans être jugée.

Ainsi, ce fut par une journée douce-amère que j'accueillis le retour de Marygrace à la maison. J'étais ravie qu'elle rentre parmi nous, mais je savais également que j'allais devoir quitter mon ami John. Nous étions fin septembre, et les feuilles commençaient à changer – ce que je trouvais approprié à ma situation –, lorsque je suis rentrée dans la chambre de John pour lui faire mes au revoir. Une larme a coulé sur sa joue avant que je lui dise quoi que ce soit. Je ne sais pas si quelqu'un lui avait dit ou s'il l'avait capté par télépathie. Pendant les mois suivants, je lui ai écrit des lettres jusqu'à ce que l'une d'elles me revienne avec la mention RETOUR À L'ENVOYEUR, DESTINATAIRE INCONNU. J'ai senti alors que John avait quitté l'hôpital pour rejoindre sa famille.

Au cours de ces premières années difficiles de l'adolescence, j'aspirais profondément à la normalité et je m'efforçais d'enterrer mon don. J'ai arrêté de parler de visions et essayé de bloquer mes capacités télépathiques. Si mon sixième sens recevait quelque chose, je l'ignorais en me concentrant sur un autre sujet. Au bout d'un moment, je ne « recevais » plus de messages comme avant, et je ne me sentais plus différente ou anormale.

Au lycée, j'ai endossé le rôle de clown de la classe, ce qui m'a attiré des amis et la réalisation de mon objectif ultime : un petit ami. Ayant prévu de devenir vétérinaire, j'avais choisi un lycée agricole. Par conséquent, mes petits amis potentiels ne pouvaient être que des fermiers en devenir ou des « rebuts de la société », c'est-à-dire des garçons de la ville envoyés à la ferme pour se réhabiliter. Je me suis retrouvée avec un garçon de la ville.

J'ai rencontré Wayne pendant ma deuxième année de lycée. Il était petit, sportif et très drôle. J'étais maigrichonne, plate comme une planche à repasser, recouverte de taches de rousseurs et affublée d'un appareil dentaire. J'avais l'habitude de passer en vitesse devant les miroirs en évitant mon reflet, et il m'était donc difficile de croire qu'il eût envie d'être avec moi. J'étais convaincue que je finirais mes années de lycée sans avoir eu de petit ami, mais Wayne et moi allions bien ensemble. Au lieu de faire la fête avec des amis, nous préférions rester à la maison pour regarder la chaîne nature et pour écouter Bob Dylan et Jethro Tull. Je jouais de la guitare et Wayne, de la flûte. Nous caressions l'espoir insensé de former un groupe qui se serait appelé Nostalgia. Nous n'avons jamais réalisé ce rêve, mais nous avons passé les six années suivantes ensemble. Je n'ai jamais parlé de mon don à Wayne, mais il m'arrivait d'avoir des prémonitions à son sujet, des intuitions que je me contentais d'ignorer.

Au cours de mes deux dernières années de lycée, je n'ai pratiquement pas ouvert de livre, mais j'ai continué à avoir des notes excellentes. Je réussissais mes examens de façon étrange, et je choisissais souvent la bonne réponse en écoutant mon intuition. Je n'avais aucune envie d'étouffer cet aspect de mon don !

Alors que je faisais ma dernière année au lycée, le père de mon amie Jackie s'est effondré chez lui. Quelques jours après son enterrement, il m'est apparu dans un rêve, en me demandant de dire à sa fille, qui était ma meilleure amie depuis l'enfance, qu'il l'aimait, qu'elle serait toujours sa petite fille, et qu'elle ne devait pas s'inquiéter pour lui.

— Promets-moi de lui transmettre le message, m'avait-il demandé.

J'avais promis mais, lorsque le moment est venu de parler à mon amie, j'étais trop gênée pour le faire. J'avais peur de ce qu'elle risquait de penser de moi. Au bout d'un certain temps, Jackie et moi nous sommes perdues de vue, et j'ai regretté de ne pas lui avoir transmis le message de son père. Ainsi, des années plus tard, je lui ai fait une visite surprise à la veille de Noël. Après avoir discuté de tout et de rien, j'ai parlé de son père et des souvenirs que j'avais de lui, puis je lui ai demandé :

— Jackie, est-ce qu'il t'arrive de rêver de lui ?

— Il m'apparaît tout le temps dans mes rêves. C'est amusant que tu me poses cette question, m'a-t-elle répondu avec un demi-sourire.

J'ai alors inspiré profondément avant de me lancer.

— Il y a quelque chose que je devais te dire.

Jackie attendait la suite pendant que je prenais une autre inspiration profonde.

— Juste après sa mort, il m'est apparu dans un rêve. Il voulait que je te dise qu'il allait bien et que tu serais toujours sa petite fille. Et qu'il t'aimait profondément. Je ne t'en ai pas parlé parce que j'avais peur que tu me prennes pour une folle.

Jackie n'a rien dit, puis elle s'est mise à pleurer. Elle m'a remerciée de lui avoir enfin transmis le message, et nous nous sommes serrées très fort. Cela me faisait un bien fou d'avoir pu me libérer de ce secret. Pour la première fois, je partageais un message d'un esprit. Pendant tout ce temps, l'idée de le transmettre m'avait toujours hantée. Je me sentais soulagée, mais je m'interrogeais sur ce que Jackie pouvait ressentir.

Je ne sais pas si elle a pensé que j'étais folle, mais ce dont je suis convaincue c'est qu'elle a reçu pour Noël le plus beau cadeau qui puisse exister… une carte postale du ciel.

Pour moi, le début de la vingtaine, environ jusqu'à 25 ans, a été difficile. J'ai commencé à penser que je devenais folle. J'étais tétanisée par l'idée de la mort. Les expériences de mort imminente semblaient faire partie des habitudes familiales – par exemple mon empoisonnement au plomb et l'accident de ma sœur –, et je suis devenue angoissée, ce qui m'a valu des crises de panique. J'ai lu quelque part que les personnes sensibles pouvaient avoir des crises de panique, car elles ne savaient pas comment canaliser toute l'énergie qui affluait dans leur corps. En outre, je réfléchis trop et je m'inquiète en permanence.

Au début de la vingtaine, j'avais réussi à mettre mon don en sourdine pour ne recevoir qu'une visite occasionnelle lors d'un rêve ou quelques intuitions passagères. Or, une de ces intuitions s'est avérée particulièrement précieuse et m'a possiblement évité une vie malheureuse. Wayne et moi étions fiancés, et nous vivions dans un petit appartement d'une chambre. Par une soirée fraîche de novembre, une « petite voix » dans ma tête m'a conseillé de rentrer tôt d'une fête organisée chez mes voisins. J'ignore souvent les messages que je reçois, mais, cette fois-là, j'ai suivi le conseil et suis rentrée plus tôt que prévu. Lorsque je suis arrivée chez nous, j'ai trouvé mon fiancé en pleine action avec le sosie de Madonna, laquelle était une collègue de travail. J'étais sous le choc. Même si j'avais senti le besoin de revenir chez moi, j'étais loin d'imaginer ce qui m'attendait. Ma vie tout entière s'est écroulée.

Rétrospectivement, cette journée charnière a été le déclencheur d'une prise de conscience plus grande que tout ce que j'aurais pu imaginer.

Même si j'étais anéantie par le fait de devoir annuler mon mariage et quitter notre appartement, je croyais fermement que tout arrive pour une raison. Je pense qu'une partie de moi était soulagée de cette rupture. Nous étions jeunes, et je n'avais pas une grande expérience de la vie. Quand j'y repense, il y a des moments où j'aurais envie de remercier Wayne d'avoir écouté son cœur et de m'avoir ainsi permis de voir que tout un monde nouveau s'offrait à moi. Au bout d'un certain temps, lorsque je suis parvenue à me remettre de cette peine, j'ai prié grand-mère Mac pour qu'elle m'envoie mon âme sœur. (Ce n'était pas trop demander, n'est-ce pas ?) Puis je suis partie à sa recherche.

Tous les vendredis soir, mon amie Terry et moi allions danser dans les clubs de Boston dans l'espoir d'y trouver notre « moitié ». Par une soirée orageuse de mars 1992, au retour du Roxy, une discothèque de Boston, mes dons ont refait surface en force — je dirais même qu'ils m'ont sauté au visage. Je venais juste de déposer Terry à son appartement.

— Tu devrais vraiment passer la nuit chez moi, tu sembles si fatiguée, m'avait-elle lancé.

— Non, ça va aller, je suis presque arrivée, ne t'en fais pas pour moi, lui avais-je répondu.

Alors que je conduisais, j'ai ignoré la petite voix dans ma tête qui me disait :

— *Tu aurais dû rester. Tu conduis alors que tu n'as dormi que trois heures la nuit dernière. Tu vas droit à la catastrophe.*

— *Ça va,* lui ai-je répondu. *Je ne suis pas loin. Je vais y arriver. Je vais ouvrir les vitres et chanter à voix haute.*

Ironiquement, c'était « I will survive », de Donna Summer, qui passait à ce moment-là. Et il se trouve que j'allais survivre, malgré le fait que j'avais détaché ma ceinture parce qu'elle me faisait mal à l'épaule. Mes yeux s'étaient faits de plus en plus lourds alors que le son hypnotique des essuie-glaces s'imprégnait dans mon esprit. Je m'efforçai de les garder ouverts.

— *Ce serait agréable de fermer les yeux maintenant. Peut-être que, si je les fermais juste une seconde…*

Puis la voiture a raté le virage et s'est retrouvée contre un vieux chêne.

J'ai senti la présence de grand-mère Mac dans la voiture juste avant l'impact, et une vague chaude d'énergie a déferlé dans mon corps. J'ai crié, mais c'est la voix de grand-mère que j'ai entendu dire :

— *Oh, Maureen !*

Alors que mon corps était projeté vers l'avant, j'ai eu une fraction de seconde pour me demander pourquoi la voix de ma grand-mère me parlait dans la voiture. Ensuite, mon visage a percuté le volant, le pliant en deux, et ma voiture s'est écrasée comme un accordéon.

Après cela, je me souviens juste de m'être retrouvée à l'extérieur de la voiture. Aujourd'hui encore, je ne sais pas comment j'en suis sortie. Mon nouvel imperméable de marque London Fog semblait avoir été teint, à cause des bandes rouges et orange qui en ornaient l'avant. J'ai alors compris que mon visage saignait et que j'avais besoin d'aide en vitesse.

Il était près de 2h du matin, et la rue était sombre et vide. J'ai regardé vers la maison qui se trouvait près du chêne, et, par chance, une femme y était assise, à la table de sa cuisine, et lisait un livre. J'ai frappé doucement à sa porte, ne voulant pas la déranger. Je devais avoir l'air d'une créature de *La Nuit des morts-vivants*, car, lorsqu'elle a ouvert la porte, elle a hurlé et s'est presque évanouie. Elle était dans un tel état d'hystérie lorsque l'ambulance est arrivée que ce fut *elle* qu'il a fallu mettre sur le brancard, tandis que je me retrouvais assise à côté, le visage enfoui dans une serviette. À l'arrivée des ambulanciers, j'ai levé ma tête sanguinolente vers eux pour leur lancer un faible « Salut ! ».

L'équipe de sauvetage n'arrêtait pas de me demander comment j'avais réussi à sortir du véhicule. (Vous et moi, nous savons que c'était grand-mère qui l'avait fait, mais comment expliquer cela à un ambulancier ? « *En fait, ma grand-mère morte, qui se trouvait sur le siège passager, m'a tirée à l'extérieur, après m'avoir traversé le corps.* »)

J'ai été emmenée en urgence à l'hôpital le plus proche pour passer au triage. Avant d'être transportée en chaise roulante dans la salle d'urgence, un médecin est venu à la rencontre des ambulanciers.

— Montez-la en radiologie. Il faut immédiatement lui faire un scanner.

Si vous avez déjà subi un scanner ou un IRM, vous savez que l'espace dans ces machines est très confiné et que vous ne pouvez pas bouger pendant la procédure. Mes blessures à la tête et au visage me rendaient nauséeuse. Je gémissais et perdais connaissance de temps à autre. À un moment, j'ai entendu une voix masculine dans la machine.

— Maureen, ça va ?

Parce que j'étais dans un léger état de délire, j'ai répondu :

— Dieu ? C'est toi ? Je crois que ça va, mais je vais vomir.

— Maureen, écoutez-moi. Regardez vers le haut s'il vous plaît.

Mon corps a été parcouru d'un frisson. Je n'allais certainement pas lever les yeux pour faire la connaissance de mon créateur. Puis des pensées de désespoir ont traversé mon esprit. Je ne voulais pas mourir ; je n'étais pas prête. J'avais encore tant de choses à vivre. La voix m'a interrompue.

— Maureen, je suis là pour vous aider. S'il vous plaît, levez les yeux.

À cette étape, j'étais sur le point de me faire pipi dessus. J'ai profondément inspiré avant de lever lentement les yeux vers le haut de la machine. Ce n'est pas Dieu que j'y ai découvert, mais un haut-parleur de forme ronde. De petits rires en ont surgi.

— Maureen, je suis le docteur Rabinowitz, votre médecin traitant. Je voulais juste m'assurer que vous alliez bien.

Une fois que mon scan fut effectué et que la fissure au-dessus de mon nez fut réparée par le médecin de la salle d'urgence, une équipe de médecins s'est rassemblée autour de moi.

— Maureen, votre scan révèle que plusieurs de vos os faciaux sont cassés et que votre crâne est fracturé. Nous vous transférons à l'hôpital Eye and Ear Infirmary de Boston. Vous avez besoin de soins spéciaux pour vos fractures.

Arrivée à Boston, je me suis retrouvée entourée de plusieurs médecins sur le brancard de triage, pour examiner mes yeux et mon nez. On m'a amenée en fauteuil roulant pour me faire passer d'autres examens en m'informant que je devrais probablement être opérée une fois que l'enflure aurait diminué. En effet, mon visage était plus imposant que celui d'Elephant Man. Au bout de plusieurs heures, un grand homme mince portant des lunettes rondes de style John Lennon est arrivé dans ma chambre.

— Nous avons reçu vos radios de l'hôpital Goddard, et j'aimerais en parler avec vous. Votre œil droit souffre d'une grave fracture orbitaire. Tous les petits os qui maintiennent l'œil en place ont été écrasés. Il est surprenant qu'il ne soit pas tombé dans l'orbite. Votre nez est cassé en différents endroits, et nous ne sommes pas certains qu'il puisse être réparé. Au-dessus de votre fracture nasale, votre crâne est fracturé, et un trou doit immédiatement être réparé, car du liquide rachidien s'en échappe. C'est l'aspect qui nous inquiète le plus. Vous êtes exposée à un risque de méningite. Vous souffrez également de légères fractures aux joues et d'une fêlure à la mâchoire.

Tandis qu'il m'annonçait toutes ces mauvaises nouvelles, je me sentais étrangement calme. Je savais que tout allait bien se passer. Quelques jours plus tard, à la suite d'une autre radio, le chirurgien est venu me voir pour m'informer que je n'avais pas besoin d'être opérée. La fuite de liquide céphalo-rachidien était endiguée, et ils allaient simplement la surveiller.

— Nous allions réparer la déchirure dans la membrane qui entoure votre cerveau, mais la radio nous a révélé qu'elle était guérie, a-t-il ajouté.

Les deux semaines suivantes, les médecins et infirmières ont continué à m'examiner comme si j'étais une extraterrestre. Je savais qu'ils étaient perplexes face à mes blessures. En outre, je ne souffrais pas et n'ai jamais eu à prendre de comprimés plus forts que des anti-inflammatoires. Les médecins s'attendaient à ce que je voie double, mais ma vision était parfaite. L'apparence de mon nez n'avait pas changé, même s'il avait été pulvérisé, et j'arrivais très bien à respirer.

J'ai entendu dire que les événements traumatisants pouvaient déclencher des réactions psychiques. Peu après mon rétablissement miraculeux, j'ai recommencé à sentir des esprits autour de moi, et des centaines de voix ont surgi dans ma tête. Cela me faisait penser au bruit qui règne dans un centre commercial à Noël. Le soir, je leur suppliais de me laisser pour que je puisse dormir. Imaginez un théâtre rempli de gens qui parlent, et vous saurez ce que j'entendais. J'ai rapidement compris que je n'avais aucun moyen d'empêcher les esprits de s'adresser à moi.

Une fois remise sur pied, j'ai repris ma vie « normale » d'assistante juridique spécialisée dans les litiges, au sein d'une grande firme de Boston. Alors que j'examinais des dossiers, j'ai commencé à avoir des intuitions qui me dirigeaient vers des données me permettant de déceler des failles et de révéler des fraudes. Cependant, je ne pouvais pas en parler à mes collègues qui m'auraient prise pour une folle. Les avocats avec lesquels je travaillais pensaient simplement que j'étais très méticuleuse et que j'avais de bonnes intuitions. Pour être franche, je continuais à être légèrement effrayée par ce nouveau don et par les « sympathiques voix célestes », comme je les appelais.

Peu de temps après avoir repris le travail, j'ai rencontré une guérisseuse amérindienne — une chamane — qui dirigeait le Service de rémunération de l'entreprise. Avait-elle été envoyée pour me guider ? Je crois que oui. Elle m'a fait découvrir le Reiki, qui est une technique de guérison holistique japonaise consistant en un toucher léger qui équilibre l'énergie du corps et procure relaxation et bien-être. C'est elle qui m'a donné mes premiers livres sur la guérison chamanique : *La voie du chaman,* de Michael Harner, et *Le chant de l'esprit,* de Mary Summer Rain. Ces deux livres parlent des techniques de guérison et de la sagesse naturelle des chamans amérindiens, et ils incitent à être respectueux de l'esprit et de la terre. Karen, la chamane qui travaillait dans mon entreprise, et qui était maître Reiki, m'a proposé de me donner des cours afin que je puisse être certifiée dans les trois niveaux de guérison. Plus j'en apprenais sur les méthodes non conventionnelles de guérison comme le Reiki et sur les pratiques spirituelles des Amérindiens, plus je parvenais à accepter mes nouveaux dons et les « voix » qui les accompagnaient.

Un an après mon accident, alors que j'avais 25 ans, j'ai rencontré celui qui allait devenir mon mari, Greg, dans un club de musique des années 50 et 60 appelé le Jukebox. Celui-ci se trouvait au rez-de-chaussée de la discothèque Roxy, à Boston. Vous vous rappelez que j'avais prié ma grand-mère Mac de m'envoyer mon âme sœur ? Il se trouve qu'il y avait chez Greg quelque chose d'émouvant et de familier, comme si nous nous étions déjà rencontrés, et nous sommes rapidement tombés amoureux et avons décidé de nous marier. Mais comment pouvais-je le prévenir qu'il était sur le point de se lier à une médium et de vivre l'aventure la plus folle de sa vie? Avec le temps, Greg a fini par comprendre et par accepter mes dons spéciaux.

Le statut de nouveaux mariés a entraîné avec lui toute une liste de nouvelles préoccupations – les factures, la question d'avoir des enfants, les économies à faire pour s'acheter une maison et la vie à deux –, or, j'étais déjà une personne anxieuse. Quand j'étais jeune, je jouais de la guitare et composais des morceaux de musique pour évacuer mon stress. J'avais à nouveau besoin d'une échappatoire, et j'ai donc décidé de me tourner vers les spectacles d'humour. À l'époque, il y avait à Boston de nombreux clubs où se produisaient des humoristes, et il se trouve que Greg et moi avions eu notre premier rendez-vous à celui de Nick's Comedy Stop, dans le quartier historique des théâtres. Je travaillais alors pour les autorités portuaires du Massachusetts, et nos bureaux étaient juste en face du club. Un matin, alors que j'allais m'acheter un bagel avant de commencer le travail, j'ai eu le regard attiré par un panneau en néons. Il y était inscrit PARTICIPATION LIBRE LES MERCREDIS SOIR – APPELER POUR S'INCRIRE. J'ai noté le numéro en vitesse avant de le mettre dans ma poche.

J'avais toujours été le clown de la classe, et je pouvais facilement utiliser mon intuition et ma vivacité d'esprit. Cette expérience fut pour moi une bouffée d'oxygène. Je me produisais au moins une fois par semaine dans différentes salles de Boston. Je racontais des blagues de blondes et me moquais gentiment de mon nouveau mari. La plupart de mes textes sur les blondes portaient sur Alison, ma grande amie d'enfance. Après le lycée, elle était partie en Floride, mais nous avions gardé le contact. Un jour d'été, Alison m'a appelée pour me dire qu'elle venait à Boston et comptait assister à un de mes spectacles. J'ai paniqué. Elle ignorait qu'elle était la source d'inspiration de mes blagues, et je me devais de lui dire.

— Alison, il faut que je te dise quelque chose. Dans mon spectacle, je me moque de ma meilleure amie qui est blonde.

Elle n'a rien dit pendant un instant, puis m'a répondu :

— Oh mon Dieu, est-ce qu'elle est au courant ? Tu devrais vraiment lui dire.

— En fait, je suis en train de lui dire, lui ai-je répondu.

— Oh, d'accord. Tu veux que j'attende sur la ligne ?

— Alison, je parle de toi. Tu es mon amie blonde sur laquelle je fais des sketchs dans mes spectacles.

Il y eut un long silence. *Est-ce qu'elle va me raccrocher au nez ?* me demandais-je. *Elle ne voudra peut-être plus me parler.*

— Je vais être une célébrité ! s'est-elle exclamée.

Greg et moi nous sommes fréquentés deux ans avant de nous fiancer. Par une douce soirée de 1993, alors que nous étions au sommet de la tour Prudential située au cœur de Boston, il s'est agenouillé pour me faire sa demande. Le soleil commençait à se coucher derrière l'infâme panneau de CITGO[5], à l'arrière du Fenway Park. Il n'y avait personne autour de nous. Du moins c'est ce que je pensais. J'étais concentrée sur Greg et sur ses paroles (que j'écoutais tout en sanglotant). Lorsque j'ai crié « Oui ! », les gens auxquels je bloquais apparemment le passage se sont mis à applaudir. Le rouge m'est monté aux joues, et j'ai vu que plusieurs personnes rassemblées autour de nous sortaient des mouchoirs en papier.

5. N.d.T. : Acronyme de Citgo Petroleum Corporation. Raffineur et distributeur d'essence, de lubrifiants et autres produits pétroliers et pétrochimiques.

Le lendemain, à midi, la table de ma cuisine était déjà recouverte de magazines de robes de mariée. Parce que nous venions tous les deux d'une famille nombreuse, nous comprenions que nos parents n'étaient pas en mesure de payer notre mariage. Ainsi, les deux années qui ont suivi, nous avons économisé le moindre sou pour pouvoir organiser notre mariage de rêve au mois de juin — une petite réception de 200 invités, au bord d'un lac, à Sharon dans le Massachusetts. En réalité, ce ne fut pas exactement un mariage en grandes pompes, mais pour nous il était parfait. Nos invités, principalement des membres de notre famille immédiate, étaient au nombre de 26. La journée s'est déroulée sans anicroche, à l'exception du retard du *marié*.

Nous avons eu ensuite une lune de miel de rêve en Jamaïque, dans un complexe hôtelier tout inclus destiné aux couples. Malheureusement, le rêve s'est transformé en cauchemar lorsque nous avons tous les deux été victimes d'un empoisonnement alimentaire. Pour couronner cet événement romantique, une canalisation principale de l'hôtel s'est rompue, nous privant d'eau pendant trois jours. Pour ne pas être en reste, nous avons décidé de terminer notre lune de miel en allant admirer les somptueuses Dunn's River Falls, les chutes d'eau les plus célèbres de la Jamaïque.

La vie de couple a nécessité certains ajustements de notre part. Nous faisions tous les deux de longues journées de travail à Boston, et lorsque nous rentrions à la maison, Greg allait dans une pièce pour regarder du sport à la télévision, tandis que je m'installais confortablement sur le lit avec un bon livre ou un bon magazine. J'aspirais plus que jamais à m'instruire sur les thérapies non conventionnelles et sur la guérison naturelle. Après avoir obtenu mon certificat en

Reiki et en guérison naturelle amérindienne, je souhaitais ajouter d'autres techniques de guérison à mon répertoire. J'ai trouvé un jour, sur la couverture arrière du magazine de santé que je feuilletais, une publicité pour la Boston Shiatsu School. Le shiatsu est une vieille méthode traditionnelle de guérison venue du Japon. Le terme *shiatsu* signifie « pression du doigt ». Le praticien de cette discipline se sert de ses paumes, de ses doigts, de ses pouces, de ses coudes, de ses genoux et de ses pieds pour travailler sur les points d'acupuncture, le long de ce que l'on considère comme les méridiens ou les points d'énergie du corps. Cette technique permet d'équilibrer le flux énergétique de la personne et de renforcer les organes vitaux.

Pour les praticiens de shiatsu, les maladies sont le résultat d'un blocage ou d'un déséquilibre attribuable à un manque ou à un excès d'énergie. La guérison se fait alors en corrigeant les déséquilibres énergétiques du corps, ce qui s'apparente aux méthodes de l'acupuncture chinoise et de la médecine chinoise traditionnelle.

J'ai donc découpé la publicité avant de la coller sur le miroir de ma commode. Parce que nous étions de jeunes mariés, notre budget était serré, et je ne pouvais dans un premier temps que rêver d'assister un jour à ce cours. Mais comme je croyais fermement au pouvoir de la pensée, j'ai commencé à dire à tout mon entourage que je prévoyais suivre des cours de shiatsu. Selon mes calculs, il me faudrait économiser pendant quelques années pour pouvoir couvrir les 4 500 $ que représentaient les frais d'inscription.

En attendant, j'ai décidé de suivre quelques cours sur la gestion du stress, la méditation, le tai chi, le qi gong, le yoga, les remèdes à base de plantes médicinales, la nutrition et les cristaux. Avec ces méthodes de guérison naturelle, je me sentais en terrain connu, et il me fallait toujours en apprendre plus. Des livres portant sur ces sujets étaient éparpillés un peu partout dans notre chambre.

Même si Greg levait les yeux au ciel chaque fois que j'en ramenais un nouveau à la maison, il a fini par accepter ma passion et même par me demander de l'aide s'il éprouvait une douleur particulière.

— Mon dos me fait mal. Tu peux me faire une séance de Reiki ? me demandait-il, l'air de rien.

Je lui répondais avec amusement :

— D'accord, guérissons ce dos ; il faudra qu'il soit solide si tu veux pouvoir porter un petit footballer américain dans les bras !

Habituellement, c'était moi qui abordais le sujet des enfants. Greg préférait attendre et en profiter pour voyager. Au cours des années qui ont suivi, nous sommes allés en Floride, en Californie, au Canada et nous avons visité quelques parties des Caraïbes : Aruba, Sainte-Lucie, les Bahamas et le Mexique.

Au printemps 1998, mon horloge biologique était devenue si bruyante qu'elle me réveillait la nuit. J'avais 31 ans, et j'étais prête à avoir un bébé. Une nuit, j'ai même réveillé Greg.

— Tu dors ? lui ai-je demandé.

— D'après toi ? m'a-t-il répondu d'un air affecté.

— Écoute, je pense qu'il est temps pour moi d'avoir un enfant. Je ne rajeunis pas, et imagine que je n'arrive pas à tomber enceinte ? lui ai-je lancé.

Tout en soupirant, Greg s'est assis dans le lit et m'a répondu :

– Tu arriveras à devenir enceinte. Regarde mon ami Tom. Lui et Linda ont réussi dès le premier essai !

Mais pour Greg et moi, comme nous l'avons découvert rapidement, avoir un enfant risquait de ne jamais être possible.

Depuis la première inspiration que vous avez prise à votre naissance jusqu'au dernier souffle qui accompagnera votre mort, votre respiration est avec vous en permanence. Respirez en toute conscience pour éveiller votre intuition et pour vous sentir plus détendu, plus centré et plus vivant.

Par définition, la respiration consciente est ce que son nom indique : une technique de respiration naturelle visant à être conscient de votre souffle. Elle consiste à accompagner chacune de vos inspirations et expirations de votre conscience et de permettre à votre corps de relâcher les tensions et d'être dans le moment présent.

Pour instaurer le calme et apaiser l'esprit, la première chose consiste à respirer profondément à partir de l'abdomen. La respiration diaphragmatique, ou respiration par le ventre, aide à combattre le stress, à trouver l'équilibre et à se centrer. La plupart des gens respirent rapidement, et à partir de la poitrine, lorsqu'ils sont tendus, anxieux ou effrayés.

L'exercice suivant vous aidera à instaurer en vous un état de présence calme, réceptif et contemplatif.

- Trouvez un endroit tranquille pour vous installer, en position assise ou allongée.
- Éteignez votre téléphone, votre télévision et tout autre appareil risquant de vous déconcentrer.
- Faites quelques respirations ventrales profondes et purifiantes. Inspirez par le nez, retenez votre souffle en comptant jusqu'à cinq, puis expirez par la bouche en relâchant vos tensions corporelles.
- Lâchez prise de vos préoccupations et pensées indésirables. Concentrez-vous sur votre respiration.
- Imaginez que votre ventre est un ballon qui gonfle à l'inspiration et se dégonfle à l'expiration. Visualisez un bébé endormi : son ventre se soulève puis redescend naturellement, sans effort.
- Comptez doucement pendant chacune de vos inspirations et expirations. (Cette méthode est efficace pour empêcher d'éventuels monologues intérieurs de refaire surface.) Si vous avez peu de temps devant vous, arrêtez-vous au bout de 10 respirations. Commencez par des séances quotidiennes de 5 minutes, et visez des périodes d'au moins 15 minutes lorsque vous aurez pris le rythme.

Avec le temps, votre monologue intérieur se fera moins intense et votre corps saura se détendre naturellement. Pour améliorer vos séances, vous pouvez écouter un enregistrement audio relaxant tel que le bruit de la mer ou d'une forêt tropicale ; vous installer près d'une fontaine ou dans la nature ; ou encore allumer une bougie pour vous concentrer sur sa flamme.

3

Mon bébé miracle

– *Il est fort probable que vous ne puissiez* jamais concevoir. Les femmes qui ont souffert d'un empoisonnement à la peinture au plomb sont souvent infertiles. Vous risquez de ne jamais devenir enceinte, m'a annoncé mon médecin.

C'était comme si elle m'informait que la salle de bain se trouvait derrière la deuxième porte à gauche.

Je suis restée sous le choc tandis que, dans ce bureau de Boston, en mai 1998, elle brisait mon rêve de devenir mère. Je ne parvenais pas à assimiler ce qu'elle venait de me dire. Je ne me *sentais* pas stérile. Non parce que je savais ce que l'on pouvait ressentir dans un tel cas, mais j'imaginais un ventre froid comme une pierre, vide et anesthésié.

Je ne savais pas comment annoncer la nouvelle à mon mari, Greg, qui avait acheté en secret de petits maillots de football et des chaussures à crampon pour bébé. J'avais en effet trouvé ces articles dissimulés sous le lit quelques semaines avant mon rendez-vous. J'avais décidé de voir mon médecin pour obtenir une ordonnance de vitamines prénatales parce que mon amie Lisa m'avait dit en avoir pris pour préparer son corps à la grossesse.

Plus tard, alors que j'arrivais devant la porte de notre immeuble, mon corps s'est mis à trembler, et les larmes me sont montées aux yeux. J'ai fouillé désespérément dans mon sac trop rempli, à la recherche de mes clés. J'aurais eu envie de monter les escaliers en courant pour aller me cacher au fond du lit. J'étais dans tous mes états lorsque j'ai ouvert la porte de notre appartement. Pensant probablement que quelqu'un était mort, Greg s'est précipité vers moi pour me consoler.

— Je ne crois pas qu'on puisse avoir des enfants. Mon médecin dit que je suis « froide et vide », lui ai-je lancé en pleurant.

— Allez, raconte-moi ce que le médecin t'a *vraiment* dit, m'a répondu Greg.

— À cause de mon empoisonnement au plomb pendant mon enfance, il est fort probable que je sois stérile. Le plomb attaque les organes reproducteurs des femmes.

— Je ne la crois pas, m'a dit Greg. Nous devrions essayer quand même et voir ce qui se passe. Notre voyage au Mexique est pour bientôt. Essaie de te concentrer sur cette perspective et sur le plaisir que nous aurons là-bas.

Nous avions réservé un séjour au Mexique pour nous reprendre après notre première lune de miel désastreuse, quelques années auparavant.

J'ai donc suivi le conseil de Greg en me concentrant sur notre voyage au lieu de penser à la mauvaise nouvelle annoncée par mon médecin.

Dès que l'avion a atterri à Cancun le samedi suivant, nous avons sauté dans un bus touristique pour aller visiter les ruines mayas. J'avais lu au sujet d'un endroit appelé Tulum, situé en haut d'une falaise, face au soleil levant et à la mer des Caraïbes. Il s'agit de ruines qui se dressent au sommet de falaises d'une dizaine de mètres de haut, le long de la côte est de la Péninsule du Yucatán. Tulum était une plaque tournante de l'imposant réseau commercial des Mayas. Il y a des milliers d'années, les routes maritimes et terrestres convergeaient vers cet endroit.

La température frôlait les 40 °C, et le soleil tapait fort sur ma peau sensible d'Irlandaise. Je sentais mes taches de rousseur se multiplier sur ma peau. Greg voulait voir les tombeaux vides ; alors j'en ai profité pour me réfugier dans un des bâtiments en ruine, dans un lieu appelé « La maison aux colonnes ». Il s'agit d'une sorte de palais comprenant quatre pièces dont l'entrée principale fait face au sud. Six colonnes soutiennent le plafond de la pièce principale, et on y trouve également un sanctuaire couvert. Pour pénétrer dans cette structure, il m'a fallu baisser la tête. Une fois à l'intérieur, trois couloirs voûtés s'offraient à moi, et j'ai choisi celui de droite.

La chaleur faisant son effet, j'ai ressenti le besoin de m'asseoir. J'ai alors trouvé un petit poteau en ciment sur lequel reposer ce corps qui avait frôlé l'insolation. En m'asseyant, j'ai senti une vague de froid remonter le long de ma colonne vertébrale, et j'ai reconnu cette sensation. Lorsque j'avais vu des esprits étant enfant, j'avais toujours ressenti ce genre de frisson juste avant qu'ils m'apparaissent, et, ce jour-là, je savais qu'il s'agissait d'énergie. Mais ce n'était pas n'importe quelle énergie ; c'était celle d'une centrale électrique ! J'avais l'impression qu'une centaine d'yeux étaient rivés sur moi malgré la pénombre dans cette sorte de cave. Puis j'ai entendu des rires derrière moi. J'ai rapidement jeté un œil par-dessus mon épaule, mais il n'y avait personne — du moins personne que je puisse voir.

— Vous êtes assise sur le poteau maya de la fertilité, m'a soudainement lancé un guide touristique sorti de nulle part.

— Oh, ai-je répondu en riant, c'est amusant. Mais je n'ai pas vraiment à m'inquiéter de cela !

— Pas de problème, m'a-t-il dit tout en s'éloignant.

J'ai baissé la tête une seconde, et, en relevant les yeux, j'ai vu qu'il avait disparu. Un instant plus tard, Greg est apparu au bout du couloir.

— Enfin, te voilà ! m'a-t-il lancé avec soulagement.

Je lui ai rapidement parlé de mon échange avec le guide touristique.

— Tu as dû le croiser en venant ici, lui ai-je dit.

— Non, je n'ai croisé personne. Il n'y a que toi et moi. Tu dois *vraiment* avoir une insolation. Rentrons à l'hôtel, a-t-il ajouté avec un sourire rassurant.

Une fois à l'hôtel, je me suis effondrée sur un des deux lits doubles, et Greg s'est affalé sur l'autre. Moins de deux minutes plus tard, il dormait profondément en ronflant. Alors que j'étais moi-même en train de sombrer dans le sommeil, deux Mayas se sont approchés de mon lit. Je me souviens vaguement d'avoir pensé que je devais rêver. Ces hommes portaient de larges ceintures colorées avec des rayures vives orange, marron et jaunes par-dessus des tee-shirts blancs et des pantalons rouges et amples. L'un d'eux s'est penché sur moi pour murmurer quelque chose à mon oreille. J'étais effrayée et j'aurais aimé bouger, mais je n'y parvenais pas. Comme je ne l'avais pas bien entendu, je lui ai demandé, non sans mal, de répéter ce qu'il venait de me dire. C'est alors que j'ai entendu clairement : *Ta mère a eu une crise cardiaque et elle est à l'hôpital, en Irlande. Tu dois appeler ta famille.* Puis ils se sont éloignés en *traversant* la porte de la chambre. Je n'arrivais pas à croire ce qui venait de se produire. Mais je comprenais qu'il s'agissait d'esprits, et je me sentais privilégiée parce que j'avais reçu cette information et parce qu'ils savaient que je les écouterais.

Plusieurs années auparavant, ma mère avait eu sa première crise cardiaque à l'âge de 50 ans. Nous étions assises dans le salon lorsqu'elle avait commencé à se frotter l'épaule. Une *voix* avait immédiatement surgi dans mon esprit pour me dire : *Elle est en train de faire une crise cardiaque.*

Je m'étais levée.

— Maman, je crois que tu fais une crise cardiaque. Je t'emmène à l'hôpital.

— Non, ça va, m'avait-elle répondu. Je crois que je me suis juste blessée à l'épaule… mais la douleur se propage dans mon dos, et maintenant j'ai mal à la mâchoire.

Même si je redoutais qu'elle puisse ne pas me croire, je lui ai parlé de la voix que j'avais entendue dans ma tête.

— Maman, quelqu'un n'arrête pas de me dire que tu fais une crise cardiaque et que tu dois aller à l'hôpital. Je ne sais pas qui me parle, mais cette voix m'affirme que tu pourrais mourir.

Elle m'avait observée un instant avant de me répondre :

— D'accord, allons-y.

Dans la salle d'attente des urgences, ma sœur Rose et moi avions fait de notre mieux pour que notre mère reste calme, en abordant des sujets légers. Puis, lorsque l'infirmière était venue vers nous, ma mère s'était mise à plaisanter avec elle, mais elle avait subitement porté la main à sa poitrine avant de commencer à s'étouffer. De toute évidence, il s'agissait d'un infarctus. La salle d'attente s'était immédiatement remplie de personnel hospitalier qui nous avait demandé, à ma sœur et à moi, de quitter la pièce. Lorsque l'état de ma mère fut stabilisé, elle fut transférée à l'hôpital New England Deaconess de Boston pour y subir un triple pontage.

Plusieurs années après, lorsque les esprits mayas m'avaient informée que ma mère faisait une autre crise cardiaque, je savais qu'ils avaient probablement raison. Malgré mon état d'épuisement, j'ai sauté du lit pour appeler chez mes parents, à Stoughton. Je savais qu'ils étaient en Irlande, mais j'avais la sensation qu'un de mes frères et sœurs risquait de s'y trouver et pourrait me donner des nouvelles. C'est ma sœur Élizabeth qui a répondu au téléphone.

– Est-ce que maman est à l'hôpital ? Elle a fait une crise cardiaque ? me suis-je empressée de lui demander.

– Oh mon Dieu, je viens juste de parler avec papa… Maman est bien à l'hôpital de Dublin à cause de douleurs à la poitrine. Mais comment le savais-tu ? m'a-t-elle demandé.

– Ce sont des Mayas qui sont venus me le dire dans ma chambre d'hôtel.

– Ah bon ? Ils avaient la clé de ta chambre ? m'a interrogée Liz.

– Lizzy, c'étaient des esprits, des fantômes… tu vois le genre ?

Même si Lizzy était au courant de mes visions et de mes rencontres d'un type particulier, elle n'aimait pas aborder le sujet du paranormal. (En fait, elle dormait même avec une lumière allumée pour éloigner [selon ses propres mots] le croque-mitaine.)

— Il faut que j'y aille, m'a-t-elle lancé. Ces histoires me donnent la chair de poule. Je t'appellerai plus tard pour te donner des nouvelles.

Lorsque je suis rentrée à la maison quelques jours plus tard, ma mère m'a appelée de Dublin pour me dire que, de l'avis des médecins, elle avait souffert d'une légère crise cardiaque. J'étais reconnaissante à l'égard des Mayas car, s'ils ne m'avaient pas informée de l'état de santé de ma mère, mes frères et sœurs auraient attendu mon retour pour m'en parler.

Un mois environ après notre retour du Mexique, j'ai commencé à ressentir des douleurs vives dans le bas du ventre. Pensant qu'il s'agissait d'un ulcère attribuable à mon état d'inquiétude quant à la santé de ma mère, j'ai décidé d'aller voir mon médecin. Après une courte discussion et quelques examens de santé, elle a décidé de vérifier que je ne souffrais pas de kystes de l'ovaire. Alors qu'elle procédait à l'examen, un air perplexe s'est dessiné sur son visage. Lorsque je me suis relevée, elle m'a tendu un test de grossesse.

— Je suis presque sûre que vous êtes enceinte, m'a-t-elle lancé. Prenez ça et revenez dès que vous avez terminé.

Mes pensées se sont immédiatement tournées vers le poteau de fertilité sur lequel je m'étais assise par inadvertance dans les ruines mayas de Tulum. *Les Mayas m'avaient-ils envoyé cette bénédiction ? Pouvais-je vraiment être enceinte ?*

À ma grande surprise et à celle de mon médecin, j'étais bel et bien enceinte ! Un miracle s'était produit au Mexique. Lorsque j'ai appris la nouvelle à Greg, il était à la fois en état de choc et d'euphorie. La seconde chose qu'il m'a dite, juste après « C'est formidable ! », fut : « Qu'est-ce que tu vas faire pour tes cours de shiatsu ? »

Je m'étais déjà inscrite à la Boston Shiatsu School de Cambridge, Massachusetts, et je devais commencer quelques semaines plus tard. Il m'avait fallu trois ans pour économiser afin de pouvoir couvrir les frais d'inscription, en vue de réaliser enfin mon rêve. Les séances de shiatsu se déroulent habituellement sur un matelas déposé sur le sol. Greg s'inquiétait que ce soit trop exigeant pour la femme enceinte que j'étais, mais après y avoir sérieusement réfléchi, j'ai décidé que j'allais poursuivre mon rêve d'apprendre le shiatsu.

J'étais impatiente d'annoncer la nouvelle de ma grossesse à ma famille. Je sais que la plupart des couples attendent la fin du redoutable premier trimestre, mais j'étais incapable de le faire. J'ai commencé par ma mère, en l'informant que j'étais enceinte de 2 semaines, 3 jours et 97 minutes. Comme c'était le cas avec la plupart des nouvelles qui lui étaient transmises, ma mère m'a répondu :

— Je sais, j'ai prié très fort grand-mère Mac pour toi.

À la fin du premier trimestre, je sentais des sortes de petites bulles dans mon ventre. Même si mon médecin m'avait dit que je ne ressentirais pas les mouvements du bébé avant la quinzième ou la seizième semaine, j'étais à l'écoute de mon corps et je savais qu'il s'agissait de mon bébé s'efforçant de me rappeler qu'il était bien là. Ma sœur Lizzie, qui est le « médecin » de la famille, a essayé de me convaincre que ces « bulles » étaient en fait des gaz.

J'avais un emploi du temps exténuant, entre mon travail à l'aéroport Logan, mes cours de shiatsu et mes apparitions occasionnelles dans une salle de Boston. Je puisais beaucoup de nouvelles idées dans mon état de femme enceinte. Mon mari, Greg, m'accompagnait à tous mes spectacles, et si quelqu'un osait me chahuter, Greg le remettait à sa place avec une efficacité telle que n'importe quel être humain en aurait rougi.

Le moins que l'on puisse dire, c'est que mes journées étaient très bien remplies. Je quittais notre appartement vers 7h pour aller travailler à l'aéroport Logan (ce qui nécessitait que je prenne un train et un bateau, et que je longe à pied le port de Boston). Je quittais Logan à 17h pour me rendre à Cambridge, trois fois par semaine, et je devais prendre le bateau, le bus et le métro pour arriver à 18h à mes cours de shiatsu. Ceux-ci se terminaient à 22h, puis je descendais Mass Avenue pour prendre le métro à la station Porter Square à Cambridge et descendre ensuite à la station South Station de Boston pour attraper juste après le train de banlieue jusqu'à mon appartement de Stoughton. Lorsque j'arrivais chez moi, il était près de minuit. Les soirs où je n'avais pas de cours de shiatsu, je partais directement de Logan vers le Nick's Comedy Stop, dans le quartier des théâtres, ou vers le Comedy Connection, situé dans le réputé Faneuil Hall de Boston, pour me défouler un peu sur scène.

Vers la fin de ma grossesse, j'ai eu une énorme frayeur. En effet, au cours d'une échographie de routine, la technicienne a soudainement semblé préoccupée alors qu'elle rapprochait son visage du moniteur pour le voir de plus près. J'ai senti que quelque chose n'allait pas.

— Je vais aller chercher le médecin, m'a-t-elle lancé avec un sourire forcé.

Le médecin, qui était une petite femme blonde, s'est précipité dans la salle et s'est emparé de la sonde pour la passer sur mon ventre luisant. Puis elle m'a dit, sans essayer de me ménager :

— Je n'ai jamais rien vu de tel. Votre fœtus a deux excroissances aux yeux qui ressemblent à des tumeurs. Si vous me le permettez, je vais appeler l'équipe des chirurgiens. Malgré toutes mes années d'expérience, je n'ai jamais rencontré de cas semblables. Je reviens tout de suite.

J'étais choquée qu'elle me livre ces informations avec autant de froideur. J'avais la sensation que la sonde était une sorte de matraque paralysante et qu'elle venait de m'anéantir. *Mon précieux bébé miracle risque d'être aveugle ? À moins que ce soit le cancer ?* Toutes sortes de scénarios-catastrophes se bousculaient dans mon esprit.

Huit médecins — cinq femmes et trois hommes — sont arrivés en trombe dans la salle d'échographie et se sont précipités vers le moniteur. Seulement deux d'entre eux m'ont regardée. La femme blonde a enfoncé la sonde tellement fort dans mon ventre que j'ai cru qu'il allait exploser. Un « ahhh » collectif a empli la pièce.

Puis elle a parlé avec ses collègues comme si je n'étais pas plus importante qu'une mouche posée sur le mur.

— Après l'accouchement, il nous faudra immédiatement opérer le bébé. Nous consulterons également le Massachusetts Eye and Ear (un des hôpitaux spécialisés les plus réputés au monde). Il y a un risque pour que le bébé soit aveugle et qu'il soit dépourvu de canaux lacrymaux.

J'étais incapable de parler. Le choc de cette nouvelle m'avait anesthésiée. Pourtant, j'aurais voulu crier : « Non ! Pas mon parfait petit bébé ! Pourquoi ? »

Je ne les laisserai pas faire, pensai-je en moi-même. *Je vais appeler mes anges, mes guides, mes proches décédés, Marie la sainte mère de Dieu, Dieu, Jésus, Bouddha, Zeus, Mère Teresa, et tous les esprits auxquels je peux penser. Peu importe la guérison dont mon enfant a besoin, il l'aura. Mes prières seront entendues.*

Je posais les mains sur mon ventre dès que j'en avais l'occasion. Lorsque je le faisais, je sentais une vague de chaleur se diriger de mes mains vers mon bébé tandis que j'imaginais ses tumeurs en train de fondre comme neige au soleil. Je récitais les prières catholiques que j'avais apprises étant enfant — *Je vous salue Marie* et *Notre Père* —, ainsi que des prières amérindiennes qui me venaient d'un chaman Lakota.

Le fait de parler à mon bébé tout en berçant mon ventre avec mes mains a beaucoup aidé. J'avais la sensation que je créais un lien avec lui et qu'il reconnaissait ma voix. Durant ces séances, il se tortillait et avait le hoquet. (Nous avons appris que c'était un garçon la veille de Noël. J'avais demandé à la technicienne de noter le sexe sur une carte et de le mettre dans une enveloppe que j'avais ensuite déposée sous le sapin. Lorsque nous l'avons ouverte, ce fut pour y découvrir un cliché d'échographie sur lequel les parties génitales du bébé avaient été entourées. Une flèche accompagnée de la mention « pénis » pointait vers cet endroit.)

Lorsque je suis retournée à l'hôpital un mois après pour procéder à une échographie de suivi, mon médecin m'attendait impatiemment avec son équipe d'étudiants et de chirurgiens. Elle a saisi sa fidèle sonde comme s'il s'agissait d'une épée, telle Xéna la princesse guerrière, et l'a enfoncée dans mon ventre, de plus en plus profondément, dans l'espoir de retrouver des images des tumeurs. Pourtant, celles-ci avaient disparu. Complètement.

– Je ne sais pas quoi vous dire, mais les excroissances ont disparu et n'ont pas laissé de traces, a-t-elle dit à ses collègues.

J'ai envisagé de lui parler de mes prières à Jésus, au Bouddha et à Mère Teresa, mais je ne voulais pas briser sa bulle médicale. L'équipe est ensuite sortie piteusement de la salle, comme si elle venait de perdre à la Série mondiale. Je me trouvais dans un centre hospitalier universitaire, et ces étudiants venaient juste de perdre une occasion unique d'observer et d'apprendre. Je suis sûre qu'ils étaient surtout soulagés pour moi, et juste un peu déçus.

Deux semaines plus tard, j'étais assise à mon bureau de l'aéroport international de Logan, et je contemplais de ma fenêtre les avions qui décollaient. J'étais toujours étonnée de les voir amorcer leur virage si près de l'immeuble sans jamais s'y écraser. En fait, ils étaient souvent tellement proches que j'avais pris l'habitude de faire des signes à mes pilotes favoris de Federal Express et de Cape Air.

En mai 1999, mes contractions ont commencé alors que j'étais au travail. Il était temps pour moi de voler… vers l'hôpital. J'ai appelé Greg, qui travaillait à la State Street Bank du centre-ville de Boston, et il s'est dépêché de venir me chercher pour me conduire à l'hôpital Brigham and Women. Ce n'était pas une bonne idée d'entrer en travail à 15 h, en pleine période de pointe à Boston. Nous nous sommes retrouvés coincés dans les embouteillages sur Storrow Drive, alors que mes contractions se faisaient de plus en plus fortes et rapprochées.

J'ai alors sauté hors de la voiture en criant : « Je vais accoucher, enlevez-vous du chemin ! Aidez-moi s'il vous plaît ! »

Vous devez savoir comment sont les habitants de Boston. Il leur en faut beaucoup pour être surpris ou émus. La plupart des gens ont remonté leur vitre avant de détourner la tête. Je ne sais pas à quoi je m'attendais. Peut-être à ce qu'un médecin me soit livré sur commande ou que les voitures sortent leurs réacteurs cachés et s'agglutinent sur les côtés pour laisser la place à la seule femme enceinte de Boston.

Puis nous sommes enfin arrivés à l'hôpital. Lorsqu'ils ont installé le moniteur sur mon ventre pour voir où en étaient mes contractions, ils m'ont confié que le bébé était en difficulté. L'infirmière m'a expliqué qu'il y avait un délai dans ses pulsations cardiaques à chacune de mes contractions. Selon elle, le cordon ombilical s'était enroulé autour de sa tête. J'ai donc été rapidement dirigée vers la salle de travail. Le médecin a ensuite inséré un moniteur fœtal interne pour mesurer le rythme cardiaque du bébé avec plus de précision. Puis, tout a ralenti. Je suis passée de 3,0 à 3,1 centimètres de dilatation en l'espace de 12 heures.

Ensuite, ils m'ont administré du Pitocin, un produit de synthèse de l'ocytocine. Celle-ci est une hormone qui provoque les contractions et qui est produite dans le cerveau de la femme. Le Pitocin peut déclencher ou accélérer le travail en augmentant la force et la fréquence des contractions. Le problème est qu'il vous donne la sensation de vous déchirer les entrailles. Les médecins ont décidé de me donner une dose double de Pitocin quand ils ont vu que la situation ne progressait pas comme prévu. Vous vous rappelez la publicité qui montrait un œuf en train de frire sur une poêle et dont le message était « Voici à quoi ressemble votre cerveau lorsque vous consommez de la drogue » ? Mon cerveau me brûlait à l'image de cet œuf. Je me suis alors mise à faire des exercices de tai chi (un art martial doux) et de qi gong (une méditation en mouvement pour cultiver l'énergie du corps) afin de soulager ma douleur et mon angoisse.

Pendant quelques heures, j'ai continué à faire du tai chi et du qi gong jusqu'à ce que le médecin m'apprenne enfin que la dilatation était complète et que j'étais prête à retourner dans le lit pour pousser. Au bout de quatre heures, le cœur du bébé s'est arrêté. Ma pression artérielle avait énormément chuté. J'ai regardé Mary, mon infirmière attitrée, et je lui ai demandé :

– On est en train de mourir ?

L'expression de son visage a suffi à répondre à ma question. Les portes de la salle de travail se sont ouvertes d'un coup et quatre personnes en blouse blanche se sont précipitées vers moi. Après avoir donné quelques coups sur mon ventre, ils ont hurlé :

– Césarienne en urgence !

Puis j'ai entendu une voix me dire dans ma tête : *Tourne-toi sur le côté droit.*

J'ai alors crié :

– Tournez-moi sur le côté droit, tout de suite !

Mary et mon médecin m'ont soulevée pour me tourner. Puis j'ai entendu un léger « bip bip bip » provenant du moniteur qui captait à nouveau les faibles battements du cœur de mon bébé.

Ensuite, je me suis remise à pousser jusqu'à ce que je voie enfin apparaître sa petite tête chevelue. Ses cheveux étaient d'un blond vénitien, comme les miens. Puis son cœur s'est de nouveau arrêté. Il était coincé dans le canal génital. Le médecin qui remplaçait mon obstétricienne semblait paniqué. Elle envisageait d'utiliser la ventouse ou les forceps.

Je lui ai crié :

— Prenez tout de suite la ventouse !

La ventouse, qui se place sur la tête du bébé, est reliée à un appareil d'aspiration. J'ai dû tomber sur le roi des aspirateurs, car, lorsque celui-ci a sorti le bébé de mon corps, je me suis sentie vidée et déchirée de la tête aux pieds. Mais il m'importait peu que mon corps puisse être ouvert en deux. Je voulais juste que mon bébé aille bien.

Ainsi, 2 jours, 12 heures et 32 minutes après notre arrivée à l'hôpital, Tyler James Hancock est entré dans ce monde et a jeté un œil autour de la pièce tandis que l'infirmière l'installait dans l'incubateur pour le transporter vers le service néonatal de soins intensifs, afin de le mettre sous observation.

Il a fallu près de 4 heures pour recoudre ma déchirure pelvienne de niveau 4 (il n'existe pas d'autre niveau après celui-là !). En effet, environ 2 heures après avoir commencé ce travail, le médecin de remplacement (qui ressemblait à Dakota Fanning à 12 ans), m'a regardée en me disant :

— Hum… je m'y suis mal prise. Je vais devoir enlever tous les points et demander de l'aide.

— *Comment* ça, *tu t'y es mal prise ?!* pensais-je en moi-même. *Qu'est-ce que ça veut dire ? Tu m'as recousue de travers ? Tu as tout refermé en même temps ?* m'offusquais-je intérieurement.

Puis elle a quitté la pièce pour revenir avec le chef du service de chirurgie. C'était un homme grand et mince qui ne me gratifia d'aucun sourire. À cette étape, j'étais tellement fatiguée que je commençais à me sentir d'humeur incisive. Alors qu'il entamait sa descente pour réparer les dommages, j'ai eu une idée. *Tap, tap, tap.* (Je lui tapotais l'épaule.)

— Toc, toc, lui dis-je.

J'étais déterminée à le faire sourire. Pas de réponse.

— J'ai dit toc, toc !

Pas vraiment impressionné par mon cinéma, il a essayé sans enthousiasme de jouer le jeu.

— Qui est là ?

— L'étoile de mer agaçante.

Il a continué à faire ses points comme s'il avait une échéance pour terminer une dentelle en vue d'un concours important.

— L'étoile de mer agaçante qui ? m'a-t-il répondu.

J'ai alors posé ma main sur son visage, les doigts parfaitement séparés les uns des autres comme s'il s'agissait d'une araignée. À ma grande surprise, je l'ai entendu glousser.

— Madame, vous risquez d'avoir quelques problèmes à cet endroit si vous ne me laissez pas finir.

Il n'avait pas tort.

Lorsque j'ai enfin pu tenir mon petit garçon miracle dans mes bras, six heures plus tard, celui-ci m'a regardée comme s'il me connaissait depuis des milliers d'années. J'ai littéralement fondu lorsqu'il a entouré mon index de ses minuscules doigts. Nous étions loin de nous douter que nous aurions encore un défi à relever. Au cours de l'accouchement, Tyler et moi avions eu des pointes de fièvre, et les médecins souhaitaient me donner des antibiotiques par mesure de précaution.

— J'ai toujours été allergique aux antibiotiques, les ai-je informés, peu rassurée.

Le médecin m'a répondu :

— Nous en essaierons un que vous n'avez jamais pris, comme de la gentamicine ou de la clindamycine.

J'ai senti intuitivement que ce n'était pas une bonne idée. Je savais qu'il me fallait arrêter le processus. Vous est-il déjà arrivé de savoir que quelque chose allait mal se passer, mais de ne pas trouver les moyens de l'empêcher ? À cet instant, tout en moi me criait de les empêcher d'installer l'intraveineuse. Mais je me suis convaincue qu'ils savaient ce qu'ils faisaient, et je n'ai rien dit. L'infirmière a installé la bouteille de soluté sur le support pour intraveineuse, et j'ai regardé le liquide pénétrer dans mon bras.

Environ une demi-heure plus tard, alors que je regardais *Saturday Night Live* avec Greg, j'ai senti des fourmillements dans les pieds. Tandis que les paroles de Chris Farley, « In a van down by the river[6] », résonnaient dans ma tête, j'ai commencé à ne plus sentir mes jambes, comme si elles avaient été enroulées dans un tablier de plomb que l'on installe pour protéger des rayons X.

— Je ne sens plus mes jambes, ai-je lancé à Greg, en panique. Appuie sur le bouton qui est sur le mur pour appeler l'infirmière ! ai-je crié comme une folle.

Greg est le type d'homme qui, en temps de crise, a tendance à présenter un comportement d'attaque ou de fuite, et habituellement il se réfugie dans la fuite. Par exemple, le jour où je lui ai demandé d'appeler le 911 parce que Tyler devenait bleu au milieu de la nuit à cause d'une toux de coqueluche, Greg m'a répondu :

— Mais je ne connais pas le numéro !

6. N.d.T. : Chris Farley était un humoriste dont un sketch particulièrement connu était intitulé « I live in a van down by the river ».

Cette fois-là, il n'arrivait pas à trouver le bouton rouge, gros comme une balle de tennis, sur lequel figurait le pictogramme d'une infirmière.

La sensation d'anesthésie a rapidement remonté mes bras et mon torse. Ensuite, j'ai réussi à articuler quelque chose du genre :

— Ahui hu he houhon, aihe-hoi, he heurs.

Je me sentais partir et sombrer en choc anaphylactique. Puis Greg a fini par trouver le fameux bouton.

— Comment puis-je vous aider ? nous a répondu une voix fatiguée.

— He heu hlus heshirer ! ai-je crié avec le peu de force qu'il me restait.

Ma langue s'est mise à gonfler et j'ai commencé à m'étouffer.

— Code bleu, code bleu, chambre 1021 ! ai-je entendu dans l'interphone.

Des lumières se sont mises à clignoter, et une sirène a retenti comme si nous avions tenté de nous échapper d'Alcatraz. L'équipe d'urgence est arrivée en courant dans ma chambre, et je me suis retrouvée entourée de personnes en blanc (d'ici et de l'Au-delà). Je voyais l'esprit de ma grand-mère à ma gauche. Sa main était posée sur mon épaule, et son visage était dépourvu d'expression. Il y avait également l'esprit d'un homme aux longs cheveux blonds et ondulés, et au magnifique regard bleu, qui se tenait dans le coin de la pièce en me souriant. Il ressemblait au mannequin Fabio Lanzoni. Je me demandais s'il était un esprit guide ou un ange gardien.

J'avais la sensation de m'enfoncer dans le lit. L'infirmière qui prenait ma tension avait l'air paniquée. J'ai senti une piqûre dans la hanche tandis que les médecins m'administraient de l'adrénaline. Celle-ci atténue l'étranglement des voies respiratoires et a un effet inhibiteur sur le système immunitaire. J'avais la sensation de quitter mon corps… peut-être pour de bon. La pièce rétrécissait de plus en plus, et il me semblait que je flottais près du plafond, tout en regardant ces gens travailler sur mon corps. Je me souviens d'avoir pensé que je ne reverrais plus mon bébé. Je voyais grand-mère Mac qui me faisait des signes au loin. J'avais l'impression de rêver. Tout était calme et euphorisant. Je souhaitais rester dans cet état qui me donnait l'impression d'être enveloppée dans un cocon chaud.

Puis j'ai senti une forte poussée et, subitement, j'ai retrouvé la sensation de mes bras et de mes jambes ! J'étais de retour dans mon corps. Mais surtout, je pouvais respirer. J'ai remercié les Mayas pour le poteau de fertilité qui m'avait amenée jusque-là (d'accord, merci à Greg aussi), tous les anges et les saints, Dieu, Bouddha… enfin, vous voyez le tableau. Je crois même avoir remercié l'employé venu nettoyer la salle de bain (que j'ai voulu mettre à contribution, dans mon état délirant, pour qu'il vérifie que mes parties intimes n'avaient pas enflé suite aux 200 points de suture). Il m'avait répondu, dans un langage approximatif :

– Non, non, moi pas docteur, juste laver.

Ce qui est amusant avec les gens, c'est qu'ils ont parfois tort, et c'est même le cas des médecins. Leur travail consiste à nous guider au mieux de leurs capacités en se servant des outils avec lesquels ils ont été formés, mais rien n'est jamais « gravé dans la pierre ». Il arrive parfois qu'un miracle nous attende et qu'il nous suffise alors de savoir discerner quel chemin nous mènera à lui.

Pensez au mode de fonctionnement d'un GPS. Il est connecté à un satellite qui sait en permanence où vous êtes (sauf par des journées particulièrement couvertes). Il vous suffit d'enregistrer la destination désirée, et voilà ! Le GPS commence à vous diriger, étape par étape. Je ne sais pas pour vous, mais personnellement, lorsque je me suis mise à utiliser mon GPS, je me suis beaucoup disputée avec lui ! Lorsque je décidais obstinément de prendre un chemin différent parce que je ne voulais pas me fier à elle (j'ai choisi la voix d'une femme insolente que j'ai surnommée Ella), elle me répétait avec douceur et bienveillance « Calcul en cours ». Or, elle a toujours raison, et j'ai appris à lui faire confiance (la plupart du temps).

Nous avons tous en nous un système de localisation GPS, une connaissance intérieure reliée au divin. Il est là depuis notre naissance et nous préviendra toujours lorsque nous sortons du bon chemin. Lui prêtez-vous attention ? Voici quelques suggestions pour vous aider à écouter votre propre GPS intérieur :

1. Déterminez où vous souhaitez aller. Quel est le rêve qui habite votre cœur ? Transmettez-le à votre GPS intérieur. (Dans mon cas, je souhaitais avoir un bébé en bonne santé !) Partagez-le avec Dieu, vos anges, vos proches décédés et avec tout être que vous considérez comme supérieur.

2. Soyez loyal envers vous-même ! Ayez confiance, en sachant que tout est possible, même si vous ne voyez pas comment cela est possible. Si de la famille ou des amis bien intentionnés prétendent que vous ne pouvez pas combler les désirs de votre cœur, ils ne parlent que de leur point de vue, qui peut être très éloigné de ce qu'est votre vie. Je suis sûre qu'ils vous veulent du bien, mais ils ne croient peut-être pas aux miracles. Je suis convaincue que tout est possible à ceux qui croient ! Déterminez qui, dans votre vie, pourrait être votre point de repère et vous permettre de continuer à croire aux miracles même dans les moments de doute et d'incertitude.

3. Arrêtez de penser aux façons dont les choses sont censées se dérouler et ouvrez-vous à toutes les possibilités. Soyez à l'écoute des petits signes divins qui surgissent dans votre esprit, même (et plus particulièrement) si vous ne savez pas pourquoi. Ces intuitions sont à l'image d'Ella, la voix de mon GPS, quand elle me dit : « Tournez à droite dans 100 mètres. »

   Une précision à propos de ces intuitions : elles peuvent se présenter à vous sous la forme d'une pensée, d'un rêve, et vous pouvez également les entendre ou les ressentir. Soyez vigilants, car elles existent bel et bien. Comment recevez-vous ces intuitions, ces petits signes du ciel ? Que vous poussent-ils à faire ?

4. Rappelez-vous qu'il s'agit de votre rêve, et que vous le méritez complètement. Agissez comme si tout était possible. Allez dans la direction de votre rêve. Quel pas pouvez-vous franchir aujourd'hui pour le réaliser ? Lancez-vous... vous serez heureux de l'avoir fait !

4

Cartes postales du ciel

Nous avons ramené Tyler dans notre petit, mais néanmoins chaleureux, appartement d'une chambre, situé au troisième étage d'un immeuble de Stoughton, dans le Massachusetts, au bout de la rue où se trouvait ma maison d'enfance. Même si je n'avais pas complètement terminé ma formation en shiatsu, ma mère – qui était membre du conseil d'administration du centre de soins palliatifs local – n'a pas attendu pour répandre la bonne nouvelle. Je ne me sentais pas prête à avoir une clientèle, mais lorsque des patients atteints de cancer ont commencé à m'appeler pour me demander de l'aide, j'ai décidé de les voir. Avant tout, j'ai expliqué à ma mère et à mes clients que je ne pouvais pas les guérir, mais plutôt les rendre plus forts pour qu'ils puissent se soigner eux-mêmes. J'étais diplômée en Reiki et en études amérindiennes, et, grâce aux cours que j'avais suivis pour soulager mon stress et mon angoisse, ainsi qu'aux nombreux livres que j'avais dévorés sur le sujet, j'ai commencé à donner des cours de gestion du stress dans différentes entreprises.

D'anciens amis, des voisins, mais surtout des personnes que je n'avais jamais rencontrées, se sont précipités pour me voir. Des gens qui arrivaient à peine à marcher grimpaient trois étages pour recevoir des soins sur le matelas installé dans mon salon.

Des petits miracles se sont produits. Certains clients me disaient que leurs tumeurs avaient disparu ou diminué, tandis que d'autres me confiaient être soulagés de leurs douleurs. Je savais que je servais de canal pour accomplir de grandes choses. Pas tous mes clients ont été totalement guéris, mais la plupart d'entre eux ont été soulagés, à un niveau ou à un autre. Les séances de guérison étaient (et sont toujours) gratuites pour les personnes atteintes d'un cancer. Aux autres clients, je proposais une échelle de prix pour m'assurer que personne ne soit refusé pour des raisons financières.

Un jour, alors que j'en étais encore à mes premières années de pratique, mon amie Laura m'a appelée en panique.

— Maureen, Brian est couché par terre et pleure de douleur. Il ne peut pas bouger. Demain, il doit être opéré au dos pour une fusion des vertèbres. Tu penses que tu pourrais venir l'aider ?

J'ai saisi mon manteau et me suis précipitée dehors. À mon arrivée, Laura avait les larmes aux yeux lorsqu'elle m'a accueillie à la porte. Elle m'a indiqué la cuisine. Son mari Brian était sur le sol, en positon fœtale, et gémissait. Je me suis assise à côté de lui, puis j'ai posé ma main en bas de son dos. Je n'avais pas la moindre idée de la façon de m'y prendre pour aider cet homme. J'ai donc prié Marie pour qu'elle m'aide. J'ai commencé par appuyer doucement sur des points de pression le long de sa colonne vertébrale. Puis, en plaçant mes mains en bas de son dos, j'ai senti une chaleur.

— Oh, tes mains sont comme des bouillottes. Je sens déjà que ma douleur s'estompe. Qu'est-ce que tu fais ? m'a demandé Brian.

— Ah, un peu de tout. Je combine l'énergie du Reiki, l'acupression et les prières.

Au bout d'une demi-heure, Brian s'est lentement relevé. Puis il s'est traîné par terre un instant.

— Je crois que je peux me lever. Je n'arrive pas à croire ce que tu viens de faire. Je n'ai plus mal du tout.

Ensuite, il a agrippé mon bras pour se mettre doucement debout. Cela peut paraître étrange, mais il s'est immédiatement mis à danser la gigue.

— Regarde, j'arrive à danser ! m'a-t-il lancé en souriant.

Je n'en croyais pas mes yeux. Laura se tenait dans l'embrasure de la porte, abasourdie. Sa bouche était grande ouverte, et des larmes coulaient sur son visage.

Le lendemain, elle m'a appelée pour me dire que Brian était en pleine forme. Il a remis à plus tard son opération de fusion des vertèbres et n'a plus eu de problème depuis.

Lorsque Tyler a eu six mois, nous avons acheté notre première maison — une petite maison blanche typique de Cape Cod possédant deux chambres, et située à Bridgewater, dans le Massachusetts, où nous vivons encore aujourd'hui. J'ai quitté mon travail à l'aéroport Logan pour faire des séances de shiatsu chez moi et pour avoir le temps de me rendre chez ceux qui étaient trop mal en point pour se déplacer. Les jours où je rencontrais des clients, Tyler allait chez sa grand-mère.

Lorsque j'ai commencé à traiter les gens régulièrement, j'ai remarqué une chose étrange en massant leurs pieds. Je recevais chaque fois un message d'un esprit à ce moment précis. Je pense que la relaxation profonde des clients permettait aux esprits de transmettre un ou deux messages. Au début, ceux-ci étaient toujours les mêmes : *Dites-lui que je vais bien. Je n'ai pas l'impression de l'avoir quitté et je suis au courant de sa vie.*

Un jour où mon emploi du temps avait été très chargé, j'étais chez moi en train de pétrir le pied endolori d'une cliente pendant une séance particulièrement intense de shiatsu. Elle semblait très détendue par rapport à l'agitation qui l'habitait à son arrivée. Son corps semblait se couler dans le sol. Subitement, alors que je touchais la plante de son pied, plusieurs esprits me sont apparus, marchant les uns derrière les autres, et parlant tous en même temps. Puis le brouhaha s'est calmé, et j'ai entendu la voix d'une femme me marmonner quelque chose. Je n'arrivais pas vraiment à la comprendre, car c'était un peu comme essayer de recevoir une station de radio AM. Ensuite, toutes les autres voix se sont tues tandis que l'invitée spéciale levait le ton. *Je suis sa mère, Angelina,* m'informa la voix. *Dites-lui que je suis là. Je suis Angelina.*

Même si je ne voulais pas interrompre le massage ni perturber l'état de profonde relaxation de ma cliente, la voix de sa mère se faisait insistante. Puisque je ne pouvais pas garder cette information pour moi, je lui ai dit avec douceur :

— Votre mère s'appelait Angelina, n'est-ce pas ? Et elle venait bien du New Jersey ?

Silence de mort. Les pieds de ma cliente se sont crispés, et, les yeux écarquillés, elle m'a lancé, par-dessus son épaule :

— Ma mère est morte il y a trois ans. Comment connaissez-vous son nom ?

— Je l'ai entendu dans ma tête. En massant vos pieds, j'entendais des voix fortes résonner dans mon esprit. Puis une femme m'a dit qu'elle était votre mère, Angelina. Elle n'arrêtait pas de me demander que je vous dise qu'elle était avec vous. Elle m'a aussi confié qu'elle était l'Italienne antipathique du New Jersey.

Ma cliente était sans voix.

— Votre mère veut juste que vous sachiez qu'elle est toujours avec vous. Elle a vraiment insisté pour que je vous le dise, ai-je ajouté.

Elle s'est relevée du matelas et m'a prise dans ses bras.

— J'ai la sensation d'avoir ma mère contre moi une dernière fois. Merci.

Ce scénario s'est souvent répété avec mes différents clients. Je me suis efforcée, chaque fois, de leur expliquer ce qui se passait et de les assurer que je n'étais pas folle, ni n'avais fouillé leurs poubelles pour y trouver des renseignements personnels. Rapidement, il est devenu normal que les clients me quittent avec les larmes aux yeux et l'envie d'avoir plus de… *messages*, et non de *massages*.

Mon mari a commencé à s'interroger sur ces invités larmoyants et m'a demandé ce que je faisais à mes clients. Greg est un « homme viril » qui fait preuve de ce que j'appelle un sain scepticisme. Dès le début de notre relation, il a pris l'habitude de gentiment ignorer mes commentaires sur les choses que je savais et sur mes conversations avec les morts. Lorsque j'ai commencé à traiter sérieusement des patients, j'ai décrit à Greg le déroulement de mes séances de massage, tout en lui expliquant que je ne savais pas vraiment *comment* tout cela pouvait être possible. Au début, il se contentait de lever les yeux au ciel. Mais, rapidement, cet homme qui croyait surtout aux Red Sox a fini par se rallier à ma cause et par accepter que j'avais réellement un don. Je pense que ce sont mes clients qui l'ont convaincu, avec des commentaires tels que : « Votre femme est incroyable. Elle vient de me dire comment s'appelait mon père, de quelle façon il est mort, et d'autres choses que lui seul pouvait savoir. »

La nouvelle s'est rapidement répandue qu'une femme, sur Sunset Drive, pouvait tout guérir, des migraines aux allergies alimentaires. Que les choses soient claires. Je n'ai jamais prétendu être une guérisseuse. Je suis simplement un canal qui permet aux gens de prendre contact avec leurs propres capacités intérieures de guérison. Ils sont un peu comme une voiture qui aurait besoin d'une autre batterie pour démarrer, et il se trouve que j'ai les câbles de démarrage dans mes mains.

Au bout de quelques mois, je n'arrivais déjà plus à satisfaire toutes les demandes pour « cette chose que vous faites avec vos mains ». J'ai compris qu'il était temps de ne plus recevoir les clients à la maison et de me trouver un vrai bureau. Ma sœur Rosie, qui était propriétaire d'un magasin de fleurs dans la ville voisine, m'a proposé ses locaux et son aide.

— Ah oui, je pourrai nettoyer une pièce à l'arrière et y faire mes massages, lui ai-je dit.

— Non, tu peux utiliser le magasin tout entier, m'a-t-elle expliqué. Je ne veux plus vendre de fleurs.

— Quand comptes-tu fermer ? lui ai-je demandé

— Demain, m'a-t-elle répondu sans hésiter.

Nous nous sommes mises à rire. J'ai toujours admiré la capacité qu'a Rosie d'agir dans l'instant. Un de ses dictons favoris — que j'applique également dans ma vie — est : « Si ce n'est pas un oui catégorique, alors c'est un non. »

Rosie a fermé son magasin le lendemain, et j'ai ouvert mon centre de soin, Pathways to Healing[7], la semaine suivante. Cette fois encore, la nouvelle s'est répandue à la vitesse de la lumière dans notre communauté, et nous recevions entre 20 et 30 appels par semaine sans avoir à nous faire de la publicité.

Dans les centres de soins palliatifs, tout le monde parlait de celle qui faisait gratuitement des séances de guérison holistique et de massage aux patients atteints d'un cancer. Je me suis rendue dans des hôpitaux, des centres de soins palliatifs et des résidences privées. Le *Middleboro Gazette*, qui est un journal local, a eu vent de mes actes charitables et m'a interviewée à l'automne 2001.

Je savais qu'il me fallait donner un nom à mes activités, et je me suis donc renseignée sur la façon de créer un organisme à but non lucratif, que j'ai ensuite baptisé Manifest a Miracle[8]. Je trouvais que ce nom illustrait bien ma conviction que chaque personne a la capacité d'accomplir quelque chose de miraculeux, qu'il s'agisse de soulager une douleur, d'adopter une nouvelle attitude positive, ou même de se soigner. (Aujourd'hui, Manifest a Miracle est devenu Seeds of Hope[9]. Il y a plusieurs années, mon amie Sandy Alemian et moi avons commencé à travailler ensemble, ce qui nous a

7. N.d.T. : Traduction littérale : Voies de la guérison.

8. N.d.T. : Traduction littérale : Accomplir un miracle.

9. N.d.T. : Traduction littérale : Graines d'espoir.

amenées à fusionner nos fondations. Elle avait créé la première fondation « Seeds of Hope » lorsque sa petite fille était décédée.)

J'ai toujours ressenti le besoin d'aider les personnes malades et mourantes. Ce n'est pas qu'un de mes proches ait déjà souffert d'un cancer ; cette envie m'a toujours habitée, depuis l'âge de mes cinq ans. Peut-être est-ce lié à ce que j'ai vécu à l'hôpital pour enfants étant petite – voir tous ces enfants malades et atteints de cancer. Mes enseignants me demandaient :

– Qu'est-ce que tu veux faire quand tu seras plus grande, Maureen ?

Et je leur répondais invariablement :

– Je veux aider les gens malades. Je veux les soulager.

Je me suis efforcée de satisfaire toutes les demandes qu'a suscitées la parution de mon interview dans le journal. À une certaine époque, je voyais 15 clients par semaine dans le Massachusetts et le Rhode Island. Mon cœur grandissait de façon exponentielle par rapport à mon malheureux compte en banque, et, rapidement, j'ai vu les factures s'empiler. Vous savez, celles qui disent « DERNIER AVIS ». Mais j'ai toujours essayé de relativiser, notamment en gardant en tête cette pensée : *Au moins, j'ai la santé. Je n'ai pas le cancer.*

Au bout d'un moment, j'ai quand même décidé de demander de l'aide. Je savais qu'il me fallait attirer d'autres professionnels pour prendre certains de mes clients. Or, je ne pouvais pas attendre d'eux qu'ils le fassent gratuitement, et j'ai donc décidé qu'il me fallait organiser sans attendre une levée de fonds pour m'aider dans ma mission.

Greg était sous le choc lorsque je lui ai appris, une semaine plus tard, que j'avais organisé une levée de fonds pour ma fondation contre le cancer nouvellement créée. J'avais intitulé cet événement « Cartes postales du ciel ». Son choc n'était pas tant lié au nom de la levée qu'à l'animatrice de cette soirée : moi-même !

J'imaginais une salle remplie de personnes qui auraient perdu un être cher. Je leur raconterais mon histoire, puis je ferais le tour de la salle en transmettant les messages des esprits. Parce que j'avais l'habitude de prendre la parole devant un public et de faire des spectacles d'humour, j'avais suffisamment confiance en moi pour ne pas avoir le trac. J'avais également donné des cours de gestion du stress dans de grandes sociétés, dans des installations médicales et dans des entreprises du secteur public, en intégrant de l'humour à mes formations en santé holistique, si bien que j'étais à l'aise face à de grands groupes.

Mon amie Dina avait mis à ma disposition une salle de réception dans son restaurant réputé, le Fireside Grille, à Middleboro, dans le Massachusetts. Ensemble, nous avons décidé de proposer un repas à base de poulet farci, comme si nous organisions un repas pour un mariage. Sauf que, dans ce cas précis, les invités seraient composés de vivants *et* de morts.

Principalement grâce au bouche à oreille et à la participation des gens du coin, les places se sont vendues en quelques semaines. Je n'en revenais pas. Voir que toutes ces personnes me tendaient la main pour recevoir un message du ciel ou un dernier au revoir fut pour moi une leçon d'humilité.

Mes amis ont tous participé, en récupérant les billets à l'entrée, en s'occupant du vestiaire et en me présentant sur scène. La file d'attente s'étendait pratiquement au-delà de l'aire de stationnement. Avant d'entrer sur scène, j'ai jeté un œil pour voir jusqu'où les gens attendaient, et mon cœur s'est mis à bondir dans ma poitrine. Mes mains sont immédiatement devenues moites, et j'ai senti mes joues s'empourprer. J'ai respiré profondément en faisant les cent pas derrière la scène. *Alors, c'est à ça que ressemble le trac.* Ma réaction était assez inattendue. Une bonne leçon pour « Madame nerfs d'acier ».

Dans le public, il y avait des enfants en bas âge et des personnes âgées, mais surtout des femmes entre la trentaine et la cinquantaine. Tous semblaient curieux et excités, y compris la demi-douzaine d'hommes venus avec leurs compagnes enthousiastes. Les femmes plus âgées tenaient leurs petits-enfants contre elles, espérant peut-être qu'elles auraient ainsi moins peur de la mort ou que leurs maris se présenteraient à elles pour soulager leur peine.

Une bonne douzaine de personnes attendaient au bar. J'ai supposé qu'elles étaient nerveuses. Depuis, j'ai appris que la plupart des médiums n'autorisaient pas la consommation d'alcool à de tels événements. Tant que la consommation est raisonnable, je n'ai rien contre cela. Mais l'alcool peut affaiblir les vibrations énergétiques et rendre plus difficile la prise de contact.

En regardant dans cette longue salle de forme ovale, mes pensées ressemblaient à : *Oh mon Dieu, qu'est-ce qui m'est passé par la tête ? Il doit y avoir 200 personnes, et toutes s'attendent à ce que je communique avec leurs proches décédés ! Il me faudra leur demander d'enlever leurs chaussures pour que je puisse leur frotter les pieds… Je ne peux pas faire ça. Je leur dirai simplement que les gens de l'Au-delà ne se sont pas manifestés. Ils devaient être occupés ailleurs. Et je leur souhaiterai bon appétit.*

En bonne catholique irlandaise que j'étais, j'ai récité « Je vous salue Marie » et me suis précipitée sur la scène… à moins que ce soit quelqu'un de l'Au-delà qui m'ait poussée. Mon sens de l'humour naturel a refait surface, et je me suis sentie de plus en plus à l'aise en partageant mon histoire avec le public à mesure que les minutes s'écoulaient. Je sentais la tension qui régnait dans la salle, et tous les yeux étaient rivés sur moi, certaines personnes espérant des messages miraculeux, et d'autres redoutant que je me mette à canaliser les esprits à l'image de Whoopi Goldberg dans le film *Ghost* : « Orlando, c'est toi ? Chéri, mais qu'est-ce que tu as fait à tes cheveux ? »

Après mon entrée en matière improvisée, je me suis sentie prête à accueillir nos « invités spéciaux ». *J'étais* prête. Mais *les esprits* ne l'étaient pas. Dans ma tête, il n'y avait qu'un écran vide — rien, zéro, nada. J'ai senti mon visage chauffer, et j'ai balayé la salle du regard, à la recherche du signe SORTIE. Tous les yeux étaient rivés sur moi tandis que je marchais entre les rangées. Au bout d'un moment, n'ayant toujours rien à dire, je me suis appuyée sur la chaise d'une personne du public.

Soudainement, j'ai entendu un bruit retentissant. Puis j'ai vu dans mon esprit l'explosion responsable de ce bruit et un homme projeté en l'air par celle-ci. J'ai ensuite entendu le nom « Rose ».

— Est-ce que quelqu'un a perdu son mari dans une explosion ? Rose ? ai-je lancé au public.

Silence. On aurait pu entendre une plume tomber.

Puis, la femme dont j'avais pris la chaise pour appui, une blonde dans la quarantaine, a laissé tomber sa tête dans ses mains et s'est mise à pleurer.

Sa voisine, qui était apparemment une amie, m'a répondu : « Elle s'appelle Rose, et son mari est mort dans une explosion ! »

Il m'a fallu un certain temps pour reprendre mon souffle, physiquement *et* mentalement, comme c'est toujours le cas lorsqu'un esprit se présente à moi. L'excitation et le choc que je ressens quand les messages d'un esprit sont confirmés par un proche ne se sont pas estompés avec le temps. L'esprit de cet homme semblait très fort, et je savais qu'il souhaitait vraiment prendre contact avec sa femme. L'espace d'un instant, j'ai espéré que tous les autres s'en aillent pour que je puisse passer les trois heures suivantes à la réconforter. Elle s'est levée lentement. Elle était petite et avait de magnifiques yeux marron qui exprimaient la douceur. J'ai pris sa main et l'ai regardée droit dans les yeux.

— Il va bien. Il me dit qu'il n'était pas censé être dans l'immeuble. J'entends le nom Bill.

Elle a pris le micro pour me répondre :

— Il s'appelait Bill. Il est allé au travail alors qu'il était en congé, et le bâtiment a explosé.

Après avoir écouté le message de Bill, j'ai parlé de leurs trois enfants et du mariage imminent de leur fils.

— Il sera là pour le mariage.

Le visage de Rose s'est transformé sous mes yeux. Ses inquiétudes et ses peurs ont subitement été remplacées par un sourire et des larmes de joie. Ce brusque changement de comportement m'a sidérée. Je l'ai prise dans mes bras et lui ai murmuré à l'oreille : « Vous êtes l'amour de sa vie. L'amour ne meurt jamais. »

Ce qui s'est passé les heures qui ont suivi est assez confus. Je courais à différents endroits de la salle comme si j'étais dotée de réacteurs. Table après table, je prenais contact avec les personnes décédées. Et entre les messages sérieux, je faisais de l'humour pour élever l'énergie de la salle et pour que tout le monde reste impliqué et concentré.

J'ai terminé la soirée par une méditation guidée, pour aider d'une autre façon ceux qui n'avaient pas reçu de message. Puis je me suis installée à la sortie pour dire au revoir au public. En voyant les gens partir, j'ai remarqué que leur humeur avait énormément changé par rapport à leur arrivée. Chacun semblait quitter avec un peu plus d'énergie et de légèreté. Rose, la femme dont le mari était mort dans une explosion, m'a prise dans ses bras et m'a murmuré à l'oreille : « Merci. Maintenant je peux aller de l'avant. »

Ceux qui avaient évité tout contact visuel avec moi un peu plus tôt me faisaient des signes en me souriant. D'autres, qui étaient arrivés avec des mines défaites, en luttant contre leurs larmes et contre leurs peurs, repartaient en riant fortement et se serrant dans les bras les uns des autres.

J'ai assisté à quelque chose de formidable ce soir-là. Les rires ont remplacé les peurs, et tous sont revenus à la vie grâce aux esprits, à l'amour et à cette réunion de famille des plus spéciales.

J'ai reçu des centaines de courriels de la part de personnes présentes à cet événement et d'autres qui en avaient entendu parler. L'argent que j'avais amassé m'a permis d'inviter plusieurs praticiens à se joindre à ma fondation pour m'aider dans ma mission.

Au cours des années suivantes, à la suite de cette première expérience de médiumnité sur scène, des stations de radio FM de Boston ont pris contact avec moi pour me demander des interviews ou pour m'inviter à leurs émissions. Une demi-douzaine de journaux ont parlé de la « maman d'à côté qui parle aux morts ». Je n'ai jamais fait de publicité et m'en suis toujours tenue au bouche à oreille. Ma liste d'envoi a rapidement dépassé 10 000 contacts.

Aujourd'hui, j'organise des événements pour un public variant entre 50 et 500 personnes. Une fois que ces événements sont inscrits sur mon site Web, les billets se vendent habituellement en l'espace de quelques semaines, uniquement par le bouche à oreille. Kelly, ma gérante, a reçu un jour un appel d'une femme qui voulait désespérément avoir des billets pour un de mes « spectacles ». Il y avait en fond sonore un « bip bip » constant, et Kelly lui a demandé :

– Quel est le bruit que j'entends ?

La femme a murmuré :

– Je suis infirmière en chirurgie et je vous appelle de la salle d'opération. C'est le moniteur cardiaque que vous entendez.

Un de mes endroits favoris pour faire mes séances de médiumnité est une petite auberge pittoresque, The Kinsale Inn, située au bord de l'eau, près de Cape Cod, à Mattapoisett, dans le Massachusetts. On la dit hantée par l'esprit d'un capitaine de pêche réputé. Il m'est arrivé de nombreuses fois d'entendre son pas lourd au-dessus de ma tête tandis que j'invitais les esprits à se présenter à moi. J'avais travaillé dans cette pièce une centaine de fois, mais il y a eu un certain soir du mois d'août où l'énergie était particulièrement forte. En prenant le micro, j'avais ressenti un frisson le long de ma colonne vertébrale. Et lorsque je suis entrée dans la salle, j'ai perçu l'excitation qui animait le public.

J'ai commencé par mes explications habituelles sur mon travail : « Je les entends, je sens comment ils sont décédés et je vois des images. Les renseignements me parviennent rapidement, et je dois les interpréter pour les rendre compréhensibles. »

J'aime donner un exemple précis pour montrer au public à quel point il peut m'être difficile d'interpréter ce que j'entends et ce que je vois. Il peut arriver que mon interprétation soit un peu erronée. Ce soir-là, j'ai pris pour exemple une petite rencontre de 30 personnes organisée dans un centre de yoga. Le mari décédé d'une femme du public me montrait constamment l'image d'un âne, et je ne comprenais pas pourquoi.

– Je vois un âne. Vous avez grandi près d'une ferme ? lui ai-je demandé.

– Non, m'a-t-elle répondu avec un sourire entendu.

– Vous aviez un âne ou un mulet chez vous ? ai-je poursuivi, cherchant à comprendre.

Elle a remué la tête en guise de « non » tout en me faisant un petit sourire.

Je commençais à me sentir frustrée. *C'est quoi cette histoire d'âne alors ?* n'arrêtais-je pas de me demander. Puis j'ai entendu un nom.

– J'ai le nom George. Qui est George ? l'ai-je interrogée.

La femme a sauté de sa chaise pour se mettre debout. Puis, du haut de ses 150 centimètres, le visage empourpré, elle m'a lancé :

– George, ce baudet, est mon mari !

Des larmes de joie coulaient sur son visage tandis qu'elle nous expliquait leur histoire.

– Pour chacun de ses anniversaires, je lui préparais un gâteau en forme d'âne, et je portais un tee-shirt sur lequel une flèche pointait vers lui avec la mention JE SUIS AVEC UN BAUDET.

Le public s'était mis à rire, et la lourdeur qui régnait auparavant dans la salle s'était transformée en une joyeuse légèreté. L'humour permet d'atténuer l'intensité des sujets que nous abordons et aide les gens à faire tomber leurs défenses. Ensuite, je suis en mesure d'établir des contacts profonds qui nous permettent de célébrer la vie tout en profitant d'une réunion de famille unique.

Alors que je faisais les cent pas dans la salle de l'auberge, en cette soirée du mois d'août — attendant que les esprits ralentissent leurs vibrations pour que je puisse les entendre —, j'ai senti l'esprit d'une petite fille se présenter à moi. *Ma maman est ici, ma maman est ici !* répétait-elle de plus en plus fort.

Je me suis sentie attirée vers une grande femme blonde et mince assise à une table de huit personnes. J'étais loin de me douter que les 10 minutes suivantes allaient changer ma vie de façon inimaginable. Après cette séance, j'ai reçu un courriel de Gretchan, la maman de ce petit ange, où elle décrit en détail la communication que nous avons eue ce soir-là avec un des esprits les plus étonnants et puissants qu'il m'ait été donné de rencontrer. Habituellement, je ne me rappelle pas tout, et je partage donc ici pour la première fois le récit de Gretchan Pyne.

Les billets pour assister aux événements organisés par Maureen se vendent trop vite pour que j'aie le temps de m'organiser. Je voulais assister à l'un d'eux il y a plus d'un an, et j'ai fini par en avoir la possibilité lorsque la cousine de mon mari, Linda, m'a demandé : « J'ai

un billet supplémentaire pour voir Maureen Hancock. Tu veux venir avec moi ? »

Je m'y suis donc retrouvée aussi simplement que cela. Ma belle-mère, mon beau-père, Linda, ses sœurs, sa mère et moi étions assis à une table située au centre de la salle.

Il est étonnant de voir à quel point on peut attendre avec anxiété que Maureen arrive sur scène. Mon rythme cardiaque était légèrement élevé, et les paumes de mes mains, un peu moites. Je me demandais si tout le monde se sentait comme moi. Puis Maureen est entrée dans la salle avec sa bouteille d'eau. Elle m'a tout de suite fait penser à une petite fée avec ses cheveux blonds et son côté pétillant. La salle à manger de la vieille auberge était remplie.

Maureen s'est dirigée vers une première table où elle a demandé à un couple de se lever. Puis elle a pris leurs mains dans les siennes, et la magie a commencé à agir. Elle leur a parlé d'un terrible mal de tête, d'un bruit de collision et de l'odeur de la chaussée, avant de leur confier que leur fils était là. Celui-ci était décédé d'un grave traumatisme crânien à la suite d'un accident de moto… Elle ne s'était pas trompée !

Maureen a continué à faire le tour de la pièce, table après table, personne après personne ; de plus en plus d'esprits se présentant à elle. Sa précision est stupéfiante. Et elle parvient même à le faire avec humour, grâce et amour inconditionnel.

Pendant la première demi-heure, je la voyais jeter des coups d'œil à notre table. J'essayais de rester calme, me demandant si elle avait ressenti la présence de mon petit ange. Par moments, je sens qu'elle est avec moi, et son énergie est si pure et si forte que mon cœur semble vouloir exploser. Ce soir-là, elle était avec moi. Maureen s'est dirigée vers une autre table.

Lorsqu'elle a terminé, elle s'est retournée et m'a regardée de l'autre bout de la salle. Elle s'est précipitée vers moi pour saisir ma main qui tremblait déjà. Les yeux fermés, elle ne cessait de dire : « Moins vite,

Moins vite. » Je savais à qui elle s'adressait ! Il était presque possible de voir son énergie en effervescence. Ses yeux se sont subitement ouverts. Elle m'a regardé droit dans les yeux et s'est exclamée : « Lulu ! »

Je n'ai pas bougé… Je ne pouvais pas bouger.

Maureen s'est mise à adopter les manières de Lulu, sa personnalité — rieuse, enthousiaste et pleine d'énergie. « Je dois la ralentir. Elle est tellement excitée. Elle est si puissante et forte. Elle est tout excitée que vous soyez ici et n'arrête pas de dire : Ma maman est là, ma maman est là !

Maureen a ensuite inspiré profondément, puis s'est tournée vers la fenêtre et a pointé le doigt vers le parc situé en face de l'auberge, où se trouvait une petite clôture grise près d'un kiosque. « Oh, elle est morte à l'extérieur… son cœur… quelque chose est tombé sur elle… un support à vélos. »

Je n'ai pas bougé… Je ne pouvais pas bouger.

Maureen m'a ensuite expliqué que Lulu aidait les enfants décédés et ceux qui étaient encore en vie. « C'est ce que vous faites aussi, m'a-t-elle dit. Vous aidez les enfants. Qui est Rose ? Je n'arrête pas d'entendre quelque chose à propos de Rose ? » Une personne de ma table s'est écriée : « Les lunettes roses de Lulu ! » Maureen m'a tendu le micro.

« J'écris des livres pour enfants. *Lulu's Rose-Colored Glasses*[10] est le premier de la série », ai-je expliqué.

Maureen m'a ensuite informée que Lulu était un être particulièrement évolué qui avait vécu sa vie sur terre et qui était désormais en mesure d'aider beaucoup plus de gens. Maureen m'a regardée en disant : « Mais vous le savez déjà. »

J'ai acquiescé. « Je sais, je sais. » Je me sentais comme chez moi avec une personne qui pouvait percevoir ce qu'était Lulu. Pouvoir partager ouvertement avec Maureen la joie et l'amour immenses que représente Lulu m'a rempli le cœur au-delà des mots.

10. N.d.T. : Traduction littérale : « Les lunettes roses de Lulu. »

Après avoir fait connaissance avec Lulu en présence de Gretchan, son esprit est resté avec moi pendant des jours. Elle m'a aidée à mettre des parents en contact avec leurs enfants décédés et continue à le faire aujourd'hui. Elle est mon ange et mon guide spécial. Gretchan quant à elle continue à répandre son message d'amour et d'espoir pour les autres parents : profitez de chaque instant passé avec votre enfant et arrêtez-vous de temps en temps pour voir le monde avec des lunettes roses.

Voici l'histoire de la petite Lulu :

En juillet 2001, par une chaude journée d'été, la famille Pyne achetait de la crème glacée alors qu'elle était en vacances à Cape Cod, dans le Massachusetts. Tandis que Lulu, âgée de quatre ans, dansait sous la pluie devant le stand de crème glacée, son père, Warren, l'a filmée en train de poser devant un support à vélos en métal. Alors qu'elle montrait du doigt le magnifique double arc-en-ciel qui se formait derrière elle, le support à vélos (qui n'était pas fixé au sol) est tombé sur elle, la blessant au cœur. Le temps s'est arrêté pour la famille Pyne lorsque Lulu a traversé l'arc-en-ciel pour aller danser dans le ciel.

Mon deuxième fils, Drew — un autre bébé « miracle » — est né le 22 juillet 2001. Vers la fin du mois d'août 2001, j'ai commencé à faire des rêves troublants d'avions s'écrasant contre un immeuble. Par le passé, j'avais déjà rêvé d'avions qui s'écrasaient, et ces visions étaient confirmées par les nouvelles quelques semaines plus tard. J'avais même rêvé de l'accident du Cessna de John Kennedy Jr. et j'en avais parlé à mon mari. Lorsque j'ai fait part à Greg de ces nouveaux rêves, il ne pouvait que les prendre au sérieux, et nous étions tous les deux très inquiets. Je ne sais pas quel était l'intérêt de ces rêves si ce n'est de rajouter un élément supplémentaire à ma sensibilité. J'aurais aimé que les esprits m'en disent plus pour que je puisse prévenir quelqu'un. Peut-être que cet aspect de mon don évoluera à mesure que mes capacités grandiront.

Le 11 septembre 2001, je me suis réveillée mal en point. Je n'arrêtais pas de vomir, et mon angoisse était à son paroxysme. Une voix dans ma tête m'a demandé d'allumer la télévision. Il était un peu plus de 9 h. Un avion s'était écrasé contre le World Trade Center à New York. J'ai immédiatement décroché le téléphone pour appeler mon mari. Tandis que nous parlions, un autre avion a frappé la seconde tour. Paralysés par le choc, nous avons raccroché le téléphone. Plus tard, nous avons revécu, à maintes reprises, les terribles journées qui ont suivi ce drame.

Me trouver à l'aéroport Logan après cette tragédie était plus qu'insupportable. Mon bureau donnait sur le tarmac du Terminal B d'où les avions détournés avaient décollé. Des gardes armés se trouvaient dans nos locaux, et c'était un peu comme si un nuage sombre de mort planait au-dessus de nous. À la fin de mes journées de travail, je me précipitais à l'extérieur, vers le bateau-navette, de peur qu'une bombe explose ou qu'un avion s'écrase.

Je n'étais plus capable de regarder les informations télévisées qui rediffusaient en permanence les images de l'effondrement des tours. Les voix des victimes qui appelaient de l'Au-delà m'accablaient. Si la photo d'une victime apparaissait à la télévision, j'entendais dans ma tête : *Oh, ma pauvre famille. S'il vous plaît, aidez-les.* Il m'arrivait aussi de ressentir une profonde tristesse et de pleurer de désespoir pendant des heures. Tous les matins, je priais pour les victimes et pour leurs familles. Trois mois après le 11 septembre, les voix des victimes ont cessé de me hanter et ont presque complètement disparu. Je crois que, pour beaucoup de ces esprits, la transition vers l'Au-delà a pris du temps. Il leur a fallu s'habituer à leur nouvel état et à apprendre à communiquer avec ceux qu'ils avaient laissés derrière eux. J'ai prié pour la guérison spirituelle des membres des familles éprouvées et pour la paix des âmes des disparus.

J'ai alors commencé à recevoir gratuitement les familles et les survivants du 11 septembre. Une de mes clientes, qui est depuis devenue une amie, avait emmené ses enfants pour qu'ils en retirent un certain réconfort après avoir perdu leur père, Jeffrey Coombs. Celui-ci était mort sur le vol 11 d'American Airlines, dont l'avion s'était écrasé sur la tour Nord du World Trade Center. Au cours de cette séance, leur père m'a demandé de parler à chacun de ses enfants en leur disant ce qui se passait dans leur vie à l'époque, afin de leur prouver qu'il était toujours là. Il a mentionné notamment un tournoi récent de soccer au cours duquel sa fille avait reçu un trophée. (Lorsque je communique avec les esprits, j'entends principalement leurs messages. Mon don le plus fort est la clairaudience [qui consiste à entendre les esprits].)

Que je fasse une séance de médiumnité ou de guérison par imposition des mains, chaque cas est unique et doit être traité comme tel, avec une grande compassion. Par exemple, Donna, une femme de 40 ans, mère de jumelles de 12 ans, a fait partie de mes clients. Son cancer du poumon avait récidivé après quelques années de rémission. Lorsque je l'ai rencontrée pour la première fois, il s'était propagé à travers ses ganglions lymphatiques, ses os et son cerveau. Sa force et sa volonté de vivre me surprennent encore. Lorsque je suis arrivée chez elle pour notre première rencontre, elle m'a posé une question très étrange :

— Vous n'allez pas éructer sur moi, n'est-ce pas ?

— Euh, non, je ne pense pas que je vais faire cela aujourd'hui. Pourquoi cette question ? lui ai-je demandé avec un sourire.

— Eh bien, mes amies m'ont offert une séance avec un guérisseur qui est venu chez moi l'autre jour. Il n'arrêtait pas d'agiter ses mains au-dessus de mon corps tout en rotant bruyamment, ce qui était censé, selon lui, faire sortir les entités maléfiques qui m'habitaient.

— Je peux vous assurer que je n'expulserai rien en votre présence et que, en outre, je ne vois aucun vilain gobelin autour de vous, lui ai-je expliqué calmement.

Donna m'a confié sa tristesse et sa peur à l'idée de devoir quitter ses filles.

— Hannah et Haley se sont allongées contre moi hier soir et m'ont suppliée de ne pas les laisser tout de suite. Elles m'ont dit qu'elles ne pourraient pas vivre sans leur mère. Les entendre parler de tout ce que j'allais rater dans leur vie — remises de diplômes, mariages, bébés — m'a brisé le cœur.

J'ai attrapé ses mains en la regardant droit dans les yeux.

— Vous ne raterez rien de leur vie. Je vous promets que vous ferez partie de leur vie, que vous les guiderez et que vous leur enverrez des signes pour leur prouver que vous êtes à leurs côtés. Je leur parlerai et les aiderai à mieux comprendre ce qu'est la mort. Et je leur donnerai les outils dont elles auront besoin pour être en mesure de sentir votre présence. L'amour ne meurt pas, Donna.

Deux jours plus tard, nous étions réunies dans le salon de Donna, près de la cheminée. Ses filles semblaient anxieuses de savoir ce que j'allais leur dire. Hannah s'agitait sur sa chaise tandis que Haley se rongeait les ongles.

– La mort n'est pas la fin, leur expliquai-je. Ce corps physique est comme un véhicule qui nous transporte sur terre. Lorsque celui de votre mère tombera en panne, elle le quittera pour poursuivre son chemin. Vous la sentirez tout autour de vous. Parlez-lui comme si elle était encore là, même si vous le faites dans votre tête. Elle vous apparaîtra dans des rêves, vous parlera par l'intermédiaire de la musique et trouvera des moyens de vous faire savoir qu'elle est avec vous.

– Est-ce que ma mère souffrira lorsqu'elle mourra ? a demandé Hannah. Est-ce qu'elle dormira pour toujours ?

(Donna dormait beaucoup à cause des médicaments qu'elle prenait.)

– Non, lui répondis-je. Elle ne souffrira plus du tout et sera capable de respirer à nouveau. Elle retrouvera toute son énergie et sera exactement comme avant sa maladie. Son sourire sera plus grand que jamais, car elle sera en mesure de vous voir toutes les deux.

Je voyais leur angoisse s'estomper. Avant que notre discussion se termine, je leur ai donné à chacune un carnet rose avec un gros cœur mauve sur la couverture.

– Servez-vous-en pour écrire ce que vous ressentez et tout ce qui vous passe par la tête.

La tenue d'un journal est un outil que je conseille à mes clients pour les aider à surmonter la mort d'un être cher et à vivre avec leur chagrin. C'est particulièrement utile pour les enfants qui ne savent pas toujours comment exprimer leurs sentiments.

Avant de me dire au revoir, Donna s'est relevée de son fauteuil pour venir vers moi, en traînant derrière elle sa bouteille d'oxygène. Puis elle m'a murmuré à l'oreille :

– Je n'ai plus peur de les quitter. Je sais que je ne serai pas vraiment partie. J'avais tellement peur de me retrouver dans l'obscurité après ma mort.

Au fil des ans, et par l'intermédiaire de mon propre cheminement pour comprendre la vie après la mort, j'ai été témoin de nombreux miracles et événements qui ont renforcé ma croyance en une vie après la mort. J'ai lu une quantité de livres sur la mort et sur la vie après la mort. Il est bien plus efficace de vivre une expérience de vie après la mort que de lire sur le sujet, et j'ai fait les deux.

Je me suis lancée sur ce chemin avec une foi profonde en Dieu, ce qui m'a aidée. Pour moi, Dieu n'est pas un être physique. Or, même si je ne peux pas le voir, je sais qu'il est présent et peut m'entendre. Devenus des esprits, nos êtres chers ne sont plus là physiquement, mais cela ne signifie pas qu'ils n'existent pas. (De la même façon que la puissance et l'énergie du soleil sont toujours là, même si celui-ci est caché par les nuages.) La science nous a enseigné que l'énergie ne pouvait pas mourir. Et il se trouve que nous sommes tous faits d'énergie.

J'ai eu la chance d'être témoin de nombreux départs physiques. Lorsque vous assistez à un événement d'une telle intensité, il est difficile de ne pas sentir la présence d'une puissance supérieure. J'en ai même vus qui, au seuil du passage, tendaient les bras en souriant vers ceux qui les attendaient de l'autre côté, tout en les appelant par leur nom.

Souvent, ils semblent reconnaître un membre de leur famille parti avant eux. Je sens également la présence de cet esprit et j'entends les messages qu'il a à transmettre aux personnes présentes — plus particulièrement à celle qui est sur le point de quitter.

J'ai partagé d'innombrables conversations avec des esprits, et le message final qu'ils veulent habituellement transmettre à ceux qui restent est le suivant : Je vais bien. Tu vas t'en sortir. Et on se retrouvera.

Je ne suis pas là pour convaincre quiconque qu'il existe une vie après la mort, mais j'espère que ma foi, mes expériences et mes interactions avec les vivants et les morts m'ont permis de semer des graines d'espoir quant à la possibilité d'une autre vie lorsque nous quittons cette terre. J'aide les gens endeuillés à envisager la mort sous un autre angle, leur permettant ainsi de mener une existence différente. Ma mission est d'aider ceux qui souffrent et ceux qui restent.

Mes clients atteints de cancer vont de l'enfant en bas âge à la personne centenaire. Lorsque je rencontre un malade, je pose mes mains sur lui avec douceur et récite des prières de réconfort pour leur fragile enveloppe corporelle et des prières de paix pour les accompagner dans leur dernier voyage. La question qui revient le plus souvent chez le mourant est celle-ci : « Qui va m'accueillir dans l'autre monde ? » Une liste de noms surgit alors en moi ; ceux d'êtres chers qui les attendent de l'autre côté, les bras grands ouverts.

J'ai beaucoup de chance d'être une sorte d'agent de voyage relié directement au ciel. Tandis que mes clients retrouvent la sérénité en acceptant la prochaine étape de leur existence, je salue leur courage et me sens privilégiée de pouvoir assister à cette magnifique transition.

Vous arrive-t-il de sentir que vous avez un don ou un talent que vous aimeriez partager avec le monde ? Peut-être s'agit-il d'une chose que vous aimiez faire étant enfant ou d'une activité à laquelle vous avez toujours excellé, sans savoir pourquoi. Travailler avec des animaux ou avec des enfants, ou encore faire de l'art ? Quel que soit votre don, lui avez-vous dit « oui » ? Il est parfois effrayant d'accueillir un don. *Que penseront les gens ? Je ne gagnerai pas d'argent avec cela ! Et si on me rejetait ? Je ne suis pas assez bon pour en faire bénéficier les autres ! Je suis trop vieux, trop vieille...* bla bla bla — les raisons ne manquent pas, qu'en pensez-vous ?

Peu importe vos peurs, votre talent ne disparaît jamais. Il vous attend pour s'exprimer à son plein potentiel. Au lieu de penser à toutes les façons de dire « Non, je ne peux pas le faire », prenez le temps de déterminer quelles seraient les raisons de dire oui à votre don. Réfléchissez à ce qui suit :

1. Quel rêve se dissimule au fond de votre cœur ? Quelle passion habite votre âme ? Qu'est-ce qui souhaite se réaliser en vous ?

2. Énumérez toutes les raisons/excuses (c'est-à-dire les peurs) que vous avez trouvées pour éviter de partager votre don.

3. Notez comment vous vous sentez lorsque vous faites la liste de ces raisons négatives. Pas très

bien, n'est-ce pas ? Qu'est-ce que cette négativité vous fait ressentir ?

4. Maintenant, prenez le temps de vous imaginer en train de partager votre don avec facilité et naturel. Ressentez-le. Aspirez-le en vous. Permettez-vous de sortir de votre zone de confort et de trouver toutes les raisons possibles pour transformer votre don ou talent en réalité.

5. Remarquez ce que vous ressentez en écrivant toutes les raisons positives de dire oui à votre don. Comment vous sentez-vous ? Plutôt bien, n'est-ce pas ?

6. Décidez de vous concentrer sur votre bien-être, et votre nouvel état d'esprit vous permettra d'attirer des transformations positives et significatives dans votre vie, vous aidant ainsi à réaliser votre rêve.

7. Chaque jour, dites oui à votre don.

5

Sean Michael — De la tragédie au triomphe

Ce jour-là, tout en me préparant pour une rencontre « Cartes postales du ciel », je courais d'un bout à l'autre de la maison pour rassembler les affaires dont j'avais besoin. Je commençais à sérieusement perdre patience parce que je n'arrivais pas à mettre la main sur ma trousse de maquillage. Comme j'étais en retard, j'avais prévu de me maquiller dans la voiture aux feux rouges.

À un moment, Drew, mon fils de trois ans, a tiré sur la jambe de mon pantalon.

— Maman, ne pars pas ! a-t-il crié, des larmes coulant sur ses joues.

Le prenant dans mes bras, j'ai embrassé ses joues humides et lui ai dit :

— Papa ne va pas tarder à arriver.

— Je veux ma maman ! a-t-il insisté, se mettant à pleurer de plus belle.

Puis le téléphone a sonné. J'arrivais à peine à comprendre mon interlocutrice avec les sanglots de Drew en fond sonore. C'était Leeann, ma réceptionniste au bureau, qui me disait d'une voix tremblante, et avec douceur :

— Maureen, la police de Middleboro est ici. Elle cherche votre sœur Rose.

On n'a pas payé nos impôts ? me demandai-je alors. *Pourquoi perdraient-ils leur temps avec nous ?*

Puis j'ai entendu une voix d'homme.

— Je suis l'officier Santos. Nous cherchons votre sœur, Rose Ewas.

Mes antennes psychiques étaient en panne, et je ne comprenais pas ce qui pouvait être aussi urgent. Pourtant, ce qu'il a dit ensuite restera gravé dans mon esprit et dans mon cœur jusqu'à la fin de mes jours.

— Son fils, Sean, est décédé. Nous devons lui annoncer la nouvelle.

L'espace d'une fraction de seconde, j'ai eu la sensation de ne pas parler le même langage. Je ne parvenais pas à saisir le sens de ses paroles. *Que signifie « décédé » ? Ah oui, décédé, quelqu'un qui est mort… comme ceux qui m'ont envoyé toute la journée des messages à transmettre à leurs proches sur terre,* pensai-je en moi-même.

— Sean ?

Le temps s'est arrêté.

Je peux faire quelque chose ? Renverser la situation ? Non. Notre précieux Sean Michael nous a quittés, ai-je compris.

L'officier a refusé de me dire par téléphone ce qui s'était produit. Lorsque j'ai raccroché, Sean, mon neveu de 19 ans, est apparu dans mon esprit, allongé sous sa voiture, au troisième poste de travail du commerce de son père — lequel était un entrepôt de conteneurs d'expédition. Quelque chose s'était terriblement mal passé alors qu'il travaillait sur la Mustang de ses rêves. Il m'a montré la scène en m'indiquant qu'il avait quitté son corps avant même de savoir ce qui s'était produit.

À cet instant, mon mari est arrivé à la maison, revenant tout juste de l'entrepôt. Je lui ai crié quelque chose, mais aucun son n'est sorti de ma bouche. C'était un peu comme dans les rêves que l'on fait où une personne nous poursuit ou veut nous tuer. On essaie de toutes nos forces de crier, en vain, et une partie de nous sait qu'il s'agit d'un rêve. Mais ce n'était pas mon cas ; j'étais bien réveillée.

Ma voix s'est brisée lorsque je suis parvenue à lui crier :

– Où était Sean lorsque tu es parti ? Sous sa voiture ? Il était sous sa voiture ?

Greg était au bas de l'escalier. Je le regardais d'en haut, notre bébé dans les bras, m'accrochant à lui comme si ma vie en dépendait.

– Oui, il était sous la voiture quand je suis parti. Il essayait de couper quelque chose avec une scie.

J'avais besoin de savoir si Greg lui avait dit au revoir en partant. Malgré ma douleur, j'avais la sensation que, s'il l'avait fait, nous nous en sortirions tous.

– Oui, je lui ai dit au revoir et je lui ai demandé s'il avait besoin de quelque chose. Il m'a répondu non. Pourquoi ?

Je n'arrivais pas à m'exprimer de façon suffisamment claire pour que Greg puisse m'entendre. Il attendait, l'air perplexe.

Puis j'ai répété :

– Il est mort… Il est mort… Sean est mort !

Cette horreur n'aurait pas dû nous arriver. Dans le cadre de mon travail, je côtoie la mort au quotidien. Mais aucune tragédie n'était censée frapper ma famille ou une personne qui m'était proche. Or, par cette douce journée du mois de mars, la mort s'était abattue sur notre famille.

En état de panique, j'ai fait les cent pas dans la maison, essayant de déterminer quelle devait être la suite. Ah, oui, j'avais demandé à l'officier de ne rien dire à ma sœur tant que je n'étais pas auprès d'elle. C'était à moi de lui apprendre la terrible nouvelle. J'ai donc appelé pour annuler mon spectacle.

Le trajet pour me rendre chez elle m'a semblé durer des heures. Je sentais quelqu'un me pousser dans le dos avec ses genoux. On essayait d'attirer mon attention. C'était Sean ! Il était avec moi dans la voiture pour me dire comment m'y prendre avec sa mère. Il m'a appris qu'il allait bien, et que la mère de ma mère, grand-mère Mac, était venue l'accueillir pour l'amener chez lui. Il n'avait pas peur et se comportait l'air décontracté, comme il le faisait lorsqu'il était en vie.

Il me fallait appeler quelqu'un pour m'aider à ne pas perdre la carte, et j'ai pensé à ma mère, le « Rocher de Gibraltar ». Je savais qu'elle m'aiderait à aller jusqu'au bout, qu'elle me guiderait et me donnerait de la force. Son téléphone a sonné cinq fois. Je criais : « Réponds ! Il faut que tu sois à la maison ! » Elle m'a répondu avec la voix tremblante, comme si elle savait déjà quelque chose.

— Maman ?

— Qui est mort ? m'a-t-elle lancé.

C'est ainsi que fonctionne notre étrange famille de médiums, qui frôle l'état psychotique par moments.

Je lui ai demandé si elle était assise, et, lorsqu'elle m'a confirmé qu'elle l'était, je lui ai dit :

— Sean nous a quittés.

Nous n'aimons pas utiliser le mot « mort » dans ma famille. Nous nous entendons tous sur l'idée que personne ne « meurt » jamais vraiment, mais que les gens rentrent plutôt chez eux. Je lui ai expliqué la situation, et elle n'a rien dit dans un premier temps. Puis elle a rapidement déclaré :

— J'appelle tout le monde et on arrive.

Ensuite, je me suis retrouvée devant la maison victorienne de ma sœur. Le ciel était d'une beauté étrange, teinté de rose et de pourpre. Même si nous n'étions qu'au début du mois de mars, la température était douce. Je me sentais anesthésiée. Ironiquement, le jour où Sean nous a quittés correspondait au douzième anniversaire de l'accident de voiture qui avait transformé ma vie. Je me suis garée derrière un SUV noir avant de sauter de ma voiture pour aller à la rencontre des deux officiers.

J'ai lancé à l'intention du plus âgé des deux :

— Sa voiture est tombée sur lui.

Ils se sont regardés comme si je les avais espionnés. L'air inquiet, le plus jeune m'a demandé :

— Comment pouvez-vous le savoir ? L'enquête est en cours, et nous n'avons pas encore diffusé cette information.

Essayant de ne pas avoir l'air de me moquer d'eux, je leur ai répondu le plus naturellement du monde :

— Vous savez ce que je fais ? Je parle aux morts.

Il n'y a pas de bonne façon de le dire.

Tandis que nous remontions l'allée vers la porte d'entrée, je me sentais étrangement calme.

— Préparez-vous, vous n'avez aucune idée de la façon dont elle va réagir, ai-je prévenu les officiers.

Je voulais ainsi les préparer au spectacle d'une femme passionnée qui avait passé toute sa vie à sacrifier son propre bonheur pour ses précieux enfants.

Sonner à la porte de ma sœur pour lui apprendre cette terrible nouvelle avait quelque chose d'irréel, comme un rêve dont j'aurais désespérément voulu me réveiller. Rosie a descendu l'escalier, enveloppée dans une serviette. Elle n'avait pas entendu les officiers frapper à sa porte un peu plus tôt, car elle était sous la douche, et je savais que Sean était à l'origine de ce petit miracle. Il était largement préférable que ce soit moi qui me charge de cette dure tâche.

Je criais en moi-même : *Mais comment vais-je pouvoir dire à ma sœur que son bébé nous a quittés ? Pourquoi est-ce moi qui dois lui apprendre ça ?!* Mais je savais pourquoi. Au cours des mois précédents, Sean et moi nous étions assis ensemble tous les jours pour regarder l'émission *Crossing Over* de John Edward, un médium réputé de New York. Nous en profitions pour parler de la mort. Je pense que son âme savait qu'à 19 ans, son contrat sur terre serait terminé, et qu'elle pourrait continuer son voyage ailleurs.

J'aurais aimé que Sean me prépare aux hurlements déchirants qui allaient sortir du plus profond de l'âme de ma sœur dans les minutes suivantes. Rosie m'a regardée, et j'ai compris qu'elle savait qu'une catastrophe était survenue.

Titubant dans les deux dernières marches de l'escalier, elle s'est accrochée à mon bras. Le serrant fort, elle m'a demandé :

— Qu'est-ce qui ne va pas ? De qui s'agit-il ?

J'ai senti mes lèvres bouger, mais je ne me rappelle pas exactement ce qui en est sorti. Je pense que je lui ai dit :

– C'est Sean. Il a eu un accident.

Rosie m'a regardée avec affolement, puis son regard s'est dirigé vers les policiers. Il y avait de la panique dans sa voix lorsqu'elle a demandé :

– Il va bien, il va bien ? Qu'est-ce qui s'est passé ?

Son corps tout entier tremblait lorsqu'elle s'est effondrée dans mes bras. Je sais qu'elle avait compris.

En pleurant, je lui ai expliqué :

– Sa voiture est tombée sur lui. Grand-mère est venue le chercher. Il va bien.

Rosie avait envie de penser, parce qu'il « allait bien », qu'il était toujours en vie. Il m'a fallu puiser la force au plus profond de mon âme pour lui dire :

– Il nous a quittés, Rosie. Sean est un ange maintenant. Il est avec grand-mère Mac au ciel.

Puis elle s'est transformée en animal blessé, et son cri primal a empli la maison avant de se propager dehors. Elle a agrippé la chemise de l'officier Santos qu'elle a pratiquement fait décoller du sol.

– Non, non, non ! ne cessait-elle de crier.

Ses cris emplissaient le voisinage de sa peine et de sa peur la plus atroce, qui venait de se concrétiser. Tandis qu'elle levait les bras au ciel, un hurlement de lamentation est sorti des profondeurs de son corps, la vidant de son essence et de tout ce qu'elle avait été jusque-là. Puis elle s'est effondrée dans mes bras, et je l'ai aidée à rentrer à l'intérieur.

Tant d'idées se bousculaient dans ma tête. Le père de Sean était en Chine. Comment allions-nous lui apprendre la nouvelle ? Sa sœur, Stassia, ne tarderait pas à rentrer à la maison. Lui dire pour son frère serait aussi difficile qu'avec sa mère. Stassia et Sean étaient les meilleurs amis du monde. C'est alors que le téléphone a sonné. Stassia était au bout du fil. Elle est très intuitive et a fait quelques séances spirituelles avec moi. Elle savait que quelque chose n'allait pas.

— Qu'est-ce qui se passe ? Il y a un problème ? Je ressens quelque chose d'étrange, a-t-elle immédiatement demandé.

— Il y a eu un accident. Sean a eu un accident, lui ai-je répondu.

Sa voix est devenue plus aiguë.

— Il est à quel hôpital ? Je suis sur la route, je peux vous y rejoindre.

Je savais que je devais m'assurer qu'elle rentre à la maison saine et sauve. Si je lui disais au téléphone que Sean n'était plus parmi nous, elle n'aurait pas été en mesure de conduire. Je lui ai donc suggéré de rentrer à la maison pour que nous y allions tous ensemble. Elle ne cessait de demander s'il allait bien. Je lui ai répondu que je ne savais pas encore.

Quelques minutes plus tard, Stassia est arrivée en courant. Lorsqu'elle a vu les deux officiers dans l'entrée, elle est tombée à genoux en gémissant.

— Non, non, non !

Elle avait compris sans avoir à l'entendre.

Sean avait déjà été transporté au bureau du médecin légiste de Boston, et Rosie n'en comprenait pas la raison. Un des policiers m'a murmuré à l'oreille que la loi exigeait une autopsie pour écarter la possibilité d'un acte suspect. Rosie ne pouvait pas supporter l'idée que son fils soit seul dans un couloir froid, à attendre, peut-être des jours durant, de subir une autopsie, et elle n'osait imaginer ce qu'ils allaient lui faire.

En l'espace d'une heure, ma mère et moi avons passé des dizaines de coups de fil, et la nouvelle s'est rapidement propagée. Des membres de la famille et des amis ont commencé à déferler dans cette vieille demeure victorienne de la rue Webster, dans la pittoresque ville agricole de Middleboro. Chaque fois que la sonnette d'entrée retentissait, nous ouvrions la porte sur des pleurs, des cris et des gémissements.

À un moment, je me suis réfugiée à l'étage, car j'ai pensé perdre la tête. Je ne savais pas comment Rosie parvenait à rester saine d'esprit. Elle s'était enroulée dans une veste molletonnée North Face, de couleur bleu marine, qui appartenait à Sean et qui avait été son cadeau de Noël, et elle avait enveloppé ses jambes dans des couvertures provenant du lit de son fils. Puis elle s'était pelotonnée sur le canapé du salon en sanglotant.

J'ai appelé l'hôtel de Singapour où John, le père de Sean, séjournait. J'ai eu du mal à faire comprendre à la réceptionniste qu'elle devait le réveiller pour qu'il puisse prendre le prochain avion.

Lorsqu'il s'est retrouvé en transit à Chicago, il nous a appelés.

J'ai crié :

— Silence, c'est John !

— Hé, qu'est-ce qui se passe ? Mon vol arrive à Boston aux environs de 21 h. Où est Rosie ? Passe-la-moi, m'a-t-il lancé.

J'ai inspiré profondément pour me préparer à lui mentir, comme je ne l'avais jamais fait.

— Il y a eu un pneu crevé ; alors elle est dehors.

— Appelle Sean pour qu'il l'aide. J'essaie de le joindre sur son téléphone mobile depuis un moment, mais il ne répond pas.

— Il est avec elle en train de l'aider, ce qui explique qu'il ne l'entende probablement pas, lui ai-je répondu.

— Il a fait un travail formidable en me remplaçant pendant mon absence. Il se débrouille vraiment bien. Je crois que je lui transmettrai le flambeau un jour, m'a-t-il dit avec fierté. Dis à Sean de se dépêcher à aider sa mère, et on se voit ce soir. Qui vient me chercher ?

— On sera quelques-uns à venir à Logan, lui ai-je répondu.

— Super, on pourra souper au Sol Azteca de Brookline, a-t-il proposé gaiement.

J'ai mis mes anciens collègues de l'aéroport Logan à contribution pour qu'une salle privée soit libérée afin de nous y réfugier pour annoncer à John que son fils unique n'était plus là. Puis nous nous sommes entassés dans deux voitures en direction de Boston. Nous avions en fond sonore la musique de la radio. Je pense avoir été la seule à remarquer que chacune des chansons pouvait être un message de l'Au-delà. Il y a eu tout d'abord « Calling All Angels », de Train. Les paroles de toutes les chansons qui ont suivi semblaient être prononcées par Sean, à l'intention de sa bande d'anges en route pour accomplir leur mission. Les esprits se servent souvent de la musique pour communiquer avec les vivants. Il arrive que la chanson appropriée à votre situation soit diffusée au moment où vous pensez à eux, et que ses paroles semblent s'adresser à vous.

À l'aéroport, notre attente impatiente aurait pu être celle d'un comité d'accueil qui réservait une belle surprise à quelqu'un, mais dans ce cas, c'était la pire surprise que l'on puisse imaginer. Nous redoutions que John ait un malaise lorsqu'il apprendrait la terrible nouvelle après avoir voyagé plus de 24 heures. Une ambulance était garée dehors, et deux urgentistes attendaient près de la porte. Même si John donne l'impression d'être un homme fort, il pleure comme un bébé aux mariages et devant les publicités de Kodak.

Rosie est sortie de la pièce qui nous avait été réservée pour aller à la rencontre de John, puis elle s'est blottie dans ses bras en sanglotant. Il a ensuite remarqué que nous étions tous là.

Son visage est devenu blanc.

– Oh mon Dieu, ta mère est morte, c'est ça ?

Rosie ne cessait de remuer la tête en disant « Non ».

Notre mère Grace Agnes a neuf vies. Elle est revenue de la mort plus de fois que Bob dans le film *Le jour de la marmotte*.

Rosie s'est agrippée à l'épaule de John en le regardant dans les yeux.

– C'est Sean, il y a eu un accident.

John a réagi comme si un gorille de 150 kilos venait de le frapper dans le ventre. Il voulait les détails et il les voulait immédiatement. Puis il a allumé une cigarette dans le terminal pour non-fumeurs, tandis que nous allions, chacun notre tour, le prendre dans nos bras.

Quand nous sommes rentrés à la maison, John a voulu se rendre à l'entrepôt où la tragédie s'était produite. Greg et moi l'avons accompagné. Il y avait déjà des dizaines de fleurs et des messages inscrits sur le mur – mémorial improvisé de la part des amis et de la famille de Sean.

Lorsque je suis allée vers les postes de travail, j'y ai découvert la voiture qui faisait rêver Sean, une Mustang blanche, posée sur des blocs de béton. Ses chaussures de sport étaient restées près de la voiture. Je sentais qu'il nous regardait. Lorsque j'ai tourné les yeux vers la Mustang noire de Sean, qui était sa première voiture et qui se trouvait dans le poste de travail du milieu, j'ai vu un visage à travers le pare-brise. J'en ai eu le souffle coupé. Je savais que c'était lui. Il m'a souri. John s'est approché de moi, et, à cet instant, une espèce de buée a formé sur le pare-brise de sa Mustang noire un visage souriant, lequel s'y trouve encore aujourd'hui. Le nombre 222 était également écrit dans la poussière, et nous étions loin de nous douter que Sean s'en servirait comme symbole de sa présence dans les années qui ont suivi.

– Tu sais, il y a quelques jours j'ai dit à Sean que je l'aimais, et il m'a répondu que lui aussi m'aimait. Je lui ai appris que mes clients étaient ravis de son travail. Il s'est vraiment bien débrouillé, m'a dit John calmement, tandis qu'il feuilletait à la hâte les notes que Sean avaient prises.

Après quelques années difficiles à l'adolescence, Sean et son père s'étaient rapprochés. Les jours qui ont précédé la fin de la mission de Sean sur terre, ils semblaient tous les deux savoir qu'un événement capital était sur le point de se produire. Peut-être le savaient-ils à un niveau de conscience différent.

Je crois que l'âme sait, à un niveau supérieur, à quel moment son séjour sur terre va se terminer. Certaines victimes du 11 septembre ont rédigé leur testament quelques jours avant la tragédie. Il n'y a pas d'accident. Les esprits me le répètent en permanence. Même s'il était particulièrement difficile pour ma famille de le comprendre à l'époque, nous avons depuis accepté le fait que le contrat de Sean sur terre était prévu pour 19 ans. Il m'a même appris récemment qu'il avait bénéficié de deux années supplémentaires parmi nous. En effet, à l'âge de 17 ans, sa voiture s'était enroulée autour d'un poteau, et il n'aurait pas dû survivre à l'accident. Mais vous pouviez compter sur Sean pour négocier avec Dieu !

Sean a touché de nombreuses vies pendant son court séjour sur terre, et il continue à nous transmettre des leçons. Il a prouvé à toute sa famille que l'on ne meurt pas. Nous nous contentons de conduire un véhicule de location — l'enveloppe extérieure de notre essence — jusqu'à la fin du contrat.

Voici une lettre sur l'amour et le lâcher-prise que Rosie vous transmet avec tout son cœur :

Perdre un enfant revient à mourir, sauf que vous ne quittez pas la terre. Six ans après le départ physique de mon fils, et après avoir fréquenté pendant cinq années des groupes de soutien pour les parents en deuil, je vois et je ressens toujours les effets de son absence, mais mon ressenti est légèrement différent. Comme beaucoup de parents, je croyais que je n'arriverais plus jamais à sourire, encore moins à rire, et je me demandais pourquoi le monde ne comprenait pas cela. Je n'aurais jamais pu imaginer que je parviendrais non seulement à m'en sortir un jour, mais en outre à être heureuse.

Permettez-moi de remonter dans le temps pour vous démontrer que cette transformation a bien eu lieu en mon cœur et en mon âme. Je me suis sentie détruite lorsque Sean nous a quittés. L'image que j'avais de moi-même s'était brisée en mille morceaux et gisait sur le sol, anéantie. Je suppliais et menaçais Dieu pour qu'il me « libère », pour

qu'il me prouve que mon enfant allait bien, pour qu'il m'affranchisse d'un corps qui ne me permettait de ressentir qu'une insupportable agonie. Je voulais lui faire du mal, comme lui m'avait fait souffrir. Heureusement, mon état d'esprit est différent aujourd'hui, et, la plupart du temps, je suis reconnaissante pour la vie que je mène. J'aimerais partager avec vous ce qui m'a amenée à voir la lumière au bout du tunnel. Tout a commencé avec une tasse de thé.

Alors que j'étais assise en compagnie de ma précieuse amie Lorna, quelques mois après le départ physique de Sean, j'ai pris conscience que j'appréciais mon thé. J'en étais très surprise. Je lui ai même dit, sous le choc : « J'aime ce thé… il a bon goût ! »

Puis, un jour, j'ai mis du rouge à lèvres même si je n'avais pas encore envie de sourire. Ces petites victoires ont marqué le début d'une nouvelle vie pour moi.

Nous avons tous des façons différentes de traverser les périodes de deuil, mais il existe quand même des similitudes entre nous, et, pour certains « chanceux », le processus est plus rapide que pour d'autres. Mais, pour la plupart d'entre nous, le seul moyen d'y parvenir consiste à vivre pleinement nos émotions et à avancer une matinée, une après-midi, ou même une heure à la fois. Il nous faut donner tout ce que nous avons pour continuer à vivre. Et nous sommes nombreux à survivre à notre insu. Permettez-moi de vous expliquer quelles sont les grandes étapes qu'il m'a fallu franchir pour devenir la « nouvelle moi ». Vous pourriez peut-être vous en inspirer.

Pour commencer, j'ai accepté que les gens m'aident. Je n'étais pas habituée à cela, car j'avais toujours été celle qui aidait les autres. Être en deuil est tellement épuisant que je laissais les autres faire des choses pour moi. Tu veux me préparer à manger ? Formidable. Tu veux m'inviter au restaurant ? D'accord. Tu veux que je me laisse aller à sangloter violemment et misérablement en ta présence ? Tu iras au paradis.

Il n'existe pas de route toute tracée pour traverser cette horrible expérience qu'est la perte d'un enfant. Vous devez donc vous en inventer une.

J'ai dit à mon groupe de soutien qu'à mon avis, si l'on ne mourait pas avec son enfant, c'est que nous avions une mission sur terre et que le contrat de notre âme n'était pas arrivé à terme. Alors que faire ? Si je détenais toutes les réponses, je les partagerais. Mais c'est à chacun de les trouver, un pas après l'autre. Trouvez un nouveau chemin et une nouvelle attitude face à la vie en mettant un pied devant l'autre. Efforcez-vous de vous convaincre qu'un jour vous retrouverez la sérénité. Je sais que cela est possible ! À mon avis, il est impératif d'envisager tous les moyens possibles pour trouver de l'espoir, et de vous y accrocher comme si votre vie en dépendait… car c'est ce qui vous sauvera.

Essayer de retrouver un sens à sa vie dans des circonstances aussi sinistres demande du courage. Il ne faut pas être faible, car cette tâche est exténuante. Un pas en avant, et parfois deux en arrière. Je ne vous dis pas cela pour vous décourager, mais pour éveiller en vous la force d'âme dont vous avez besoin. Si de nombreux parents et moi-même avons pu nous en sortir, vous le pourrez aussi.

Au début, j'ai appris à rester à distance des livres, des gens et des organismes qui renforçaient mon mal-être. Je me souviens clairement avoir jeté de l'autre côté de mon salon un livre sur le deuil qui m'avait perturbée. Et comme ce n'était pas suffisant, j'étais allée le ramasser pour le jeter dehors. J'étais à vif et vulnérable, et j'apprenais à me protéger.

C'est en adoptant ce mode d'autoprotection que de merveilleuses habitudes de vie se sont doucement mises en place. Me protéger impliquait tout d'abord que je m'assure de bien dormir — ou plutôt de beaucoup dormir. Aujourd'hui encore, je suis vigilante à cet égard, car, si je ne dors pas suffisamment, je sais que ma journée se passera dans la tristesse. J'ai également appris à imposer mon point de vue face aux commentaires bien intentionnés des autres. Si je voulais dormir, j'allais dormir. Si je voulais rester en pyjama toute la journée ou le mettre plus tôt que ce qui est habituellement acceptable, je le faisais. En toute honnêteté, ce que les autres pensaient de moi n'avait plus d'importance à mes yeux.

Tout se déroulait de façon naturelle, et, surtout, avec calme. Je suis devenue particulièrement calme. Depuis mon enfance, j'avais essayé d'obtenir l'aide de Dieu avec mon chapelet, mais je venais de saisir que cette bonne vieille méthode ne fonctionnait pas. J'ai donc élaboré mon propre rituel de contemplation, en dédiant un moment de mes journées à la spiritualité, et il s'est avéré particulièrement utile. En effet, dans mes périodes les plus sombres, c'est ce qui m'a permis de tenir le coup.

En outre, croyez-le ou non, adopter une alimentation très saine et prendre des suppléments de qualité supérieure furent d'autres moyens formidables de prendre soin de moi. Si mon corps allait mal, ce serait un autre fardeau à porter.

Quand je me suis sentie prête, j'ai commencé à réfléchir à ce qui pourrait me donner envie de vivre pleinement mon existence. Au départ, j'arrivais à me forcer en me disant que je faisais les choses au nom de Sean. Tout ce que j'accomplissais était pour lui. Deux mois et demi avant qu'il nous quitte, il m'avait offert un livre intitulé *Living Out* Loud, qui porte sur les façons d'aborder le monde avec créativité, et j'ai décidé de travailler dans ce sens. Je sentais qu'il s'efforçait de m'enraciner dans la vie, et je ne voulais pas le décevoir !

Ma première incursion dans le monde a consisté à m'inscrire dans un centre paisible, proposant des cours de yoga et des ateliers, situé dans les monts Berkshires du Massachusetts, et portant le nom de Kripalu. Ce fut l'une des choses les plus difficiles que j'aie eu à entreprendre de ma vie. Mais je me suis lancée et j'y suis allée seule, alors

que ma douleur était encore à vif. J'y ai passé beaucoup de temps à pleurer, que ce soit dans la salle de cours, dans la salle à manger, dans le jacuzzi et sur les matelas… J'étais misérable. Pourtant, je ne me suis pas découragée et je suis devenue meilleure grâce à cela. Cette expérience m'a propulsée dans le monde et m'a incitée à me demander quelle contribution je pourrais moi-même apporter. Je me disais que, si je devais continuer à en faire partie, alors pourquoi ne pas essayer de faire du monde un meilleur endroit de vie ?

Kripalu est devenu mon refuge spirituel pendant plusieurs années. C'était ma balise lumineuse qui me permettait de m'échapper de temps à autre. Je pense que nous avons tous besoin de trouver un endroit comme celui-là qui soit notre refuge ou notre sanctuaire. Notre âme nous parle en permanence, surtout dans les moments les plus sombres. Écoutez-la. Écoutez-la en ouvrant tout grand votre cœur brisé et laissez entrer en vous tout l'espoir que vous parvenez à rassembler. Je peux vous promettre que vous serez de nouveau avec votre enfant, et si vous ne pouvez pas encore vous raccrocher à cette idée, je le ferai pour vous.

Que la grâce et la paix soient avec vous, très chère âme !

Rosie Dalton Ewas

Le départ de Sean fut un événement tragique et inattendu. Et, comme toutes les tragédies, nous ne pensions pas que celle-ci pourrait frapper notre famille. Mais c'est ce qui s'est produit, et elle nous a permis de devenir encore plus proches les uns des autres. Rosie et moi avons des contacts quotidiens réguliers, et nous prenons toujours le temps de nous rencontrer. Stassia a récemment accepté son don de médiumnité et le met en pratique. Selon elle, Sean la guide et l'aide à réconforter de nombreuses personnes en deuil. Rosie s'est donné pour mission de transmettre ses connaissances sur la vie éternelle aux parents qui ont eux aussi perdu un enfant.

Au cours des cinq dernières années, elle a contribué à la mise en place d'un groupe de soutien. Ma sœur sera en deuil toute sa vie, mais elle a trouvé en chemin une petite lumière d'espoir.

Un message transmis par un médium peut vous procurer un immense réconfort et contribuer à votre guérison, mais il existe d'autres moyens de traverser la période de deuil.

Quand vous perdez un proche, vous pouvez avoir la sensation d'avoir atterri dans un pays étranger et de ne pas savoir où vous êtes. Votre environnement peut vous paraître différent ; vous avez peut-être la sensation que votre entourage ne vous comprend pas, que la nourriture n'a pas le même goût, que vous ne comprenez pas les autres et que vous souhaitez juste rentrer chez vous. Votre corps et votre esprit ont traversé une épreuve. Même si vous avez pu vous préparer à la mort de votre proche, tout va vous sembler différent. Soyez compréhensif envers vous-même.

Le processus de deuil peut emprunter de nombreux chemins différents, et chacun possède un rythme et une méthode qui lui sont propres. De la même façon qu'il n'existe pas deux flocons de neige identiques, il n'existe pas deux personnes dont les processus seront les mêmes. Certaines ont besoin d'en parler, d'autres non. Certaines se raccrocheront pendant des années à ce qui a appartenu à l'être cher, et d'autres ressentent le besoin de donner immédiatement ces biens. Ne jugez pas la façon dont une personne s'y prend pour faire son deuil. Elle s'invente un chemin pour mener à bien ce voyage éprouvant.

Acceptez qu'il y ait des moments de rechute, même si, quelques jours auparavant, vous aviez remarqué une progression positive. C'est tout à fait normal. Tout ce qui peut vous rappeler votre être cher risque de déclencher une vague de tristesse : une personne mentionne son nom, vous entendez une musique particulière, vous voyez son nom sur du courrier, vous apprenez une mauvaise nouvelle aux informations télévisées. Alors, juste au moment où vous pensiez avoir repris le dessus, vous vous retrouvez dans une mare de larmes. Cela peut se produire n'importe où, n'importe quand. Par conséquent, ayez toujours des mouchoirs avec vous, soyez convaincu que vous n'êtes pas seul, et ne pensez pas devoir vous excuser auprès de qui que ce soit.

Lorsque vous vous sentirez mieux, ne vous sentez pas coupable de ne plus être triste. Votre proche devenu esprit souhaite que vous alliez mieux. Il veut vous voir en paix. En outre, ressentir à nouveau de la joie ne signifie pas que vous l'oubliez. L'amour que vous ressentiez à son égard et celui qu'il avait pour vous vivront éternellement dans votre cœur. Cette partie-là ne meurt jamais.

6

Je ne suis pas mort — Je suis différent

Après le départ de mon neveu Sean, ma sœur Rosie et moi avons décidé de travailler ensemble dans le but de transmettre à d'autres parents ce que nous avions appris à travers notre propre deuil. En 2004, j'ai mis fin à mes séances privées de médiumnité, laissant derrière moi une liste d'attente de deux ans. La nouvelle s'est rapidement répandue que je consacrais désormais mon temps à rencontrer gratuitement, et individuellement, des parents ayant perdu un enfant. La réaction des gens m'a coupé le souffle : entre 15 et 20 demandes m'étaient adressées chaque semaine, et ma liste d'attente était de plus de 350 parents. J'ai dû établir des critères plus précis pour les séances gratuites, notamment les réserver aux parents dont les enfants étaient décédés au cours de l'année précédente, à un âge maximal de 30 ans. Mais les choses ne se passent pas toujours comme prévu.

Alors que je travaillais tard un vendredi soir, j'ai reçu un appel d'une femme. La tête posée sur le bureau pour me reposer, je sentais mes yeux me brûler. J'étais totalement épuisée après avoir consacré une journée entière aux esprits. Lorsque le téléphone a sonné, j'ai envisagé de laisser le répondeur prendre le message, mais une petite voix dans ma tête m'a incitée à répondre, et je suis heureuse de l'avoir écoutée.

— Maureen, mon nom est Evelyn. J'ai entendu dire que vous proposiez des séances gratuites pour les parents qui ont perdu un enfant, a-t-elle commencé.

— Oui, en effet, lui ai-je répondu.

La voix vacillante, elle a poursuivi avec douceur :

— Mon fils aîné, Charles, vient de mourir. Il était ma fierté et ma joie. Il me manque tellement. J'ai juste besoin de savoir qu'il va bien et qu'il est avec mon mari au ciel. Pouvez-vous m'aider ?

— Je suis désolée Evelyn, lui ai-je répondu. Je suis convaincue qu'il est bien avec votre mari et qu'il ne souffre plus. Quel âge avait-il ?

— Soixante-sept ans.

Je me suis interrompue un instant pour respirer profondément. Puis j'ai regardé ma liste d'attente et les noms des nombreux enfants qui étaient partis au ciel :

- Jayden, 10 ans, tuée lorsqu'un chasse-neige a accroché la capuche de son manteau.
- Alexa, 19 ans, morte dans un accident de voiture alors qu'elle revenait d'un festival de musique country.
- Jimmy, 17 ans, électrocuté tandis qu'il tenait avec son père un poteau sur un chantier de construction.

- Sean, 9 ans, tué alors qu'il faisait du VTT avec un ami.

À l'autre bout du fil se trouvait une mère adorable, d'une belle personnalité, qui avait du mal à respirer et qui était paralysée par le chagrin. Je savais qu'Evelyn espérait et priait pour recevoir un message réconfortant de son « garçon ». Je suis contre le clonage, mais à cet instant j'aurais eu envie que quelqu'un prenne une partie de moi (peut-être dans mes bourrelets) et la laisse reposer dans une boîte de Pétri quelque temps, jusqu'à ce que mes clones soient prêts. Avec toute la douceur dont j'étais capable, j'ai donc décidé de lui expliquer pourquoi la situation était délicate pour moi.

— Je comprends tout à fait, m'a répondu Evelyn.

Elle ne manifestait pas le moindre signe de déception. Mais, subitement, des parasites se sont fait entendre sur la ligne.

— Vous entendez ça ? ai-je demandé à Evelyn.

— Qu'est-ce que c'est ? m'a-t-elle répondu.

— Je crois que c'est votre fils qui essaie d'attirer votre attention !

Un profond soupir a empli les ondes.

— Evelyn, est-ce que Charles a souffert d'insuffisance cardiaque congestive ? Il m'explique que son cœur était rempli de liquide.

— Oui, en effet ! C'est lui qui vous l'a dit ? Il vous a parlé ?

— Qui est Joseph ? ai-je poursuivi.

Après un long silence, Evelyn m'a répondu :

— Joe était mon mari. Nous avons été mariés pendant 52 ans. Il était le grand amour de ma vie.

— Evelyn, cet échange est très inattendu. Je sais que votre fils en est à l'origine. Il veut que vous retrouviez la paix en sachant qu'il va bien.

— Je sens sa présence maintenant, m'a chuchoté Evelyn. Je tiens sa photo dans ma main. Vous n'allez pas le croire, mais on dirait que ses lèvres remuent. Ses yeux brillent, et son sourire vient de s'agrandir. Est-ce le fruit de mon imagination ?

— Non Evelyn, ce n'est pas votre imagination. Il vous dit qu'il vous aime. Il est redevenu lui-même.

— Il souffrait du syndrome de Down. Il vivait avec moi, et nous faisions tout ensemble. Je l'ai trouvé mort dans son lit il y a trois semaines. Je voulais m'assurer qu'une autre personne allait prendre soin de lui maintenant. Je vais enfin pouvoir dormir ce soir.

Evelyn m'a transmis une leçon importante : une mère sera toujours une mère, peu importe l'âge de ses enfants. Elle ira jusqu'au bout du monde pour s'assurer que ses enfants sont entourés, aimés et protégés — même s'ils la précèdent dans la mort. Le voyage d'une mère n'a jamais de fin.

Les premières journées éprouvantes qui ont suivi la mort physique de Sean, Rosie passait le plus clair de son temps réfugiée dans sa chambre. Certains jours, elle se blottissait sous des couches de couvertures ; en d'autres occasions, elle lisait des livres inspirants, elle méditait, elle priait et elle écrivait dans son journal. Sur la table ancienne qui se trouvait près de son lit, elle avait créé un autel en y déposant une photo de Sean. Celle-ci lui parlait, et il arrivait que ses yeux semblent bouger et suivre les mouvements de sa mère. Sa tête était entourée d'une lumière blanche éclatante. Dans les rares occasions où Rosie se mettait à rire, cette lumière semblait surgir de la photo, tandis que le sourire de Sean se faisait plus radieux.

De nombreux parents m'ont confié se sentir coupables s'il leur arrivait de rire ou de sourire alors qu'ils étaient en deuil. Or, les enfants qui sont au ciel me disent que ces moments de joie les nourrissent. En effet, leurs corps spirituels sont rechargés par cette énergie positive, et leurs âmes émettent des vibrations plus intenses qui leur permettent de communiquer plus aisément avec les vivants.

Avec le temps, Rosie a réussi à transformer la tragédie qui a frappé sa famille en une victoire, se servant de son chagrin pour aider d'autres parents dans la même situation. Malgré cette souffrance, présente au quotidien sous différentes formes, Rosie s'est engagée à se relever, petit à petit, un pas après l'autre, lentement — même très lentement à certains moments —, parvenant en bout de ligne à créer un groupe de soutien pour les parents ayant perdu des enfants.

Observer Rosie — encore en processus de guérison — se tenir pour la première fois dans la grande salle de conférence de mon bureau, devant 50 à 60 parents ayant perdu récemment un enfant, fut une expérience formidable.

— Même si nous ne pouvons plus les serrer physiquement contre nous, avait-elle commencé lors de sa première conférence, vous devez être assurés qu'ils sont là. Ressentez leur présence, dans votre âme, lorsqu'ils vous entourent de leurs bras pour vous guider. Écoutez ce qu'ils ont à vous dire, voyez comme ils semblent heureux, et soyez surtout convaincus que vous les reverrez.

Mois après mois, j'ai regardé Rosie prendre la parole devant des centaines de personnes, alors que sa propre douleur était encore vive, pour leur donner des moyens d'améliorer leurs journées et des raisons de se lever le matin afin de poursuivre leur existence sur terre sans contact *physique* avec leur enfant. Je suis fière de ses accomplissements. Sa force et sa capacité à semer des graines d'espoir ne sont rien de moins que des miracles.

Par l'intermédiaire de ce groupe de soutien, j'ai rencontré Gail Hunter, une femme extraordinaire. En décembre 2006, sa seule fille, Anjuli, est décédée d'un accident de voiture alors qu'elle se dirigeait vers le Maine pour y retrouver des amis de l'université. Puis, en juin 2009, l'impensable est arrivé. Son second enfant, Drew, est décédé dans un accident de kayak dans le Colorado.

C'est une amie de Gail qui m'avait appelée pour m'en informer.

– Je t'appelle du Colorado, Maureen. Le fils de Gail Hunter, Drew, s'est noyé à la suite d'un terrible accident de kayak. Les funérailles ont lieu aujourd'hui, et Gail va avoir besoin de toi.

J'étais sous le choc. À cet instant, je me trouvais à Los Angeles, sur le point de participer à une nouvelle émission diffusée sur la chaîne Fox et intitulée *Wedlock or Deadlock*[11]. Tandis que les autres participants et que l'équipe s'affairaient autour de moi – installant des micros, ajustant les éclairages, appliquant du maquillage –, je me suis sentie vaciller. J'imaginais cette femme perdant ses deux enfants de façon tragique. Prenant appui contre le mur le plus proche, je me suis mise à pleurer.

---

11. N.d.T. : Traduction littérale : Les liens du mariage ou les liens de la mort?

Gail et moi sommes rapidement devenues amies à la suite de notre première séance visant à prendre contact avec Anjuli. Plus tard, lorsque je lui ai demandé si cette première rencontre l'avait aidée, elle a insisté pour que je lise la partie de son journal dans laquelle elle parlait de moi. Gail m'a demandé d'en partager le contenu afin que d'autres mères y trouvent une force accrue. Les passages suivants sont directement tirés de son journal personnel :

Le 2 août 2007

Demain, nous rencontrons Maureen Hancock. Je suis à la fois nerveuse et excitée. Jeremy [le mari de Gail] est méfiant et n'a pas envie d'y aller, mais il ne veut pas non plus rater quoi que ce soit. Anjuli, s'il te plaît, viens nous y rejoindre, et envoie-nous un signe clair pour nous dire que tu vas bien et que tu es toujours avec nous. Nous en avons besoin tous les deux, mais ton père est vraiment perdu à cause de son chagrin. Mon cœur souffre de douleur.

Le 3 août 2007

Par où commencer ? Je suis encore en état de choc. Jeremy, le sceptique, a répondu à un ami, qui lui demandait « À quoi ça ressemblait ? » : « J'ai l'impression d'avoir parlé pendant une heure avec ma fille. » Comment fait Maureen ? Comment parvient-elle à capter à ce point ce qu'est Anjuli ? La douceur de Maureen, son sens de l'humour, son sourire magnifique ; tout cela a contribué à nous mettre à l'aise malgré l'étrangeté de la situation. Elle a complètement cerné la personnalité d'Anjuli, sa détermination et sa confiance, sa tournure d'esprit. Pendant plus d'une heure, nous avons été subjugués par sa précision et par la pureté de ses intentions. Je ne pourrais pas décrire ce que l'on ressent lorsqu'on *sait* que sa fille est là, qu'elle vous envoie son amour et qu'elle fait de son mieux pour vous permettre de comprendre qu'elle est bien là, pour vous aider à ouvrir votre cœur et votre esprit.

Anjuli nous a transmis des détails que nous ne connaissions pas à propos de l'accident, et qui ont été confirmés ultérieurement. Elle a mentionné un médaillon, puis s'est corrigée en parlant de 10 médaillons (que nous avions donnés à ses amies !)

Pour la première fois depuis que nous t'avons perdue, Anjuli, j'ai retrouvé l'espoir et je suis convaincue que nous serons à nouveau réunies. Je suis déterminée à porter plus d'attention aux signes et à écouter la voix intérieure qui me dit : « Tu as beaucoup de chance d'avoir pu partager 23 ans de ta vie avec Anjuli et d'être sa mère. » Je me sens soutenue par tous les anges qui me protègent et qui œuvrent pour que je me sente mieux.

Je suis impatiente de dire à Drew qu'elle a parlé de lui et qu'elle lui envoie tout son amour. Elle m'a demandé de lui transmettre qu'elle le surveillait d'en haut, tel un faucon dans le ciel. Comment va-t-il réagir à cette nouvelle ? J'aurais aimé qu'il soit avec nous lors de la séance. Même lorsque votre tête vous dit non, votre cœur vous dit oui.

Le 18 juin 2009

Oh mon Dieu, ce n'est pas possible. La pire épreuve au monde n'a pas pu s'abattre sur nous… une seconde fois. Drew, notre précieux Drew, est mort — parti, comme Anjuli, à la vitesse d'un accident — à peine deux ans et demi après sa sœur. Pouvons-nous continuer à vivre sans nos enfants ?

J'ai reçu le courriel suivant de Maureen : « J'ai bien eu ton message et je voulais te dire que je ne t'ai pas oubliée. J'étais en Californie lorsque j'ai appris la nouvelle. Je suis là pour toi. Je voulais t'appeler, mais il est un peu tard. Et j'attendais qu'il soit prêt. Ce soir, je peux enfin sentir la présence de Drew. Comme tu peux l'imaginer, il était très heureux de retrouver Anjuli, puis il s'est retourné et a lancé : « Oh merde ! » C'est un esprit libre, une vieille âme. Il était un peu en colère contre lui-même d'être resté coincé, ou quelque chose comme ça. »

Le 21 juin 2009

J'ai reçu un coup de fil de Maureen, car Drew la taraudait pour qu'elle m'appelle. Le simple fait d'entendre sa voix m'apaise, même si mon cœur s'emballe en sachant qu'elle peut me mettre en contact avec mon fils. Nous revenons à peine des funérailles, et nous nous sentons fatigués et affaiblis. Est-il vraiment possible de le faire par téléphone ? Maureen est-elle en mesure de nous mettre en contact avec Drew ? Elle commence en nous disant qu'il est là et en me donnant, une fois de plus, des détails connus uniquement de ceux qui l'accompagnaient en kayak lorsqu'il est mort. Elle perçoit totalement qui il est — sa personnalité, les paroles exactes qu'il aurait prononcées : « Qu'est-ce qui s'est passé ? Tout était sous contrôle pourtant. » C'est vrai qu'il aurait dit cela, exactement de cette façon. Je suis heureuse qu'après le départ d'Anjuli, Drew et moi avons eu la possibilité de parler de la vie après la mort. Il ne savait pas ce en quoi il croyait, mais il voyait bien quel réconfort nous procuraient les messages que nous transmettait Maureen. Dans son journal personnel, il avait écrit un message à sa sœur :

« J'espère que tu es avec moi, que tu vois ce que je vois et que tu ressens ce que je ressens, pour que mes pensées te soient transmises, où que tu sois. Aide-moi à trouver la force que tu envoies déjà à maman pour l'aider à trouver la paix intérieure. J'espère seulement que je réussirai à vivre ma vie avec autant de passion et d'énergie positive que celles dont tu as fait preuve et que tu as partagées avec tellement de personnes, connues et inconnues. Tu as rassemblé les gens et les a rendus meilleurs par ta simple présence. Je t'aime, Anj. »

Au fil du temps, entre la perte d'Anjuli et celle de Drew maintenant, Maureen et moi avons été en contact à maintes reprises. Après ma séance avec Maureen, une amie m'a amenée à l'enregistrement d'une émission de John Edward, où j'ai pu profiter de ses dons de médium. Tandis qu'il me transmettait les messages, je devais avoir l'air d'une parfaite idiote, car je ne cessais de sourire. En fait, je souriais parce qu'il confirmait tout ce que Maureen nous avait déjà dit lors de notre séance. Après, j'ai compris que la raison qui m'avait amenée là n'était pas seulement d'en retirer quelque chose, mais également d'aider Maureen à répandre son message à un public plus large. Lorsque l'équipe de John Edward est venue filmer un segment vidéo visant à faire un suivi, j'ai pu leur expliquer que la douleur de mon deuil était atténuée en grande partie grâce à Maureen.

La relation qui m'unit à Maureen continue de grandir telle une toile d'araignée. Il me semble qu'elle me transmet des messages aux moments où j'en ai le plus besoin — un courriel rapide, une citation sur son site Web ou un message affiché sur Facebook. Savoir que Maureen, tel un ange sur terre, m'entoure de ses bras et en fait de même avec Drew et Anjuli, me rappelle à quel point j'ai de la chance.

Il n'existe pas de coïncidences. Maureen et moi étions faites pour nous rencontrer. Nous avons été rassemblées par une force invisible. Elle avait un don à partager avec moi, pas seulement une fois, mais deux. Elle est là pour me rappeler ce que mon âme oublie parfois : les êtres que nous aimons sont avec nous et attendent de nous retrouver dans l'Au-delà. Nous ne devons pas gaspiller le temps dont nous disposons sur terre. Nous devons aller vers les autres et leur faire profiter de ce que nous avons à offrir. Nous devons vivre et aimer la vie.

À mes yeux, Gail est une « supermaman ». Même avec ce que je sais sur le deuil et sur l'Au-delà, je ne suis pas sûre que je parviendrais à me lever le matin après avoir perdu physiquement mes précieux enfants. Il est évident que chacun fait son deuil à sa façon, mais Gail a creusé au plus profond des blessures de son âme et s'est servie de ses expériences transformatrices pour aider d'autres mères en deuil.

Au cours de l'été 2010, Gail, Jeremy, son mari, et Jenna, la fiancée de Drew, sont venus me voir pour une séance. C'était un après-midi magnifique, juste après le premier anniversaire du départ physique de Drew. Gail, en bonne altruiste qu'elle était, avait voulu que Jenna puisse elle aussi être en contact avec Drew.

Je suis sortie de mon bureau pour les accueillir, et Jenna était visiblement nerveuse. J'ai senti son corps trembler quand je l'ai serrée dans mes bras. Puis j'ai pris sa main moite et l'ai dirigée vers mon bureau, Gail et Jeremy à notre suite. Parce que Jenna était nerveuse et qu'il s'agissait de sa première séance de médiumnité, je redoutais que Drew éprouve des difficultés à se présenter clairement à elle. (Plus une personne est détendue, et plus il est facile pour l'esprit de communiquer avec elle.)

Mais avant que j'aie eu le temps d'expliquer à Jenna comment la séance allait se dérouler, Drew était déjà impatient de venir nous voir. C'est avec une merveilleuse clarté qu'il s'est exprimé à moi. J'ai fermé les yeux pour transmettre son message. Ce jour-là, Drew a expliqué avec précision ce qui s'était produit le jour de son accident :

Je n'étais même pas censé y aller. Ça s'est décidé à la dernière minute. Nous [Jenna et lui] avions des projets pour la fin de l'après-midi. J'ai

pensé que je pourrais trouver le temps pour une sortie avec mes copains et être de retour à l'heure. Tu [Jenna] m'as supplié de ne pas partir. Je t'ai répondu que tout irait bien, et tu m'as dit que tu ne pourrais pas vivre sans moi s'il m'arrivait quelque chose. Je t'ai assurée que rien ne m'arriverait. Mes amis ont entamé leur descente de la rivière avant moi. Arrivé dans un virage, je me suis retrouvé coincé contre un rocher. Je pensais vraiment que je pourrais me sortir de là. Je me suis retourné, puis j'ai essayé de lutter contre le courant. Mais j'étais vraiment coincé. Anjuli était près de moi et me souriait. Elle a pris ma main et j'ai su que tout allait bien se passer.

Jenna était bouche bée et regardait Gail avec un mélange de choc et d'incompréhension.

— Tout ce que vous venez de dire est exactement ce qui s'est dit et ce qui s'est produit ce jour-là, a-t-elle commencé. J'avais l'intuition que quelque chose allait lui arriver. Je l'ai supplié encore et encore de ne pas partir.

J'ai expliqué à Jenna que nous avions parfois des aperçus de notre « livre de vie », ce que certains hindous ou théosophes appellent « annales akashiques ». Celles-ci contiennent l'empreinte énergétique du voyage de l'âme : son passé, son présent et son avenir. Au fil du temps, j'ai rencontré de nombreux parents qui me confiaient s'être profondément inquiétés pour leur enfant et avoir toujours ressenti dans leur chair que quelque chose leur arriverait. En les écoutant, j'ai souvent pensé qu'au plus profond d'eux-mêmes, en leur âme, ces parents avaient puisé dans les annales akashiques de leur enfant.

Après ma séance avec Gail et sa famille, j'ai reçu de sa part un courriel particulièrement touchant, que je garde précieusement depuis.

Chère Maureen,

Les mots ne sont pas suffisants pour exprimer à quel point Jeremy et moi apprécions le temps que tu nous as consacré, la belle énergie qui est la tienne et ton formidable don. J'espère que tu peux voir et sentir combien la guérison que tu rends possible est merveilleuse. Le temps que nous avons passé en ta compagnie nous a apporté bien plus que nous aurions pu l'imaginer. Jenna avait besoin d'entendre tout ce que tu [Drew et Anjuli] avais à dire. Jeremy irradie encore du bonheur que lui ont procuré tes dernières paroles, et je te serai éternellement reconnaissante pour tout ce que tu nous as apporté.

Tu n'aurais pas pu être plus proche de la réalité en nous transmettant ce que tu « entendais ». Tu as su capter l'essence de Drew, de la mère de Jeremy, de la relation qui unissait Jenna et Drew, du lien entre Anjuli et Drew, et du besoin qu'avait Drew de communiquer avec Jenna pour aider celle-ci à aller de l'avant. J'ai préféré ne pas trop prendre la parole pendant la séance, mais tu étais tellement dans le vrai que Jenna m'a demandé si je t'avais parlé d'elle auparavant.

S'il y a quoi que ce soit que je puisse faire pour toi ou pour une personne que tu veux aider, n'hésite surtout pas. J'essaie toujours de trouver par quel moyen aider les autres, et je suis donc ouverte à tout ce qui pourrait se présenter. Je crois en toi et en tout ce que tu entreprends, et je sens, de tout mon être, que tu es vouée à influencer les vies de nombreuses personnes. Tu as un don et un message qui permettront aux gens d'ouvrir leur cœur au monde et de connaître une formidable croissance spirituelle.

J'espère que ton fils Drew se porte bien. Je souris encore en pensant au commentaire qu'il t'a fait le soir où tu m'as appelée — il voulait un brownie à 21 h 30, et tu lui avais répondu qu'en manger un lui donnerait la diarrhée. Tu lui avais dit ensuite : « J'aide une maman qui a perdu son fils, et son nom est Drew, comme toi. » Et il t'avait répondu :

« Mais s'il est mort, en quoi ça peut m'aider ? » Sans le savoir, ton fils a déjà ton sens de l'humour !

Merci pour ta générosité. Merci d'accueillir nos précieux enfants dans tes bras et de nous les présenter une fois de plus. Merci de nous rappeler qu'ils nous aiment et que nous sommes liés à eux pour l'éternité. Tu nous fais le don de la paix, de l'espoir et de l'amour, en plus de nous donner de ta personne. Maureen, tu es véritablement un ange sur terre, et nous avons eu l'immense bonheur de croiser ton chemin.

Avec notre amour éternel,
Gail et Jeremy

Les anniversaires et les périodes de fêtes sont toujours les moments les plus difficiles pour les personnes en deuil, plus particulièrement pour les parents. Le Noël dernier, il y avait tant de jeunes esprits autour de moi que j'ai décidé de sortir avec Ally, mon labrador, vers la rivière qui se trouve au bout de ma rue, pour une promenade nocturne. En regardant par la fenêtre pour vérifier quel temps il faisait, j'ai vu qu'un tapis de neige recouvrait les alentours.

Il m'a fallu déployer de gros efforts pour recouvrir la moindre parcelle de ma peau blanche d'Irlandaise. Lorsque j'ai enfin réussi à enfiler mes sous-vêtements thermiques, mon pantalon noir confortable, mes bottes imperméables vertes, mon long chandail irlandais en laine angora, mon gros manteau d'hiver – avec sa capuche en fourrure –, et une vieille écharpe en laine que ma grand-mère m'avait tricotée au crochet des années plus tôt, j'avais déjà perdu 1 kilo en effort physique et j'étais étourdie par la chaleur !

La première vraie chute de neige de la saison apporte avec elle une atmosphère de sérénité. En marchant vers la rivière ce soir-là, je jetais des coups d'œil en arrière pour voir les empreintes de mes pas. En raison de ce que je fais, je m'attendais vivement à voir de nombreuses traces de pas, petites et grandes, à ma suite. J'ai alors pensé à tous ces enfants qui partent avant leurs parents et leurs frères et sœurs… à eux qui sont les premiers à prendre le chemin du paradis. Leurs paroles résonnent encore dans ma tête :

Dites à mes parents que je vais bien. Quand je suis arrivé ici, tout le monde m'attendait en cercle pour m'accueillir. J'ai eu la sensation d'être enveloppé dans une couverture chaude, et j'ai su que tout irait bien. J'étais rempli d'amour. La notion de temps n'existe pas vraiment au ciel, et je suis rassuré de savoir que je reverrai un jour mes parents et mes frères et sœurs. C'est moi qui ai pris ce chemin le premier, mais je ne serai pas le dernier. Dites-leur que mon amour pour eux ne mourra jamais. Dites-leur de sourire et de rire pour moi — sans qu'ils se sentent coupables —, car mon esprit est rempli de joie en sachant qu'ils continuent à vivre pour moi. Je vis à travers eux. Je leur montrerai que je suis là s'ils ouvrent leurs cœurs à la possibilité de recevoir mes nombreux signes… une chanson à la radio, une pièce dont la date est celle de ma naissance, un oiseau magnifique qui attire leur regard, le numéro de mon maillot de soccer, un appel téléphonique sans personne au bout du fil, et, par-dessus tout, un rêve dans lequel je les prends dans mes bras et je leur dis : « Je ne suis pas mort, je suis juste différent. »

Les fêtes sont source de joie, selon les saisons, mais elles accentuent également le vide laissé par l'être cher. Les enfants de l'Au-delà me disent : « Je vois ma décoration ! Je vois mon arbre ! » L'année dernière, un jeune garçon m'a dit avec précision ce que son frère allait recevoir du père Noël et m'a confié où son papa – enfin, le père Noël – avait caché le cadeau.

Pour nombre des familles que je suis, cette année marquera le premier Noël sans leur enfant. Je tiens à vous assurer qu'il ne s'agit que d'une séparation physique et que vous n'êtes pas seuls. Vos enfants savent à quel point vous les aimez et combien ils vous manquent. Ils veulent que vous sachiez qu'ils sont heureux et qu'ils ne connaissent plus la souffrance. Le meilleur cadeau que vous puissiez faire à la personne qui vous manque est d'être convaincu, au plus profond de votre cœur, qu'elle fait toujours partie de votre vie. Vos pensées vont directement vers elle. Alors, éclairez votre sapin, accrochez les décorations, allumez une bougie en sa mémoire et parlez-lui avec votre cœur. Faites tout cela avec la conviction inébranlable que vous serez de nouveau réunis un jour, dans la gloire du ciel.

En rentrant chez moi ce soir-là, j'ai contemplé les lumières décoratives des maisons qui se reflétaient sur la neige. Pensant à ce que ferait un enfant, j'ai sorti ma langue et levé la tête pour attraper des flocons de neige géants, en gloussant comme une gamine. Puis, me laissant tomber sur le sol, j'ai remué les bras et les jambes sur la neige douce et légère. C'est le type de neige qui ne conviendrait pas pour faire un bonhomme ou une boule de neige, mais qui est parfaite pour faire des anges. Je me suis immobilisée pour tendre l'oreille. À travers le silence et le calme, j'ai entendu les enfants rire. Ils me remplissent d'amour et de paix.

Existe-t-il une souffrance plus horrible que celle de perdre un enfant? Nos enfants ne sont pas censés quitter la terre avant nous! Ne pourrait-il pas exister une règle à ce sujet? Cela devrait être obligatoire! Nos enfants nous insufflent de la vie, ils imprègnent tous nos pores et réchauffent notre cœur. De leur première dent et leurs premiers pas jusqu'à leurs premiers récital, spectacle de danse, compétition sportive ou remise de diplôme, notre vie de parent est remplie de l'excitation de ce que sera leur prochaine étape. Dès le premier jour, nous ne pouvons plus imaginer notre vie sans eux. Comment, alors, peut-on survivre à la perte insupportable d'un enfant?

Chaque personne réagit différemment, et vous devez donc accepter votre peine telle qu'elle est. Donnez-vous la permission de la soulager par n'importe quel moyen. Vous ne serez sans doute pas capable de reprendre votre ancien mode de vie, mais vous pouvez trouver un moyen de vous sentir toujours vivant, ne serait-ce que pour un court instant. Sortez vous promener au milieu de la nature, laissez le soleil vous transmettre son énergie, marchez le long d'une plage. Envisagez de vous joindre à un groupe de soutien et liez-vous d'amitié avec d'autres parents dans la même situation que vous. Trouvez un thérapeute avec lequel vous vous sentez à l'aise.

Nous avons tous besoin d'une raison d'avancer, d'un objectif de vie. Les enfants me répètent qu'ils souhaitent voir leurs parents vivre pour eux et sentir leur présence à leurs côtés. L'amour et l'énergie de nos enfants nous entourent en permanence. Ils nous envoient des messages par l'intermédiaire de la musique, de rêves, d'étoiles filantes, d'arcs-en-ciel, de formations nuageuses, de pierres en forme de cœur, d'animaux, d'insectes, d'oiseaux et d'autres enfants. Vous devrez lutter quotidiennement pour vous frayer un chemin vers la sérénité. Soyez convaincu que votre enfant fait toujours partie de votre vie et qu'il vous soutient avec une force incommensurable, en vous demandant de croire que vous serez tous réunis un jour.

7

Marié à une médium

À quoi cela ressemble d'être marié à une médium ? Je suppose que ce n'est pas facile. Demandez à Greg, mon mari. Nos amis le taquinent en lui disant qu'il ne peut rien me cacher à cause de mes dons psychiques – et ils ont raison ! À la maison, notre vie ressemble à celle de nos amis et voisins : nous nous efforçons de passer de bonnes journées et d'élever le mieux possible nos enfants. Le peu de fois où nous avons l'occasion de sortir avec des amis, les choses sont parfois plus compliquées. Greg préfère l'intimité et me rappelle en permanence à quel point nos rares instants passés en famille sont importants. Mais le fait est que des inconnus viennent vers moi où que j'aille. J'aime entendre de quelle façon je les ai aidés, mais Greg est un peu frustré. Je comprends sa frustration, car il arrive souvent que les gens viennent me voir lorsque nous sommes au restaurant, et même au cinéma. Ils me disent : « Je sais que vous êtes en train de manger, mais est-ce que je peux juste vous poser une question ? »

Greg est entraîneur dans le cadre de plusieurs activités sportives de nos enfants. Il aime me parler de parents qui lui posent des questions sur moi. Récemment, pendant un cours de basketball, l'entraîneur principal lui a lancé : « Est-ce que c'est bien votre femme qui parle avec les morts ? Je suis allé à quelques-uns de ses spectacles. » Greg était surpris d'entendre ces propos sortir de la bouche d'un homme. Heureusement, les parents de la plupart des amis de mes enfants savent ce que je fais et sont à l'aise avec moi.

À la fin de la dernière saison de football, j'étais près des terrains avec d'autres mamans. Nous avions installé des chaises de jardin pour regarder les enfants s'entraîner. Greg était sur un terrain avec Drew, tandis que mon autre fils, Tyler, s'entraînait sur celui d'à côté. Alors que j'étais en train de rire et de parler de nos enfants avec les autres mamans, une vague de panique a subitement déferlé en moi. Je savais que quelque chose était arrivé à Tyler. Au même moment, Greg m'a crié d'aller voir qui était à terre sur l'autre terrain. Il avait vu un groupe d'enfants se rassembler autour de quelqu'un. Je me suis mise à courir vers le terrain. Une des mamans m'a crié : « C'est ton fils, il est blessé ! »

Une clôture me séparait de mon fils. Comme l'aurait fait n'importe quelle maman « Femme araignée », j'ai essayé de grimper par-dessus (et suis restée coincée en haut). Un des papas s'est précipité à mon secours et m'a catapultée de l'autre côté de la clôture. J'ai couru vers Tyler et me suis assise près de lui, posant sa tête sur mes genoux.

Greg est arrivé en courant pour savoir ce qui se passait. Soudainement, j'ai entendu une voix forte me dire dans ma tête : « Sa jambe est cassée. Amène-le à l'hôpital tout de suite ! » J'ai immédiatement transmis l'information à Greg.

— Sa jambe est cassée. Nous devons appeler une ambulance.

— Mais non, elle n'est pas cassée ; il exagère un peu, s'est moqué Greg.

Je lui ai lancé un regard furieux avant de lui dire :

— Tu te souviens de ce que je fais pour gagner ma vie ? Je te dis que sa jambe est cassée.

Nous l'avons transporté à l'hôpital où il nous a été confirmé que sa jambe était cassée en deux endroits. Il a passé les six mois suivants avec un plâtre. De retour à la maison, j'ai poliment rappelé à Greg que j'avais raison.

— Tu devrais savoir que je capte des choses concernant notre famille. Si j'affirme que j'entends une information, tu dois t'y fier, lui ai-je rappelé.

Un mardi soir, je faisais la vaisselle tandis que Tyler et Drew étaient occupés avec des jeux vidéos dans la salle de jeux. J'observais par la fenêtre un cardinal qui jetait des regards vers moi, si bien que, perdue dans mes pensées, je n'ai pas remarqué que l'eau devenait rose.

« Aïe ! » me suis-je écriée. En baissant les yeux, j'ai vu que mon annulaire gauche avait une entaille d'environ un centimètre. Sans m'en rendre compte, je m'étais coupée avec un couteau à viande. Alors que j'attrapais en vitesse une serviette en papier pour l'enrouler autour de mon doigt, j'ai eu une vision d'un ancien patient cancéreux, Nick, qui venait juste de mourir.

Nick et moi étions devenus des amis et des âmes sœurs au cours des mois qui avaient précédé son départ. Il approchait des 80 ans lorsqu'un cancer de la vessie lui avait été diagnostiqué, et je le rencontrais chaque semaine pour des séances de guérison qui atténuaient sa douleur et l'aidaient à conserver une certaine mobilité.

Nick aimait plus que tout sa femme et ses enfants, et il adorait parler d'eux. Je pouvais écouter ses récits pendant des heures, et il nous arrivait de rire à en pleurer. Il m'a confié un jour qu'il sentait l'amour et la chaleur de la Vierge Marie irradier de mes mains lorsque je le soignais. Je lui avais parlé de mon don de médiumnité, mais, parce qu'il était un fervent catholique, il n'avait jamais rien dit à ce sujet. Or, vers la fin de sa vie sur terre, il avait commencé à me poser des questions sur la vie après la mort et m'avait demandé si quelqu'un essayait de communiquer avec lui. Je l'ai donc mis en contact avec sa mère et ses frères qui étaient au ciel. Sa mère était morte alors qu'il n'avait que trois ans. Je pense qu'il a retiré un grand réconfort de savoir qu'elle attendait, avec ses frères, de l'accueillir parmi eux.

En même temps que la présence de Nick, une vision surnaturelle s'est présentée à moi sous la forme d'un film au ralenti. Je m'y voyais jouer au ballon dans le jardin avec mes garçons. Puis nous sautions dans la voiture pour nous rendre chez ma sœur. Dans ce film, il n'y avait pas de papa.

— Où est Greg ? demandai-je à Nick.

— *Il est mort d'une crise cardiaque*, m'a répondu l'esprit d'un ton neutre.

Je n'avais aucune envie de jouer dans ce film. Vivre sans Greg ? Et sans père pour mes enfants ?

Réveillez-moi immédiatement de ce cauchemar, pensai-je en moi-même. *Cela doit être mon imagination. Après tout, mon deuxième nom n'est-il pas Angoissée ? Greg est un homme de 35 ans en bonne santé. Il ne fume pas et boit rarement. Il n'y a aucune raison pour qu'il ait eu, ou soit sur le point d'avoir, une crise cardiaque.*

À cet instant, j'ai entendu notre voiture se garer dans l'allée, et je me suis retrouvée dans ma cuisine, dans le temps présent. Puis j'ai poussé un soupir de soulagement en me disant que les morts ne conduisaient pas. Je suis alors montée à l'étage pour récupérer les pyjamas des garçons, et, une fois en haut, j'ai regardé par la fenêtre vers notre voiture. Greg était affalé sur le volant, entourant celui-ci de ses bras, la tête enfouie contre la colonne de direction. Je me suis précipitée dans l'escalier, sautant plusieurs marches à la fois et manquant de me retrouver sur les fesses. Je devais sortir le plus vite possible.

En courant vers la voiture, j'ai crié :

– Greg, tu fais une crise cardiaque ! Nick m'a prévenue !

Greg a lentement levé la tête en faisant la grimace.

– Je dois juste avoir une indigestion ; je n'arrête pas de roter.

Mon soulagement n'a été que de courte durée. Alors que nous rentrions à la maison, Nick est revenu, se faisant plus insistant.

« *Greg fait une crise cardiaque massive. Appelle une ambulance !* »

J'imaginais le coup de fil : « *Salut, mon ami mort, Nick, a dit que mon mari faisait une crise cardiaque. Ce serait bien que vous fassiez vite pour éviter qu'il aille le rejoindre.* »

Greg a refusé de me laisser appeler une ambulance. Qu'allaient donc penser les voisins ? Il était en nage, et son teint virait au gris. Je ne le quittais pas des yeux.

— Je crois vraiment que ce n'est qu'une indigestion, insistait-il.

Il se tenait la poitrine alors que la douleur se faisait plus forte.

— Ça va aller si j'arrive à roter une bonne fois pour toutes, refusant toujours d'appeler une ambulance.

J'ai rapidement appelé ma nièce pour qu'elle vienne s'occuper des garçons.

— Stassia, c'est moi, Mo, ai-je murmuré dans le téléphone. Tu peux venir ? Je suis pratiquement sûre que Greg a une crise cardiaque, et il refuse que j'appelle une ambulance. Dépêche-toi !

Stassia est arrivée en un rien de temps, et j'avais déjà installé Greg dans la voiture.

Une fois à l'hôpital, dans la salle de triage, nous avons répondu en même temps lorsqu'il nous a été demandé quel était le problème.

— Mauvaise indigestion, a répondu Greg, tandis que je disais :

— Je crois qu'il fait une crise cardiaque.

L'infirmière a procédé aux examens habituels — pression sanguine, température, électrocardiogramme, analyse de sang, etc. Après une attente d'environ une heure, un soi-disant médecin est entré dans la salle. On aurait dit le docteur Doogie[12] sous amphétamines. Tandis qu'il nous parlait, son regard se promenait dans la pièce, vers le plafond, vers le sol, mais jamais vers nous directement. Il s'exprimait avec condescendance et froideur.

12. N.d.T. : Référence à la série télévisée américaine, Docteur Doogie, mettant en scène un adolescent surdoué qui se retrouve médecin à l'âge de 16 ans.

— Monsieur Hancock, tous vos examens sont normaux. Vous avez 35 ans, vous ne fumez pas, vous n'avez pas de problèmes de tension, vous êtes actif. Vous ne faites *pas* de crise cardiaque. Vous souffrez simplement de reflux acide.

Je me suis immiscée dans la conversation pour donner mon opinion, même si celle-ci n'avait pas été sollicitée.

— Vous prétendez que ses sueurs froides, son teint grisâtre, ses difficultés respiratoires et ses spasmes cardiaques ne ressemblent en rien aux symptômes d'une crise cardiaque ?

Doogie n'a pas apprécié que son diagnostic soit remis en question. Me regardant enfin dans les yeux, il m'a lancé :

— Madame Hancock, les spasmes œsophagiens ressemblent à ceux d'une crise cardiaque. Votre mari souffre d'un mauvais reflux acide. Il est jeune, en bonne santé, et non-fumeur. Il est évident qu'il ne fait pas de crise cardiaque. Vous pouvez rentrez chez vous maintenant.

Greg m'a regardée avec un sourire satisfait. Il s'est penché vers moi pour me murmurer à l'oreille :

— Tu vois, c'était juste une indigestion.

Toujours inquiète, j'ai remis ma veste pour me diriger vers le long couloir qui menait à la sortie, mon mari au teint grisâtre à mes côtés. Quelque chose n'allait pas. Nick n'avait pas surgi dans ma cuisine sans raison.

Subitement, une voix forte a attiré mon attention. Je me suis retournée, pour découvrir qu'un infirmier courait vers nous. Il avait le visage rougi et de grands yeux. Quand j'y repense, je me demande s'il ne s'agissait pas d'un ange sur terre.

– Monsieur Hancock, vous devez revenir dans la salle d'urgence. Vous avez vraiment fait une crise cardiaque ! J'ai regardé votre analyse sanguine, et elle indique que votre cœur a subi des dommages.

Dans le silence le plus total, la mine longue, nous sommes retournés vers la salle d'examen des urgences.

Docteur Doogie est arrivé d'un pas nonchalant en se frottant les yeux pour en retirer la poussière laissée par le marchand de sable. À sa vue, mon sang d'irlandaise n'a fait qu'un tour.

– J'attendais justement le dernier examen sanguin de Greg, a-t-il lancé, et il ne fait aucun doute qu'il a fait une crise cardiaque.

Tandis que ma langue fourchue commençait à s'agiter pour remettre Doogie à sa place, la voix de ma mère a résonné dans mon esprit : « *Si tu n'as rien de gentil à dire, tais-toi.* » J'ai donc décidé de me montrer prudente et de faire passer à l'action mon Irlandaise intérieure, qui avait déjà décidé, des heures auparavant, lorsque j'ai su que Greg faisait une crise cardiaque, de ne *pas* le laisser dans ce petit hôpital, entre les mains de cette bande de « Doogies » juste bons à jouer au Docteur Maboul !

Puis un homme, qui ressemblait au Docteur McDreamy de la série *Grey's Anatomy*, est entré dans la salle. Je m'attendais à l'entendre dire : « Je ne suis pas médecin, mais j'en incarne un à l'écran. » Pourtant, il nous a tendu la main pour se présenter, armé de son sourire éclatant et d'une coiffure parfaite :

– Je suis le docteur Carlson, directeur du service de cardiologie.

Puis, posant la main sur l'épaule de Greg et le fixant droit dans les yeux, il lui a dit :

— Nous devons vous envoyer immédiatement à Boston. Vous souffrez d'une thrombose (un caillot sanguin), et elle se dirige vers votre cœur. Si vous étiez rentré chez vous, vous seriez mort dans votre sommeil cette nuit.

Greg a donc été transféré à l'hôpital Brigham and Women pour y subir immédiatement une angioplastie. L'équipe lui a installé une endoprothèse pour dilater l'artère principale du côté gauche du cœur, obstruée à 90 %. La procédure s'étant bien déroulée, j'ai été autorisée à le voir quelques heures après l'opération dans la salle de réveil. Tandis que je marchais dans le long couloir, j'ai entendu de nombreux cris qui venaient de la salle de réveil. En arrivant à la porte à double battant, mon cœur s'est affolé en voyant une dizaine d'employés rassemblés autour de Greg. *Oh, non !* pensais-je en moi-même, *il a dû avoir une autre crise cardiaque !* Mais parce qu'ils sautaient dans tous les sens en se tapant mutuellement dans les mains et en applaudissant, je me suis dit : *Eh bien, ils doivent vraiment être fiers d'avoir fait redémarrer le cœur de mon mari !* J'ai réussi avec difficulté à me frayer un chemin vers le lit. Mais il n'y avait pas de défibrillateur dans les environs, pas de seringue sur le lit, aucun matériel… seulement un téléviseur diffusant la première victoire, depuis 1918, des Red Sox en Séries Mondiales.

Vous est-il déjà arrivé de savoir qu'une chose était vraie, et de le savoir sans pouvoir vous expliquer pourquoi ? À cette occasion, les gens ont peut-être essayé de vous convaincre que vous aviez tort, mais quelque chose en vous continuait à s'accrocher à ce que vous saviez être vrai. Fiez-vous à ces intuitions. Faites comme le chien avec son os et ne le lâchez pas. Quel serait le pire scénario qui puisse se produire si vous décidiez de suivre votre intuition malgré les objections de tout le monde ? Vous pourriez vous sentir stupide pendant un certain temps, mais vous auriez quand même la satisfaction d'avoir écouté votre instinct.

Que vous dit votre sagesse intérieure en cet instant ? Je parle d'une sensation persistante qui vous parle d'un aspect de votre vie. Elle peut prendre la forme d'une conviction, par exemple un « non » qui vient du plus profond de vous-même, ou encore se manifester par l'intermédiaire d'une partie de votre corps qui essaie d'attirer votre attention. Cette sensation persistante ne disparaîtra pas si elle a quelque chose d'important à vous dire. Écoutez-la. Il est préférable d'avoir l'air stupide (croyez-en mon expérience) en suivant votre instinct que d'ignorer ce qu'il vous dit et de le regretter plus tard. Sachez défendre vos intérêts et ceux des autres. Ne remettez pas à plus tard en attendant que les choses se règlent d'elles-mêmes. Passez à l'action, prenez vos responsabilités et soyez attentif.

Ralentissez un instant. Prenez le temps de vous demander, en toute tranquillité : « Que souhaite me transmettre ma sagesse intérieure en cet instant ? »

8

Transitions

J'ai passé le plus clair de mon enfance à avoir peur de la mort à cause de ma longue maladie. En outre, je souffrais d'une angoisse de séparation en raison de mes longs séjours à l'hôpital. Chaque fois que mes parents ou mes frères et sœurs quittaient la maison, j'étais persuadée qu'ils ne reviendraient jamais et qu'ils seraient aspirés par un trou noir après avoir été enlevés par la Grande Faucheuse. Mon cerveau imaginait alors tous les scénarios possibles (et impossibles) se terminant par la mort. Puis, un jour, de façon inattendue, ma peur de la mort a disparu.

J'avais huit ans lorsque ma mère et moi avons trouvé ma grand-tante Libby morte sur le plancher de son appartement qui n'était pas très loin de chez nous. Libby était une femme impétueuse, en avance sur son temps, qui était parvenue en haut de l'échelle dans une compagnie téléphonique. Ma mère prenait de ses nouvelles plusieurs fois par semaine, et elle nous traînait, mes frères et sœurs et moi-même, chez elle pour aider à « mettre de l'ordre » pendant qu'elle préparait les repas, faisait les lessives et prenait un thé avec Libby.

Dans le salon, le sol était recouvert de centaines d'épingles à cheveux. Elle aurait dû être déclarée aveugle — habituellement, c'est la porte du *placard* qu'elle ouvrait lorsque la sonnette de l'entrée retentissait. Même si je faisais la grimace quand elle me prenait dans ses bras — elle me serrait tellement fort que je n'arrivais plus à respirer —, j'étais secrètement impatiente d'être contre elle... et de manger les biscuits à la figue qu'elle « préparait elle-même ». (J'ai compris depuis qu'elle ne passait pas des heures à les faire cuire avant notre arrivée puisqu'ils sortaient directement de la boîte !)

Par une journée chaude et humide du mois de juin, ma mère m'a demandé de l'accompagner chez tante Libby. Lorsque nous appuyions sur le bouton de la sonnette dans l'entrée de l'immeuble, il fallait environ cinq minutes à Libby pour mettre la main sur l'interphone. Mais ce jour-là, une fois les cinq minutes écoulées, j'ai senti que ma mère devenait nerveuse.

— Pourquoi ne répond-elle pas ? demandai-je à ma mère. Tu penses qu'elle nous cherche dans son placard ?

Ma mère est alors retournée à l'extérieur pour regarder par la fenêtre de l'appartement de Libby, lequel se trouvait au niveau de la rue. J'ai vu ses yeux s'écarquiller et son teint pâlir.

— Qu'est-ce qui ne va pas ? Tu vois tante Libby ? Elle va bien ? lui demandai-je.

Ma mère s'est précipitée pour sonner chez Joe, le voisin de tante Libby, l'homme d'entretien âgé d'une soixantaine d'années.

— Il nous faut immédiatement entrer dans l'appartement de Libby ! lui a ordonné ma mère.

Sans un mot, Joe a ouvert la porte, et ma mère s'est précipitée à l'intérieur. Libby, vêtue de son peignoir orné de fleurs mauves, était étendue sur le côté, près de son fauteuil inclinable. Même si ma mère voulait que je retourne dans l'entrée de l'immeuble, je suis restée paralysée sur le seuil de la porte, observant le corps sans vie de tante Libby. Son visage avait pris une teinte située entre le gris et le mauve, et ses cheveux étaient décoiffés. (Habituellement, elle les attachait en faisant un chignon serré, lequel nécessitait l'utilisation de 250 épingles à cheveux !)

— Est-ce qu'elle est morte ? ai-je murmuré.

Ma mère a acquiescé.

Je savais que ma tante ne se trouvait plus dans l'enveloppe corporelle qui était étendue sous mes yeux. Puis j'ai senti une brise légère caresser mon visage, et mes narines se sont emplies de l'odeur de son parfum. Mes peurs se sont évanouies lorsque j'ai compris que je pouvais toujours percevoir la présence de tante Libby et la sentir contre moi. Tout ce qu'elle était et incarnait à mes yeux n'avait pas disparu. En retournant à la maison, j'affichais un grand sourire tant mon cœur était serein. Je n'avais plus peur de la mort. Tante Libby avait laissé derrière elle ce qui était pour moi un cadeau du ciel qui me resterait toute ma vie. M'observant dans son rétroviseur, ma mère m'a demandé :

— Tu vas bien ? Pourquoi tu souris ?

Je lui ai répondu :

— Je vais bien et tantine Libby aussi. Maman, elle est ici avec nous.

Au fil des ans, la mort s'est présentée dans ma vie à plusieurs reprises — grands-parents, tantes, oncles, voisins et animaux bien-aimés. (Je me dois de faire une mention honorable à mon hamster, Sunshine, qui nous a quittés suite apparemment à une crise cardiaque. Je l'ai tenu dans la paume de ma main tandis que je tentais, du bout de mon auriculaire, de réanimer et de sauver mon petit ami à fourrure. À cette époque déjà, je savais qu'il devait quitter le « véhicule » qu'il avait loué pour continuer à faire tourner sa roue dans le ciel.) J'ai commencé à accepter l'idée que, lorsque le moment était venu pour une personne de partir, il devait en être ainsi. Ceux qui me quittaient me manquaient terriblement, mais les peurs que j'entretenais auparavant sur la mort s'étaient considérablement atténuées.

Aujourd'hui, je consacre beaucoup de mon temps à expliquer aux gens le processus de la mort. Au cours des ans, j'ai créé un centre de soins palliatifs spirituel unique qui accompagne des milliers de familles dans ce processus et les guide à travers cette magnifique transition. Avoir la responsabilité d'être porteuse de lumière pour les familles qui se sentent seules dans le noir me procure un grand sentiment d'humilité.

J'ai aidé une de ces familles au Children's Hospital de Boston, lorsque leur petite fille, qui venait de naître, a dû être débranchée de l'appareil de maintien des fonctions vitales. Olivia était née avec une déficience cardiaque congénitale et avait été immédiatement inscrite sur la liste d'attente pour recevoir une transplantation. Deux semaines après sa naissance, je lui ai rendu visite dans l'unité néonatale de soins intensifs (UNSI). Autour de moi, des machines émettaient des « bip », des ventilateurs sifflaient et des tubes faisaient des bruits de succion. Tous ces sons m'ont ramenée à l'époque où j'étais celle qui se trouvait dans le berceau, luttant contre mon empoisonnement au plomb.

Les minuscules doigts d'Olivia étaient enroulés autour de l'auriculaire de Julie, sa mère. Pete, le père, était penché sur le berceau et caressait son visage. Des larmes coulaient sur les joues de Pete et tombaient sur la couverture avec un lapin rose installée sous Olivia.

— Olivia me parle, ai-je lancé avec douceur aux parents.

(Même si j'avais l'habitude de communiquer avec les morts, le faire avec les vivants — à un niveau conscient — était encore nouveau pour moi. J'avais eu l'occasion par le passé d'aider des parents à communiquer avec leur garçon de six ans qui ne parlait pas. Au cours d'une visite, celui-ci m'avait raconté (par télépathie) qu'il avait fait du cheval à Freetown, une petite ville rurale du Massachusetts. Les parents étaient abasourdis lorsque je leur avais transmis cette information, car Dylan avait en effet pris son premier cours d'équitation l'après-midi même à Freetown.)

Maintenant, c'était Olivia qui faisait appel à moi.

— Que dit-elle ? m'a calmement demandé Julie.

— Elle dit que vous chantiez « Somewhere Over the Rainbow » hier soir lorsque vous êtes rentrée chez vous.

Julie était sous le choc, et ses yeux se sont remplis de larmes.

— C'est vrai, m'a-t-elle répondu. J'ai bercé mon fils de trois ans, Cameron, en lui chantant cette chanson. Je lui ai expliqué que sa sœur partait pour le paradis le lendemain et que nous devions prier pour elle.

— Vous pouvez dire à Olivia que nous l'aimons et qu'elle va nous manquer ? m'a demandé Pete.

— Pete, vous pouvez lui dire vous-même. Elle vous entend. Elle sent votre amour. Vous n'avez pas besoin que je traduise.

À cet instant, un médecin a tiré le rideau et rentré sa tête.

— Nous allons débrancher Olivia dans l'heure qui vient.

L'état d'Olivia s'était rapidement détérioré, et il y avait beaucoup d'autres bébés qui attendaient une transplantation cardiaque. Elle a simplement manqué de temps.

Julie et Pete ont embrassé Olivia sur la tête, le visage, les mains et les pieds. Puis, chacun leur tour, ils ont embrassé sa magnifique bouche en forme de cœur.

Ensuite, nous avons formé un cercle en nous tenant la main. Julie m'a chuchoté que Pete ne croyait pas à la vie après la mort et qu'il n'était pas sûr de croire en Dieu. Alors, en secret, j'ai demandé à Olivia de m'aider à trouver les mots pour soulager la peine de sa famille dans ce processus de transition. Lorsque j'ai commencé à parler, j'avais la sensation que quelqu'un d'autre s'exprimait à travers moi.

— Olivia va bientôt laisser derrière elle son cœur et son corps fragiles. Même si je ne peux pas expliquer totalement pourquoi son séjour physique sur terre a été si court, je peux vous assurer qu'elle sera toujours reliée à vous deux.

J'ai continué ainsi :

— Notre âme arrive dans ce monde avec un contrat à remplir et c'est lui qui détermine combien de temps nous resterons ici ainsi que ce que nous devons y accomplir. Nous apprenons des leçons les uns des autres, et nous avons souvent besoin de temps pour assimiler leur signification. Avec le temps, les leçons et les dons que vous a transmis Olivia prendront tout leur sens dans vos esprits. Mais sa présence se fera sentir de façons évidentes. Elle a déjà touché de nombreuses vies et continuera de le faire.

Ensuite, j'ai pris Pete à part pour lui expliquer que ses grands-parents décédés étaient dans la pièce, de même que le père de Julie. Celui-ci m'avait demandé de dire à Pete que les Canadiens étaient là pour accueillir Olivia de l'autre côté.

— J'entends deux prénoms étranges qui commencent par un E… comme Esméralda et Eugénia, ai-je ajouté.

— Oh mon Dieu, ma grand-mère s'appelait Esdelle et mon grand-père Eugène ! s'est exclamé Pete.

— Il y a également un labrador beige à vos pieds, Pete, lui ai-je dit en riant.

— Jeeter ! a-t-il crié en regardant autour de ses jambes. C'est notre labrador qui a été frappé par une voiture il y a quelques mois.

L'équipe de cardiologues est ensuite entrée dans la pièce. Ils ont regardé Julie, qui a acquiescé. Il leur a fallu quelques minutes pour retirer les nombreux tubes attachés au corps minuscule d'Olivia. Puis un médecin a tendu Olivia à Julie, et celle-ci s'est assise dans le fauteuil à bascule.

— J'ai promis à Olivia que je l'allaiterais avant qu'elle parte au paradis. Je veux qu'elle prenne une partie de moi avec elle, a expliqué Julie, le visage rempli de larmes.

Puis elle a imprégné un petit tampon de lait maternel et l'a délicatement déposé dans la bouche et autour des lèvres d'Olivia.

J'ai rapidement quitté la pièce pour attendre derrière le rideau. De l'autre côté, j'entendais Julie chanter « Somewhere Over the Rainbow » entre ses larmes.

Quant à Pete, il répétait :

– C'est bien ma petite fille. Tu es la petite fille de papa.

Pete et Julie ont tenu Olivia dans leurs bras jusqu'au dernier moment. Ensuite, Julie m'a dit combien elle avait aimé la tenir contre elle, sans tubes ni bruits de machines.

Il s'est écoulé environ 15 minutes avant qu'Olivia ne pousse son dernier souffle. Julie m'a confié que l'atmosphère était très paisible et qu'Olivia avait un air angélique. Quelque chose a attiré leur attention de l'autre côté de la fenêtre. Avec surprise, ils ont découvert qu'un arc-en-ciel surgissait des nuages.

Au moment où j'allais quitter l'UNSI, Julie s'est précipitée vers moi pour me prendre dans ses bras, puis elle m'a chuchoté à l'oreille :

– Ce que vous avez dit à Pete à propos de ses grands-parents et de mon père l'a convaincu qu'il existe vraiment un Dieu. Merci.

Je me suis demandé à maintes reprises pourquoi j'avais été choisie pour transmettre les messages de l'escouade divine. J'ai souvent l'impression d'être une des Drôles de dames et d'attendre qu'une voix d'homme s'exprime sur la ligne extérieure. Il m'arrive, lorsque je roule vers la résidence d'une personne mourante, de me sentir paralysée juste avant de sortir de ma voiture, et de prier pour être guidée. Parfois, mes pensées vagabondent et mes propres peurs prennent le dessus. Je pense souvent en moi-même : *Mais que vais-je bien pouvoir leur dire ? Comment regarder une mère dans les yeux et lui demander de ne pas avoir peur, que ses enfants s'en sortiront, tandis que ses trois enfants me crient : « Est-ce que maman va guérir ? Elle va aller mieux ? »*

Et il y a toutes les questions et toutes les peurs que les gens partagent avec moi lorsqu'ils sont sur le point de partir. *Que se passe-t-il quand nous mourons ? Où allons-nous ? Que faisons-nous ? Est-ce l'obscurité totale ? J'ai peur parce que je ne verrai plus mes enfants. Je ne veux pas les abandonner. J'ai peur de l'inconnu.*

Je trouverai la réponse précise à certaines de ces questions lorsque mon heure sera venue. Mais, pour l'instant, je me fie à ce que les esprits me transmettent et à ce dont j'ai été témoin en présence de ceux qui quittaient leur corps.

Qu'advient-il donc de l'âme au moment du départ physique ? Je crois que, dans la plupart des cas, l'âme quitte le corps au moment de la mort. Mais en travaillant avec des personnes dans le coma, j'ai remarqué que la situation était légèrement différente. En effet, il me semble qu'une partie de leur âme continue son voyage tandis que l'autre lutte pour rester sur terre — n'étant pas tout à fait prête à partir.

Ma sœur aînée, Marygrace, qui est restée dans le coma pendant près d'un an après avoir été fauchée par une voiture en 1980, m'a aidée à comprendre ce qui s'était produit pour elle pendant tout ce temps. Elle m'a confié avoir vu une lumière blanche éblouissante et s'être sentie attirée par celle-ci (à l'image de la plupart des récits de mort imminente.) Au-delà de la lumière, elle apercevait les esprits de certains membres de notre famille. Parler à Jésus et à Marie fut pour elle la source de son plus grand bonheur de l'autre côté. Elle m'a dit qu'elle nous entendait lui parler dans sa chambre d'hôpital et qu'elle essayait de nous répondre. Son expérience m'a fait penser aux rêves dans lesquels on essaie de crier sans qu'aucun son ne parvienne à sortir de notre bouche, et où toute notre volonté est nécessaire pour parvenir à nous réveiller.

Jésus avait informé Marygrace que ce n'était pas encore son heure et qu'elle devait retourner sur terre. Elle m'a confié qu'elle avait aimé l'Au-delà au point d'être partagée quant à l'idée de revenir.

— Je ressentais beaucoup d'amour là-bas. Tout le monde semblait tellement heureux. Cela ressemblait beaucoup à la terre, avec des arbres, des fleurs et des maisons. Je n'avais pas peur et je me sentais à nouveau chez moi, s'était-elle souvenue.

Quand ma sœur est sortie du coma à la fin de l'été 1981, j'ai remarqué des choses étonnantes chez elle. Elle connaissait les paroles de chansons qui passaient à la radio. D'accord, au premier abord, ce n'est pas très impressionnant, mais il se trouve que les chansons en question étaient sorties *après* qu'elle eut sombré dans le coma. Apparemment, une partie d'elle-même était présente dans son lit d'hôpital, même si elle semblait être profondément endormie.

En outre, Marygrace nous a révélé, à notre grande surprise, qu'elle savait que sa chienne adorée, Heidi, était morte quelques mois avant son réveil. Lorsque nous lui avons demandé comment elle le savait, elle nous a répondu : « Je vous ai entendus en parler. »

Vous vous demandez peut-être en quoi les pensées et les sentiments des membres de la famille influencent les personnes en fin de vie. Nous ne pouvons nous empêcher de vouloir faire tout ce qui est en notre pouvoir pour aider un proche qui souffre. J'ai remarqué que la plupart des familles se sentaient impuissantes et ne savaient pas comment gérer la situation. Il est important d'essayer de vous débarrasser de votre peur et de rester positif même lorsque la situation est grave. L'énergie est un outil puissant, et les pensées et sentiments que nous dégageons – positifs et négatifs – vont ensuite entourer nos êtres chers.

Souvent, lorsqu'une personne est sur le point de mourir, elle s'accroche à la vie jusqu'à ce que tout le monde ait eu le temps de lui faire ses adieux. Dans d'autres cas, comme me l'ont révélé certains esprits, la personne mourante est incapable de passer dans l'Au-delà tant qu'il y a du monde autour d'elle – dire au revoir étant trop difficile, et les émotions des autres étant trop accablantes pour leur permettre une transition paisible. Dans de telles situations, la personne attend que tout le monde soit parti pour passer de l'autre côté dans le calme et l'intimité.

Ayant été présente au cours de nombreuses transitions, voici ce que j'ai pu remarquer : peu de temps avant que le corps se retire, j'ai vu les mourants être envahis d'un dernier souffle de vent. Étrangement, ils semblent soudainement alertes, comme s'ils revenaient une dernière fois pour partager des souvenirs, des rires, des derniers souhaits et, parfois, un bon repas.

De l'autre côté, leurs proches les attendent et m'assaillent parfois de messages destinés à l'être cher sur le point de les rejoindre. L'amour inconditionnel irradié des deux côtés remplit la pièce d'électricité. La respiration de la personne mourante ralentit et devient plus superficielle, comme celle d'un nouveau-né. Lorsque je pose mes mains sur le corps physique, je ressens des fourmillements dans les bras et j'ai moi aussi le souffle court, assaillie par l'énergie qui déferle en moi. Je pense que cette vague d'énergie est une façon qu'a le corps de se préparer à se séparer de son esprit.

Je pleure souvent de joie lorsque je sens l'âme effectuer sa transition… de la même façon que l'eau peut passer de l'état liquide à l'état solide, puis se dissoudre et se recycler en liquide… l'âme est pure et illimitée… elle est éternelle.

Lorsqu'un de mes clients est sur le point de passer dans l'Au-delà, les membres de sa famille proche qui l'attendent de l'autre côté sont également présents dans la pièce. Habituellement, ils commencent à se présenter à moi une semaine ou deux avant le décès. Quelques jours avant la transition, ils sont présents jour et nuit. Je les entends avec clarté, et, la plupart du temps, ils se tiennent près du mourant, une main posée sur son épaule. Je transmets alors leurs messages profonds d'espoir et de paix aux membres de la famille rassemblés dans la pièce, leur permettant ainsi de vivre une réunion de famille tout à fait unique en son genre.

Être témoin d'instants aussi intimes me remplit d'humilité, et ce sont des moments extraordinaires et riches en émotions. Je suis constamment en admiration face à la force des hommes, des femmes et des enfants qui s'engagent sur le chemin de la transition en laissant derrière eux l'enveloppe de ce qu'ils étaient et en accueillant la beauté de leur véritable être spirituel — l'essence de ce qu'ils sont. Je me souviens plus particulièrement d'une magnifique transition à laquelle j'ai assistée…

Mary, une femme dans la fin de la soixantaine, était sur le point de nous quitter. Ses trois filles s'étaient réunies autour d'elle, et je massais ses pieds pour l'aider à se détendre.

À un moment, je lui ai chuchoté à l'oreille :

— Votre mari est ici, Mary. Il vous tient la main en souriant, et il me dit qu'il est impatient de danser à nouveau avec vous.

Les yeux fermés, elle m'a souri.

Puis j'ai regardé sa fille Erin.

— Qui est William ? lui ai-je demandé.

— Oh, c'est le nom de mon père ! s'est-elle exclamée, ravie.

— J'entends également une femme qui dit d'une voix forte : « *Dites-lui que Margaret est là aussi.* »

Katie, la deuxième fille de Mary, s'est mise à rire.

— Sa mère s'appelle Margaret !

Puis j'ai continué à parler à Mary.

— Tout le monde vous attend. Votre frère est là, sa femme et votre amie Betty. Je vois également un berger allemand faire les cent pas.

Les trois filles ont crié en même temps : « Buddy ! »

Mary a tiré sur ma main, et je me suis penchée pour l'entendre.

— Est-ce que mes filles vont s'en sortir ? J'aurais aimé assister au mariage d'Erin le mois prochain.

— Vos filles vont très bien s'en sortir. Vous serez au mariage, et Erin sentira votre présence. Vous les guiderez et les soutiendrez de façon différente, désormais. Ce lien magnifique qui vous unit à vos filles perdurera pour l'éternité.

Ce qui s'est passé ensuite restera gravé dans ma mémoire, avec les souvenirs que je chéris le plus au monde. Erin a sauté dans le lit et s'est mise à caresser les cheveux de sa mère ; sa sœur Cristina s'est installée de l'autre côté du lit. Katie, quant à elle, s'est installée dans le fauteuil près de la fenêtre. Subitement, Mary s'est dressée dans son lit, les bras tendus en avant. Son regard a retrouvé son éclat tandis que son visage s'est illuminé. Un parfum de roses fraîches a envahi la pièce. Elle a regardé au loin en poussant un soupir de soulagement. En reposant la tête sur son oreiller, elle a fermé les yeux en murmurant : « Bill, tu es vraiment là. »

Sa respiration s'est arrêtée, et le temps s'est suspendu pendant un instant. Nous nous sommes toutes enlacées, tandis que des larmes de joie coulaient doucement sur nos joues, célébrant le départ de Mary qui avait enfin quitté son enveloppe fragile et laissé derrière elle toute sa douleur.

« Où vont-ils après la mort ? Est-ce qu'ils restent un peu avec nous ? » Beaucoup de gens me posent ce type de questions. Nous aimerions tous avoir les réponses. Dans le cadre de mes séances, les esprits me confient souvent qu'ils étaient présents lors de leurs funérailles, et ils me donnent des détails précis de ce qui a été déposé dans leur cercueil, de visiteurs inopinés qu'ils n'ont jamais appréciés, de leur éloge funèbre, de la personne qui l'a prononcée, et ils me transmettent de nombreux éléments précis qui me prouvent combien ils ont apprécié leur cérémonie. J'ai récemment été en contact avec l'esprit d'une femme qui avait dit à sa fille à quel point l'entrepreneur de pompes funèbres avait raté sa coiffure. Elle avait ri en lui confiant qu'elle avait discrètement essayé de l'arranger quand personne n'était là.

Ceux qui quittent de façon subite ou accidentelle (plus particulièrement les adolescents et les jeunes adultes) ont parfois besoin d'une période d'ajustement. Certains médiums prétendent que les esprits sont alors « coincés » entre deux mondes. Mon point de vue est légèrement différent. Selon moi, la période de transition peut être plus longue lorsque le décès est soudain. Cela dit, le corps spirituel est guidé et apaisé par ses proches décédés avant lui. Les pensées et les sentiments de ceux qui restent, par exemple les parents d'un jeune enfant, sont déterminants pour aider l'enfant à s'approprier son nouveau corps spirituel.

Les parents que je rencontre et qui ont perdu un enfant me disent souvent avoir peur de retenir leur enfant dans le monde physique et de l'empêcher de partir en paix en raison de leur peine et de leur souffrance. En outre, ils redoutent de perdre leur lien avec leur enfant s'ils lâchent prise. Je les assure que le lien d'amour spirituel qui les unit ne peut pas être rompu par une séparation physique temporaire. Et s'ils ne disposent pas d'un *minimum* de temps pour se préparer, comme peuvent le faire les malades en phase terminale, il arrive que ces esprits restent un peu sur terre, le temps de saisir pleinement leur situation et de s'y adapter.

En acceptant que nos proches nous quittent physiquement, nous contribuons à accélérer leur processus de transformation du corps physique au « corps de lumière », ou corps spirituel. De cette façon, l'esprit aura plus de facilité à communiquer rapidement avec ceux qu'il a laissés derrière lui, en leur envoyant des signes et en leur rendant visite dans leurs rêves.

« Que font nos proches décédés dans l'Au-delà ? Est-ce qu'ils travaillent ? Est-ce qu'ils savent ce qui nous arrive sur terre ? » Voici d'autres questions qui me sont souvent posées.

Dès qu'un être passe à l'état d'esprit, il procède à un examen de sa vie. Des esprits m'ont expliqué qu'il s'agissait du Livre de la vie. Celui-ci nous révèle tout le bien que nous avons fait dans cette vie ainsi que les domaines dans lesquels nous aurions pu faire mieux. Il énumère les défis que nous avons accepté de relever et de quelle façon nous nous en sommes sortis. La suite est différente pour chaque esprit, mais une mission dans l'Au-delà leur est ensuite confiée. Mon interprétation de cette dernière information est que nous devons accomplir une tâche, et que celle-ci consiste habituellement à aider les autres. De nombreux esprits de jeunes me confient souvent qu'ils travaillent avec des enfants dans l'Au-delà, à titre de conseillers, d'enseignants et de guides, tout en continuant à aider leurs proches restés sur le plan terrestre.

Nos proches devenus esprits sont particulièrement présents dans le monde physique dans les périodes difficiles où nous avons besoin d'être guidés, d'être soutenus, et de recevoir leur amour et leur force. Lorsqu'une personne est malade sur terre, les prières et les pensées que nous envoyons à nos proches décédés leur parviennent immédiatement. Ils ne peuvent pas toujours « régler le problème » ou guérir la maladie, mais ils peuvent nous montrer qu'ils sont présents et conscients de la situation. Ils reviennent également pour des événements particuliers comme des anniversaires, des fêtes spéciales, des mariages, des remises de diplôme, etc.

J'ai remarqué que, peu de temps après le décès d'une personne, des signes surgissaient un peu partout pour témoigner de sa présence. Il nous arrive parfois de ne pas percevoir les plus subtils, car nous avons tendance à nous attacher aux signes plus évidents ou à ceux que nous nous attendons à recevoir. Or, c'est lorsque vous ne cherchez plus que vous recevez ce que votre cœur désire. Vous est-il déjà arrivé que votre esprit vagabonde tandis que vous conduisez votre voiture et qu'une chanson diffusée à la radio attire subitement votre attention ? Que ses paroles vous parlent comme si elles parvenaient directement de l'être qui vous manque ?

Si vous apprenez à calmer votre esprit et à faire taire votre monologue intérieur et vos inquiétudes, vous serez plus réceptifs aux signes que tentent de vous faire parvenir vos êtres chers.

Dans l'Au-delà, la notion de temps telle que nous la connaissons ici n'existe pas, et tous ceux qui partent avant nous le savent. Ils sont heureux de savoir que nous les retrouverons lorsque le moment sera venu, conformément au contrat qui lie notre âme à la terre.

Une des questions qui m'interpelle le plus et qui m'est souvent posée est la suivante : « Est-ce que nous nous réincarnons ? »

J'ai été élevée dans une famille catholique stricte selon laquelle la réincarnation n'existe pas. Ceci étant dit, j'ai été fascinée par cette question dès mon enfance, ce qui m'a incitée à lire plusieurs ouvrages sur le sujet.

Le grand débat qui entoure le sujet de la réincarnation présente de nombreuses facettes. Si nous revenons de façon répétée, ce dont je suis convaincue, combien de temps s'écoule-t-il entre nos réincarnations ? Est-ce nous qui choisissons ? Quel est l'intérêt de revenir ? Notre âme a-t-elle encore des leçons à apprendre pour poursuivre son évolution ? Qu'entend-on par « âme évoluée » ?

La physique quantique nous enseigne que nous sommes tous constitués d'énergie et de vibrations. Les scientifiques acceptent enfin ce que les mystiques et les avatars enseignent depuis des milliers d'années : l'énergie ne peut pas mourir. À mes yeux, cela explique, de façon scientifique, que nous existions toujours après avoir quitté notre enveloppe physique.

En choisissant de réintégrer le monde physique (je pense qu'il s'agit d'un choix individuel, même si je suis convaincue que, personnellement, j'y ai été poussée), nous revenons travailler sur les défis que nous avons accepté de relever pour faire évoluer notre âme. Pour chaque vie physique, nous disposons d'une série d'objectifs visant à atteindre notre état vibratoire le plus élevé (certains l'appellent l'« illumination »). Les défis et les leçons de base consistent à aimer inconditionnellement, à nous débarrasser d'une colère, d'une culpabilité et d'une haine indésirables, à ne pas porter de jugement, à agir avec bienveillance à l'égard des autres, à contribuer et partager, à être honnêtes et à surmonter nos peurs.

Mon propre fils illustre parfaitement l'idée de la réincarnation. Alors qu'il avait trois ans, mon fils Tyler dessinait sur la table, et j'ai remarqué qu'il s'agissait de symboles chinois.

— Tyler, qu'est-ce que tu dessines ? lui ai-je demandé.

— Mes affaires chinoises, m'a-t-il répondu avec confiance. Je vivais dans un immeuble sans fenêtres avec beaucoup d'autres enfants. Mes parents étaient morts, et je me suis retrouvé à cet endroit, sans jouets.

J'ai pensé qu'il s'agissait d'un orphelinat. Puis Tyler s'est mis à parler dans une langue qui ressemblait au chinois ! J'ai montré ses dessins à une amie qui avait grandi en Chine, et elle m'a confirmé qu'il s'agissait bien de symboles chinois signifiant « garçon », « avion » et « chien ».

Grâce à mon travail et à tous les messages d'amour que j'ai eu l'occasion de recevoir de l'Au-delà, je n'ai plus peur de la mort. Ne vous méprenez pas. Je n'ai aucune envie qu'un de mes proches nous quitte, mais je suis convaincue que nous serons tous réunis à nouveau. Pour ceux qui nous attendent dans l'Au-delà, ce processus se fera en l'espace d'un clin d'œil. Ceux qui sont partis nous manquent, mais la réciproque n'est pas vraie dans la mesure où ils savent, au-delà de notre compréhension, que tout ira bien et que nous serons tous réunis un jour.

Notre vision de la mort influence notre façon de vivre. Avez-vous déjà pris le temps d'examiner sérieusement vos croyances sur la mort pour vérifier si elles sont toujours valables ? Si la mort nous effraie, cette peur influencera chaque aspect de notre existence, nous poussant à nous accrocher à ce que nous connaissons et à redouter les pertes éventuelles. Redouter la mort nous empêche de profiter pleinement de la vie et de ressentir véritablement ce que sont la joie et la liberté.

Nous passerons tous à l'état d'esprit un jour ; alors quelle est la partie qui « meurt » vraiment ? Ce n'est pas notre esprit puisqu'il est éternel, mais simplement notre corps, le véhicule qui a abrité notre esprit. On pourrait dire que la mort n'est que le retour vers une forme purement non physique. À l'image de la chenille qui se transforme en un papillon unique et magnifique, nos proches quittent leur enveloppe corporelle pour revenir entièrement à leur essence spirituelle.

Prenez le temps de vous imaginer ce que peut ressentir un esprit. Ressentez les vibrations dégagées par des sentiments d'amour pur, de joie et d'éternité. Imprégnez-vous-en. Votre propre esprit est connecté à cette source. La pratique quotidienne de cet exercice pourrait vous procurer une plus grande sérénité et vous permettre de ressentir la présence d'un être cher devenu esprit. Profitez de cet instant… respirez… ayez confiance. Tout est pour le mieux.

9

Mission for the Missing

J'ai ressorti mes vieilles bottes datant de la période où je travaillais à la ferme, dans le cadre de mon école d'agriculture. Aujourd'hui, je travaille sur mon premier cas de disparition. Au fil des ans, j'ai toujours évité d'approfondir les domaines des disparitions et des meurtres, redoutant de mettre ma famille en danger. Néanmoins, la conviction que mes dons pouvaient me permettre d'aider de nombreuses familles à aller de l'avant m'a permis de mettre mes peurs de côté.

Ce jour-là, tandis que nous traversions la frontière entre le Massachusetts et le Vermont, les paumes de mes mains sont devenues moites, mon rythme cardiaque s'est accéléré, et mes jambes se sont mises à trembler. Mon corps a réagi à la puissante vague d'énergie qui le traversait. Dans un état proche du rêve, j'ai senti que je devais choisir entre la lutte ou la fuite, et mon corps rétif tentait de faire les deux à la fois.

J'ai jeté un œil vers le détective privé, Alan, qui était au volant, espérant qu'il ait perçu mon état de panique. D'autres enquêteurs m'avaient dit qu'il était également formé en soins médicaux d'urgence. Ainsi, il saurait comment agir si je m'évanouissais. Alan, un homme au début de la cinquantaine, grand, et doté d'une grande compassion, serrait le volant tout en fixant la route devant lui. Son associé, Rod, assis sur le siège arrière, s'est penché vers moi pour me montrer une petite caméra vidéo.

— Elle dit que nous sommes à 30 minutes de l'endroit où elle a disparu, ai-je informé les deux hommes.

Alors que nous roulions sur les routes sinueuses et dans les lieux reculés de cette région montagneuse, les pensées se bousculaient dans mon esprit concernant Laura, une étudiante universitaire qui avait été victime d'un enlèvement et d'un meurtre.

Puis j'ai entendu un bourdonnement aigu dans ma tête et j'ai immédiatement su que Laura voulait nous dire quelque chose. Ma vision était entravée par une succession de flashes d'obscurité, de routes verglacées et de phares de voitures, et mon esprit a subitement ressenti le choc. J'ai vu une voiture de couleur foncée et de taille moyenne percuter un arbre dans un virage. La tête d'une jeune femme a heurté le volant, et j'ai ressenti dans la mienne sa douleur et me suis sentie désorientée.

Alors que nous nous rapprochions du lieu de la disparition, j'ai senti des fourmillements dans les pieds et les jambes.

— Elle me dit que nous sommes à cinq minutes de l'endroit, ai-je informé les deux hommes à mes côtés.

J'étais pétrifiée. *Qu'est-ce qui m'est passé par la tête ? Je n'ai jamais travaillé sur un cas de disparition. Je me prends pour qui ? Allison DuBois dans* Medium ? Puis j'ai perdu toute sensation dans ma jambe gauche tandis que nous amorcions un virage dangereux. Subitement, des remontées d'acide gastrique m'ont brûlé la gorge.

— Arrêtez-vous, je vais vomir !

Alan s'est arrêté tellement vite sur le bord de la route que ses freins se sont bloqués. Je me suis précipitée à l'extérieur, derrière un arbre, où j'ai vomi avec violence.

— Je dois vous informer d'une chose, m'a dit Alan. L'arbre à côté duquel vous vous trouvez est celui qu'a percuté Laura le soir de sa disparition.

Je sentais qu'une énergie couvait à cet endroit précis. Les feuilles des arbres étaient complètement immobiles ; pourtant, des rafales de vent balayaient mon visage et soulevaient mes cheveux. Des frissons ont parcouru mon corps. Subitement, j'ai ressenti le besoin de continuer à marcher le long de la route. À chacun de mes pas, ma respiration ralentissait et résonnait dans mon esprit. Mes yeux me semblaient recouverts d'une sorte de pellicule qui brouillait ma vision. Je ne voyais plus les arbres, et j'avais la sensation d'évoluer au ralenti, comme si j'étais en transe. Mon corps ne m'appartenait plus. J'ai vu un tunnel devant moi. Avant que mon cerveau n'ait le temps d'examiner ce qui l'entourait, mes pieds se sont mis à avancer avec rapidité. Tout en courant, je jetais des coups d'œil affolés derrière moi, tandis que la peur envahissait mon corps et envoyait des ondes de choc le long de ma colonne vertébrale. Lorsque j'ai atteint le bout du tunnel, mon corps tremblait sans que je puisse m'en empêcher. Tel un chien flairant une piste, je suis arrivée au bout du chemin. Attirée par une maison qui se trouvait sur une colline, je me suis retrouvée près de la propriété, le regard rivé sur le porche.

J'avais la sensation que Laura essayait de me transmettre une information sur cette maison. Subitement, la porte d'entrée s'est ouverte. Un homme grand et mince, dans la fin quarantaine, en est sorti. Nos regards se sont rencontrés, et les poils de ma nuque se sont hérissés. Cet homme pouvait-il être responsable de la mort de Laura ? Le lien qui me reliait à Laura s'estompait.

Du coin de l'œil, j'ai aperçu le véhicule d'Alan tandis que je repartais à reculons pour le rejoindre. Alan a sorti le bras pour me tirer dans la voiture avant de repartir à toute vitesse.

— Maureen, je suis désolé de vous avoir laissée seule, mais nous voulions voir ce que vous alliez capter. Cet homme est notre principal suspect. Tous les voisins ont peur de lui, et son ex-femme a fait allusion à la possibilité qu'il ait tué une ancienne petite amie il y a de nombreuses années.

— Laura n'arrêtait pas de me montrer une petite maison blanche. Elle ressemblait presque à une grande roulotte. Je pense qu'elle essayait de me dire que le suspect vivait dans ce taudis.

J'ai ouvert ma vitre pour respirer l'air pur de la montagne. Mon énergie diminuait, et je me sentais étourdie.

— Maureen, vous êtes très pâle, m'a lancé Rod.

— Vous allez pouvoir continuer ? m'a questionnée Alan.

— Nous pourrions peut-être manger un sandwich en vitesse.

Je savais que je pourrais ainsi recharger mes batteries.

Nous avons fait une halte dans une petite cabane en bois rond, qui était le seul endroit de la ville où l'on pouvait trouver des sandwichs – et qui abritait également les seuls stations d'essence et services de coiffeur, de pompiers bénévoles, de quincaillerie et d'épicerie de la ville. Cet endroit ressemblait étrangement au magasin des Oleson, dans *La petite maison dans la prairie*.

Après le repas, j'ai informé Rod et Alan que Laura voulait que je retourne vers la grange rouge située précisément à l'intersection de la sixième rue à partir de l'endroit où nous nous trouvions.

– Tournez à droite sur ce chemin de terre. Elle dit de s'arrêter à mi-chemin de la colline. Arrêtez-vous ici.

J'ai sauté de la voiture pour grimper sur une petite montagne de terre qui se trouvait dans les bois. Mes bottes s'enfonçaient dans la terre douce et argileuse. À ma droite, je voyais la grange rouge, et Laura m'indiquait un endroit situé à environ 150 mètres après celle-ci.

– Avez-vous fouillé cette zone derrière la grange ?

– Non, nous avons fouillé autour de la maison du suspect et près des terrains de tennis en haut de la colline. Mais nous pouvons faire venir une équipe de chiens de recherche pour le week-end du 4 juillet.

Récit du détective privé Alan Tate concernant la recherche du week-end du 4 juillet :

Comment se fait-il que je sois anxieux ? Je travaille sur cette enquête depuis environ un an et demi. Les chiens de recherche sont au travail depuis des jours. Comment se fait-il que la perspective de ce que nous pourrions trouver me rende nerveux maintenant ?

Étant enquêteur depuis plus de 25 ans, je suis du type noir ou blanc. Je crois aux faits et à la vérité — trouver les faits et la vérité pour que le dossier puisse être refermé, si possible avec une fin positive.

Dans ce cas précis, la situation est différente. Ni mes collègues ni moi n'avions jamais travaillé avec une médium. Lorsque j'ai rencontré Maureen lors d'un repas et vu l'influence qu'elle avait sur un ancien policier, un ancien membre de la force spéciale de la marine de guerre des États-Unis et un agent du FBI, je me suis posé des questions.

En effet, elle parlait de faits que seules la victime et sa famille proche pouvaient connaître. L'ancien membre de la marine transpirait dans sa chemise, et l'agent du FBI était en pleurs. De quoi s'agissait-il et comment pouvions-nous l'utiliser pour retrouver ces enfants ?

Je n'oublierai jamais mon excursion dans le Vermont avec Maureen. Elle a su décrire la victime avec une grande précision et a même ajouté de nouveaux éléments à l'enquête. Elle nous a indiqué une zone située à environ trois longueurs de terrains de football, dans les bois, près de la maison du suspect.

Trois semaines plus tard, nous sommes revenus sur les lieux avec une équipe canine, du personnel de soutien et des enquêteurs. Nous étions en juillet, et il faisait beau et chaud. Une fois arrivés dans la zone de rassemblement, nous avons procédé à notre briefing matinal. Après avoir présenté le périmètre d'action, notre objectif était, comme toujours, de déterminer s'il y avait la présence ou non d'une odeur de restes humains.

Nous avons procédé à un découpage du périmètre et délimité les différents segments, puis les équipes se sont dispersées dans les bois. À la fin de la matinée, elles sont revenues bredouilles.

Chaque segment est fouillé deux fois. Un chien le passe en revue, puis, après avoir attendu un certain délai, un autre chien passe après lui. Ils disposent même d'un jour de congé, car nous devons nous assurer que chaque segment est fouillé avec la plus grande efficacité possible.

Nous nous assurons que les chiens, les maîtres-chiens, les vidéographes et le personnel de soutien puissent se reposer suffisamment. Chaque équipe est suivie par un caméraman qui enregistre ses recherches.

Ce jour-là, notre pause-repas fut très courte — des sandwiches, beaucoup d'eau, des boissons énergétiques et quelques barres protéinées pris en vitesse avant de repartir dans les bois.

Environ une heure après la reprise des recherches en après-midi, une des équipes canines a informé qu'un chien avait décelé une odeur de restes humains.

Permettez-moi de vous parler brièvement de ces équipes. Les chiens sont formés pendant des années et n'arrêtent jamais de s'entraîner. Ces équipes se déplacent dans tout le pays, et nous faisons donc appel aux dresseurs les plus expérimentés, ainsi qu'à des entraîneurs locaux, par l'intermédiaire de groupes bénévoles, souvent en collaboration avec des policiers ou des soldats qui occupent déjà la fonction d'entraîneurs canins pour leur unité.

Le CV de chaque équipe contient la liste de tous les cours d'entraînement, exercices et recherches auxquels elle a participé. Les chiens sont entraînés pour flairer les odeurs de restes humains, et certains ont suivi un entraînement supplémentaire pour effectuer ces recherches dans l'eau. Ils sont différents de ceux qui sont formés pour flairer une personne à partir d'un vêtement — les chiens pisteurs — et de ceux qui peuvent flairer un humain en vie — les chiens renifleurs.

Conformément à notre protocole, nous avons retiré du terrain l'équipe qui avait décelé une odeur pour la remplacer par une autre, à des fins de vérification. Aucun marquage visuel n'est laissé au sol, mais le maître-chien sait où il va.

Lorsque la deuxième équipe est entrée dans les bois, il lui a fallu quelques minutes pour arriver sur la zone en question, et les autres équipes étaient toutes sorties des bois, attendant sur la route et prêtes en cas de besoin.

Puis nous avons entendu dans le récepteur radio : «Nous avons une indication positive.» La deuxième équipe est sortie des bois, et j'ai exposé aux autres la suite des événements. L'équipe du Connecticut, que nous avons sollicitée dans de nombreux cas de recherche, dispose d'un chien qui travaille sur les cas médicolégaux.

Il s'agit d'une femelle qui a déjà repéré des ossements vieux de 750 ans lors d'une fouille archéologique en Louisiane. On croit que ceux-ci appartiendraient à des personnes qui auraient voyagé en bateau d'Amérique du Sud vers le sud des États-Unis.

Cette chienne se trouve également sur la liste des numéros d'appel du National Center for Missing and Exploited Children, et elle a mené à bien de nombreuses recherches dans sa région. Elle est d'origine portugaise et a été formée pour les recherches dans l'eau. Son mode de travail est légèrement différent de celui des autres chiens.

Il a donc été décidé qu'elle examinerait les lieux, accompagnée de son maître-chien. De mon côté, je les suivais en gardant avec eux une distance de cinq mètres environ. Soudain, le langage corporel de la chienne nous a révélé qu'elle avait flairé une piste, au même endroit que les deux chiens précédents. Mais elle ne s'est pas arrêtée là. En effet, elle a élargi la zone de recherche en effectuant des cercles de plus en plus grands pour vérifier si elle flairait autre chose. Puis elle est revenue au centre pour indiquer de nouveau à son maître l'endroit suspect. Ce que dit alors cette chienne, réputée pour être celle qui met un point final aux recherches, tant ses capacités sont grandes, ressemble à ceci : «Il y a des restes humains ici. J'ai vérifié autour, et c'est ici qu'ils se trouvent et nulle part ailleurs.»

Nous avons fait revenir les équipes, puis examiné le sol. Il n'y avait pas de monticules de terre ni d'inégalités pouvant indiquer que la terre avait été remuée.

Ensuite, cinq enquêteurs ont couvert la zone avec des détecteurs de métaux. Ils en ont retiré des canettes de bière, un vieil essuie-glace et du fil barbelé, mais rien qui puisse éveiller les soupçons.

Nous avons enregistré les coordonnées GPS de la zone, l'avons photographiée et filmée. Puis nous avons poursuivi nos recherches sur les autres segments, sans obtenir de résultats positifs.

Trois chiens, dont un faisait partie des plus efficaces au pays, ont repéré des restes humains au même endroit. Il ne faisait donc aucun doute qu'il y en avait, mais s'agissait-il de Laura ou d'une autre personne ? Aurions-nous pu trouver où elle était ?

Une des théories sur la question est la suivante : Laura a disparu au début du mois de mars. Cette région est très froide pendant tout l'hiver, et le sol est complètement gelé. Même les enterrements ne peuvent être effectués qu'à partir du milieu du printemps. Si Laura a été tuée et son corps mis de côté, se pourrait-il que ce soit l'endroit où elle ait passé l'hiver avant d'être déplacée une fois le printemps venu ?

Rod avait enregistré tout ce qu'il avait filmé de Maureen sur des CD que nous avons ensuite envoyés, accompagnés de notre compte rendu de la journée de recherche, à la division des crimes majeurs de la police d'État du Vermont.

Des gens du coin nous ont informés plus tard que la police d'État s'était rendue sur les lieux avec son équipe médicolégale pour creuser le site. Nous ne savons pas ce qu'ils ont, ou n'ont pas, trouvé. La plupart du temps, l'information circule seulement dans un sens : des enquêteurs bénévoles, comme nous et comme l'équipe canine, à l'unité de police chargée du dossier.

Maureen avait-elle trouvé l'endroit où le corps de Laura avait été temporairement enterré ? C'est ce que nous croyons, non parce que nous le voulons, mais parce qu'elle a su, pendant les quelques heures passées dans cette petite ville de Nouvelle-Angleterre, transmettre aux enquêteurs des informations qu'ils avaient parfois mis un an à découvrir ! Apparemment, il existe quelque chose au-delà de nos scénarios en noir et blanc et des simples faits que nous sommes en mesure de voir et de prouver. Mais il se trouve que la plupart d'entre nous n'ont jamais fait l'expérience de communiquer avec l'Au-delà.

Quelques semaines après notre journée de recherches, j'ai reçu un coup de fil de Rod. La police d'État avait visionné les enregistrements et l'avaient interrogé pendant près de deux heures sur leur authenticité. Ils souhaitaient confirmer la validité de ce qu'ils avaient vu concernant les paroles et les actes de Maureen. Rod les a assurés que les choses s'étaient bien produites telles que présentées sur les vidéos.

Une des phrases qui me reste en mémoire est la question qu'un soldat a posée : « Mais qui est cette Maureen Hancock ? »

En y repensant, je suis heureuse d'avoir mis mes peurs de côté pour utiliser mes dons dans les cas de disparition. Le monde de la police et des enquêteurs privés a rapidement eu vent des progrès effectués dans ce dossier. Je travaille actuellement sur plusieurs cas dans différents endroits des États-Unis. J'ai contribué à ramener chez eux, et en vie, plusieurs enfants et adultes qui avaient disparu peu de temps auparavant. J'effectue ce travail gratuitement et je me suis associée à Alan Tate pour créer un organisme caritatif appelé *Mission for the Missing*. Son but est d'offrir des services, du matériel et un soutien aux familles confrontées à la disparition d'un être cher.

Nous sommes tous des êtres dotés d'intuition. Certains ont des vibrations plus élevées ou une meilleure capacité à puiser dans ce don inné. D'autres ont besoin d'être un peu poussés ou d'y être éveillés. Notre esprit, qui est en mouvement perpétuel, tente toujours d'expliquer l'inexplicable. Nous sommes en permanence sous pression. Je dis toujours : « Prends ton temps et dépêche-toi. » Si vous prenez quelques minutes, dans votre journée chargée, pour respirer et prendre conscience de l'endroit où vous accumulez votre stress, nous serons en mesure, ensemble, de retirer les différentes couches de votre tension jusqu'à atteindre votre cœur.

Vous est-il déjà arrivé de penser à une personne et que celle-ci vous appelle quelques minutes plus tard ? Ou qu'une voix résonne dans votre tête pour vous intimer de regarder à gauche alors qu'un semi-remorque est sur le point de vous renverser ? S'agit-il de coïncidences ou sommes-nous protégés et guidés par l'Au-delà ? Pour entendre ce qui nous est transmis, nous devons avoir confiance et apprendre à calmer les bavardages de notre esprit pour que notre intuition et nos sens soient en mesure de puiser dans un canal dégagé.

L'exercice suivant vous aidera à y parvenir :

Trouvez un endroit calme et asseyez-vous ou allongez-vous. Éteignez votre téléphone mobile, votre télévision, et toute autre source de distraction. Commencez avec des respirations ventrales profondes et purifiantes. Inspirez par le nez, retenez votre respiration pendant 2 secondes, puis expirez. Lâchez prise, laissez tomber vos préoccupations de la journée et permettez à votre esprit de se concentrer sur votre respiration. La respiration abdominale (par le ventre) amène à toutes les cellules et aux muscles de votre corps l'oxygène dont ils ont tant besoin. La plupart d'entre nous n'inspirent que la moitié de l'oxygène dont ils ont besoin, ce qui provoque une tension dans la nuque et le haut du dos. Imaginez que votre ventre est un ballon qui gonfle à l'inspiration et dégonfle à l'expiration. Comptez vos respirations. Cette méthode vous aidera lorsque des pensées parasites tenteront de s'immiscer dans votre cerveau. Ne luttez pas contre ces pensées. Reportez simplement votre attention sur votre respiration. Inspirez (comptez 1), expirez. Inspirez (comptez 2), expirez. Si vous manquez de temps, arrêtez-vous à 10. Poursuivez si vous le pouvez.

Félicitations. Vous avez fait le premier pas pour nettoyer votre esprit, relâcher votre stress quotidien et vous ouvrir aux possibilités illimitées que vous offre votre intuition.

10

Le deuil

J'entendais les vagues déferlantes s'écraser contre le mur de la jetée tandis que je regardais la télévision dans la maison d'été que nous avions louée. Mon fils Drew était allongé sur mes genoux et ne cessait de me dire : « Gratte-moi, gratte mes jambes, gratte mon dos ! »

À minuit, il faisait encore 28 °C, et nous subissions depuis 4 jours une vague de chaleur étouffante. Cela dit, je ne me plains pas, car j'échange sans difficulté un mètre de neige et une température de -10 °C contre de la chaleur et de l'humidité. Mes jambes collaient au vinyle du canapé à l'image des jeux d'autocollants repositionnables.

Je me souviens d'avoir regardé l'horloge juste avant de m'endormir, à 2 h 22. Habituellement mes rêves sont très éparpillés et ne semblent pas avoir de sens précis. Mais, cette nuit-là, j'ai fait un rêve différent. Je me trouvais dans une maison inconnue, entourée de quelques connaissances. Mon ancien patron, ainsi qu'un ami de longue date, Tom, sont entrés dans la cuisine.

— Tom, que fais-tu ici ? lui ai-je lancé avec surprise.

Tom m'a souri sans répondre à ma question.

— Pourquoi ne m'as-tu pas rappelée ? lui ai-je demandé. Je t'ai envoyé plusieurs courriels. Ce n'est pas ton genre de ne pas répondre. Tu vas bien ?

Toujours souriant, Tom m'a tendu la main. Lorsque ma main a touché la sienne, j'ai été éblouie par un éclair de lumière blanche. Des vagues de chaleur ont déferlé dans mon corps, provoquant une sensation d'euphorie, l'espace de quelques secondes. Tom m'a pris le bras pour me guider le long d'un couloir, puis il m'a enfin adressé la parole.

— Tout va bien, ne t'en fais pas pour moi. Je vais bien.

Puis il s'est arrêté, s'est tourné vers moi et m'a serrée très fort dans ses bras.

Une tape sur mon épaule m'a subitement réveillée. Je me suis relevée d'un bond pour examiner la pièce. J'étais dans la couchette inférieure des lits superposés, à côté de mon fils cadet, Drew. Réveillé par un cauchemar, il m'avait appelée au milieu de la nuit, et je m'étais installée dans le lit avec lui. Il avait l'air si paisible, dormant avec la bouche à moitié ouverte, un peu de bave parfaitement contenue au bord de ses lèvres en forme de cœur. Désespérément accro de mon téléphone intelligent, je l'ai attrapé pour vérifier l'heure et regarder mes courriels.

J'ai été surprise de découvrir qu'une ancienne collègue avec laquelle j'avais travaillé dans le cabinet d'avocats de Boston m'avait écrit. En cliquant sur son courriel, un nom mentionné à la deuxième ligne a attiré mon attention. Le temps s'est arrêté lorsque j'ai lu le message.

— Triste nouvelle. Tard hier soir, notre cher ami Tom F. nous a quittés. Une tumeur au cerveau lui avait été diagnostiquée en février, et il avait intégré un centre de soins palliatifs en début de juin.

J'étais sous le choc en apprenant le décès de mon cher ami et mentor. *Une tumeur au cerveau ?* pensai-je en moi-même. *Comment est-ce possible ? Pourquoi ne m'en a-t-il pas parlé ? J'aurais pu l'aider. Attends une seconde… pourquoi ne l'ai-je pas su ?*

C'est alors qu'il m'est revenu en mémoire – mon rêve. Emportée par le choc de découvrir qu'un être cher s'en était allé, j'avais complètement oublié mon rêve. Pour une raison qui m'échappait, Tom n'avait pas pu, ou n'avait pas voulu, me révéler qu'il était malade. Néanmoins, il savait qu'il pouvait venir à moi dans un rêve, pensant que je prendrais mieux les choses de cette façon. Quelle drôle d'idée.

Avec discrétion, je suis sortie du lit en évitant de réveiller Drew. Le soleil commençait à peine à se lever sur la jetée, et le ciel ressemblait à une aquarelle dans les tons de rose pâle, orange, lavande et fuchsia. On aurait dit que Picasso avait dansé sur l'horizon en tenant un pinceau dans chaque main. De minuscules diamants de lumière étincelaient à la surface de l'eau.

L'océan m'appelait, et je ressentais de plus en plus son énergie à mesure que je me rapprochais du bord de l'eau. Des pensées se bousculaient dans ma tête. Je percevais la sérénité que Tom ressentait maintenant, mais je luttais contre cette sensation. Avançant dans l'eau fraîche et claire, j'ai goûté le sel sur mes joues, mais celui-ci provenait de mes larmes, et non de l'océan. Tandis que je pleurais doucement en observant les vagues déferlantes qui s'agitaient sous l'influence du vent, je me suis sentie plus légère. Je me laisse rarement la possibilité de ressentir cette peine, car mon travail porte sur la mort, la vie après la mort et la volonté d'aider des milliers de gens à guérir de leur deuil. Habituellement, je me dois d'être forte pour pouvoir soutenir les autres.

Mais, ce jour-là, je me retrouvais de l'autre côté de la barrière. J'étais en deuil et je cherchais désespérément des signes. Voulant appliquer ce que je prêchais, je me suis souvenue qu'il n'existait pas de bouton pour faire une demande à l'Au-delà. J'aurais dû apprendre cette leçon une bonne fois pour toutes lorsque mon amie Sharon était subitement décédée à l'été 2009. Mon état de choc et de dévastation avait perduré pendant des semaines.

L'histoire qui me rattache à Sharon est très spéciale à mes yeux. Elle a commencé il y a plusieurs années, lorsqu'une station de radio locale m'a appelée.

— Maureen, je suis Sharon Santos, de la station de radio Fun 107 à Fairhaven. Nous avons eu vos coordonnées par l'intermédiaire d'Emily DeRosiers, une de nos plus ferventes auditrices. Selon elle, vous seriez excellente dans notre émission de voyance gratuite diffusée le vendredi.

J'ai ri en moi-même lorsque je me suis imaginée arrivant à la station de radio avec ma boule de cristal sous le bras, habillée en magicienne. Ce serait ma grande révélation à la radio. Même si la perspective de sauter ce pas me rendait nerveuse, j'ai rapidement accepté de participer à l'émission. Or, j'étais loin de me douter que j'allais non seulement m'y faire une amie extraordinaire, mais également répandre mon message d'espoir et de guérison à un public plus large.

Je n'oublierai jamais ma première journée. Une importante tempête de neige faisait rage (je déteste conduire sous la neige), et j'avais ainsi dû quitter la maison à 6 h 30. Tandis que ma voiture faisait des glissades incontrôlées sur la route 495, j'ai récité plusieurs « Je vous salue Marie » et réquisitionné tous les morts de ma connaissance pour guider ma voiture vers la station de radio. Lorsque je suis arrivée sur place, une jeune femme brune m'a accueillie avec un sourire.

— Bonjour ! Je suis Sharon. Vous pouvez vous installer ici et vous servir de ce micro. Mettez le casque d'écoute. Nous enregistrons les appels ; alors, si vous ne parvenez pas à établir un lien clair, ne forcez pas les choses.

Sharon était si accueillante que je me suis sentie immédiatement plus calme. Son coprésentateur, JR, qui avait l'air très sympathique, m'a gratifiée d'une embrassade. Une fois à l'antenne, Sharon et JR ont entamé une joute verbale dont Sharon remportait pratiquement tous les rounds. Avec humour, elle le taquinait à propos de tout et de rien.

— Vous devriez tous savoir à quel point JR est frêle et fragile. Je m'inquiète que son ossature délicate ne parvienne à le maintenir sur ses pieds. En ce moment même, il est affalé sur son micro. En outre, dans les couloirs, il ne marche pas, il sautille. Pour mieux le cerner, je voudrais que les auditeurs pensent à Liberace[13].

Larry, le directeur et technicien de la station, m'a énormément fait rire avec ses imitations et ses effets sonores. Son esprit était presque aussi vif que le mien.

L'émission d'une heure est passée très vite. J'ai pu prendre de nombreux appels grâce à la concision de mes messages. J'ai secrètement rebaptisé l'émission « Coup de fil aux morts ». Certains auditeurs n'avaient pas compris que je

13. N.d.T. : Liberace était un artiste américain du show-business qui cultivait une image très kitsch.

communiquais avec les morts et voulaient que je les renseigne sur leur vie amoureuse. D'autres ont reçu des messages magnifiques de l'Au-delà. Parmi eux, quelques-uns ont pris rendez-vous avec moi suite à l'émission.

La dernière personne dont j'ai pris l'appel s'est présentée sous le nom de Cheryl. Avant qu'elle ait le temps de me dire quoi que ce soit, j'ai senti sa mère imposer sa présence.

— Votre mère est là. Elle me montre un accident de voiture.

Cheryl m'a répondu :

— Oui, je vois de quoi il est question.

— Oh, votre mère sait ce qu'elle veut, Cheryl. Qui souffre d'un cancer du sein ?

Au bout du fil, il y a eu un long silence. Puis j'ai entendu des reniflements.

— Moi. Je lutte contre un cancer du sein de stade 4. Je n'arrive pas à croire que ma mère vous en parle. Elle doit être triste, car c'est de cette façon qu'elle est morte. En mai dernier, j'ai eu un accident de voiture. C'est en faisant une radio de mon dos qu'ils ont repéré un cancer dans mes os et ma poitrine.

Grâce à ce rapide échange en ondes, Cheryl et moi avons travaillé ensemble pendant les deux années suivantes, jusqu'à son départ physique. Encore aujourd'hui, nous sommes proches. Je me rappelle qu'elle arrivait dans mon bureau en se traînant de douleur, et qu'elle en repartait presque en sautillant, un magnifique sourire au visage.

Avant que je quitte la station, en cette matinée neigeuse de janvier, Sharon m'a confié que sa tante étant morte d'un cancer du sein, il lui tenait particulièrement à cœur d'informer les gens et de les sensibiliser à cette maladie.

Au fil des ans, Sharon et moi sommes devenues des amies proches qui se parlaient de la vie, de l'amour et de la famille. En 2003, un cancer du poumon a été diagnostiqué chez sa mère, dont elle était particulièrement proche. À l'époque, je me rendais souvent dans le sud-est du Massachusetts — où la mère de Sharon vivait justement — pour rendre visite à des personnes malades.

Ma sœur Rosie et moi avons donc pris l'habitude d'aller voir J., la mère de Sharon. Je procédais à des séances de Reiki et d'acupression, et Rosie pratiquait de l'hypnose (ou essayait) pour diminuer le niveau d'anxiété de J. Au cours d'une séance, Rosie est parvenue à plonger J. dans un état d'hypnose profonde. La voix de Rosie m'endormait moi aussi, alors que je me trouvais dans le couloir. Elle aurait pu hypnotiser une équipe de football. Alors que Rosie transmettait des messages à sa patiente hypnotisée, le téléphone a sonné. Gardez à l'esprit que J. était dans un état de transe profonde. Pourtant, celle-ci a sauté sur ses jambes pour aller répondre.

— Allô ? Oh, bien, et toi ? Non, je ne suis pas occupée. Qu'est-ce que tu fais ? Une femme est ici pour m'hypnotiser mais je peux parler…

Le fait que j'éclate de rire au point de m'étouffer n'a pas arrangé les choses, et Rosie a levé les yeux au ciel en me regardant. Étrangement, l'« angeversaire » de la mère de Sharon tombe le même jour que celui de Sean Michael. (Un « angeversaire », qui est un terme utilisé couramment pour les patients cancéreux de l'hôpital pour enfants du Massachusetts, est la date à laquelle la personne est morte.)

Après le départ de sa mère, il a fallu beaucoup de temps à Sharon avant de pouvoir parler d'elle sans se mettre à pleurer. Cet événement nous a permis de partager des conversations profondes sur la mort et sur la vie après la mort. Sharon m'a ainsi confié sa peur de mourir jeune d'un cancer du sein. Selon elle, la seule façon de pouvoir supporter une telle expérience était de revoir sa mère une dernière fois.

À l'été 2009, Sharon se préparait à suivre un programme de deuxième cycle, et elle était enthousiaste à l'idée d'obtenir sa maîtrise en consultation familiale et de pouvoir enfin aider des gens. J'ai été honorée qu'elle me demande de lui fournir une recommandation pour être acceptée dans ce programme.

En août 2009, elle est apparemment morte d'une crise cardiaque alors qu'elle dormait. Pendant ses deux semaines de coma, elle a lutté pour rester parmi nous. Mais cette femme jeune, énergique et pleine de vie, nous a physiquement quittés au début du mois de septembre 2009.

Le lendemain de son départ, Sharon m'est apparue dans un rêve. Nous étions dans une salle de classe, et elle enseignait à de jeunes femmes quelle démarche adopter pour un concours de beauté (j'ai appris plus tard qu'elle avait participé toute sa vie à des concours de beauté). Ensuite, elle m'a entraînée dans une autre pièce, où elle s'est précipitée vers sa mère qu'elle a prise dans ses bras. Toutes les deux riaient. Sharon semblait s'être adaptée très vite à cette nouvelle vie. Je crois que certaines personnes ont la capacité de sentir qu'elles pourraient quitter la terre à un âge peu avancé.

Mon ami Tom avait l'habitude de dire qu'il allait mourir jeune, comme son père. Je l'ai assuré que je l'imaginais vieux, courant après ses petits-enfants et affublé de son dentier. Je me suis trompée.

Revenons à notre maison d'été en 2010. Je m'étais installée devant l'ordinateur, à la recherche de n'importe quel élément qui me permettrait de me raccrocher à Sharon et à Tom. Ainsi, j'ai relu d'anciens courriels, entendant leurs voix en fond sonore tandis que je les lisais. J'ai contemplé des photos et écouté de vieux messages vocaux. Je leur ai demandé de me rendre visite en rêve. Un jour, alors que je ne cessais de pleurer, j'ai compris que j'étais en deuil. Malgré tout ce que je savais et les milliers de communications que j'avais partagées avec des esprits, je comprenais que la *médium* était en fait très *humaine.*

Mes expériences et le départ de mon précieux neveu, Sean, m'ont appris que tout le monde vivait différemment son deuil. Tandis que j'écris ces lignes, mon labrador Ally me fait sa danse pour que je la sorte. Elle s'accroupit sur le sol, son postérieur couleur chocolat en l'air et tourne sur elle-même. C'est un peu comme si elle se donnait en spectacle devant un esprit. Son poil marron et épais se dresse sur sa nuque tandis qu'elle s'arrête pour observer quelque chose et se met à aboyer en direction du coin de la cuisine. Les chiens et les chats sont très sensibles aux esprits.

Même si je sais que nous nous retrouverons tous un jour, je souffre terriblement de l'absence physique de ceux que j'aime. Pour l'instant, j'accepte ce sentiment *différent,* cette phase de deuil. Le deuil est toujours présent, mais il change. Je fais le vœu de mener la plus belle existence qui soit en mémoire d'eux.

Tout au long de notre existence, il nous est sans cesse rappelé que la mort et la naissance font partie du cycle naturel de la vie. La perte physique d'êtres chers est inévitable, mais nous pouvons quand même en souffrir et prier pour qu'ils ne nous quittent jamais. Chaque jour, je prie pour mes parents, mes frères et sœurs, et ma famille proche, pour que Dieu les garde contre son cœur… mais pas trop près de Lui ! Je souhaiterais que nous vivions tous éternellement, mais je sais que ce n'est pas raisonnable. Cependant, je sais que nous sommes réellement éternels, car nous sommes énergie, et celle-ci ne meurt jamais. Pas plus que l'amour. Après tout, ne sommes-nous pas simplement des êtres spirituels qui vivent une expérience physique sur terre ?

Nous avons été dotés d'une capacité supérieure : celle de choisir l'attitude que nous adoptons aujourd'hui. Mon verre n'est pas toujours à moitié plein, comme certains pourraient l'imaginer. Mais lorsqu'il se vide trop, j'essaie de trouver des moyens de le remplir de nouveau. C'est à moi de décider si je veux m'élever à un niveau supérieur en m'efforçant d'être plus positive, plutôt que de gaspiller mon énergie dans des commentaires négatifs, des jugements ou de la colère. Cette vie est trop courte. Je choisis donc d'aimer inconditionnellement, de chérir mes amis et d'apprécier ma merveilleuse famille qui me soutient et m'entoure de son amour.

Nous avons la capacité de choisir nos pensées, nos opinions et nos actions (ou inactions). Chaque jour, je redistribue mon énergie à des choses que je peux changer et influencer, et dont je peux retirer des leçons. Je choisis de ne pas dilapider ma précieuse énergie avec ce que je ne peux pas contrôler. Cela semble facile, n'est-ce pas ? Pourtant, c'est un travail permanent qui nécessite d'être patient et de se ramener sans cesse sur le bon chemin. Si la vie vous présente plus de défis que vous ne pensez pouvoir en relever, efforcez-vous de vivre tous les instants à mesure qu'ils se produisent. Et rappelez-vous que cela, aussi, passera.

11

Les collines d'Hollywood

« *Maureen ? Je suis Elaine, de chez Disney.* Nous nous sommes rencontrées il y a quelques années, au cours d'une réunion Buena Vista[14], et je ne vous ai jamais oubliée. J'aimerais vous soumettre un projet pour la télévision. »

Après avoir écouté le message jusqu'à la fin, j'ai inspiré profondément et me suis appuyée contre le dossier de ma chaise. Deux projets télévisés en une journée ? Était-ce la pleine lune ? Au fil des ans, j'avais été reçue en entrevue par différentes compagnies de production, car je caressais l'espoir de faire connaître mes dons à un public plus étendu. Tous les jours, je priais ma grand-mère pour que se réalise mon rêve de répandre mon message sur la vie après la mort et sur la possibilité de communiquer avec les esprits. Au moment de ce coup de fil, ce désir m'habitait depuis près de cinq ans. Selon moi, une expérience télévisuelle était le meilleur chemin à emprunter pour atteindre mon objectif.

14. N.d.T. : Ce nom regroupe plusieurs filiales de Walt Disney Company.

Plus tôt dans la journée, j'avais retourné un appel à Alex Rudd Productions, une société spécialisée dans la production d'émissions de téléréalité. Apparemment, mon ami John Holland, médium réputé, leur avait parlé de moi.

— Nous avons pensé à vous pour tourner dans l'épisode pilote d'une nouvelle émission autour de deux médiums, un homme et une femme, m'a expliqué un des producteurs. Nous ne pouvons pas vous en dire plus sur le concept de l'émission. L'équipe est justement en réunion ; alors nous allons en profiter pour vous demander de communiquer avec leurs proches décédés. Vas-y, Tony, approche-toi du haut-parleur.

Qu'est-ce que c'est que cette histoire ? pensais-je en moi-même. *Coup de fil aux morts ? S'attendaient-ils à ce que grand-père fasse son apparition accompagné de Sarah, la téléphoniste de Mayberry*[15] *? « J'ai un appel à frais virés de papy. Vous le prenez ? »*

Je reconnais que je me suis moi-même baptisée la « téléphoniste de l'Au-delà », mais dans ce cas précis, ils voulaient appeler les morts sur demande !

Cette situation a immédiatement éveillé en moi une sensation désagréable. Une image de leur projet d'émission a surgi dans mon esprit. Je voyais un jury similaire à celui de l'émission *American Idol*, mais je ne parvenais pas à deviner si mon rôle était de juger ou d'être jugée. Dans la dernière image qui m'est apparue, j'informais des enfants que l'esprit de leur maman était présent et que, même si sa voix avait un peu changé, elle avait une mine extraordinaire.

Étant donné que je ne pensais pas participer à l'émission pilote, il m'a été plus facile de baisser la garde et d'ouvrir les lignes de communication. Soudainement, la pièce s'est

15. N.d.T. : Référence à une série télévisée américaine intitulée *The Andy Griffith Show*.

remplie d'esprits, ce qui m'a fait penser à la publicité de Verizon, où un grand groupe de personnes se rassemble devant une maison et se fait appeler le Réseau.

— Tony, votre grand-père est là. Il me dit que vous ne l'avez pas connu. Il me montre un navire de la marine, et je vois que l'extrémité d'un de ses doigts a été coupée.

— Oui ! Oui ! C'est mon grand-père ! Il était dans la marine, et il s'est entaillé l'extrémité de l'index un jour en coupant de la viande. Je suis impatient de raconter ça à mon père !

— Il y a maintenant le père de votre voisine, Tony, qui est avec nous.

Silence à l'autre bout du fil. Au bout d'un long moment, une voix douce et tremblante m'a répondu :

— Oui, c'est probablement *mon* père. Il dit quelque chose ?

— Il est décédé d'une crise cardiaque et me dit qu'il a trois enfants : deux garçons et une fille.

— Oh mon Dieu, c'est vrai, il a bien eu une crise cardiaque. Et j'ai deux frères en effet. Je n'arrive pas à le croire. C'est complètement fou.

L'instigateur de cette communication téléphonique, qui était en fait un des producteurs du projet, a interrompu l'« appel aux cieux ».

— Je suis désolé de mettre abruptement fin à cette conversation, mais je pense que nous en avons suffisamment pour prendre une décision. Nous restons en contact, Maureen.

J'ai regardé le combiné silencieux. Peut-être avait-il suffisamment d'informations pour satisfaire son besoin de prouver ma légitimité, mais que devais-je faire de tous ces esprits qui attendaient de pouvoir transmettre des messages à leurs proches ? Cela revenait à perdre l'électricité à la suite d'une tempête, juste avant l'événement du Super Bowl.

J'ai donc fermé les yeux pour demander aux esprits de se retirer. Les poils de mes bras de sont hérissés lorsque j'ai senti une brise fraîche traverser la pièce. En ouvrant un œil, j'ai remarqué que la fenêtre était fermée. *D'où venait la brise alors ?*

Puis j'ai dit à voix haute : « Merci à tous d'être venus. Je prierai pour que vos proches puissent entendre vos messages. Vous pouvez vous présenter à eux dans un rêve si vous y parvenez. Maintenant, la ligne est officiellement fermée. »

Environ une heure plus tard, le téléphone a sonné. En vérifiant sur l'écran, j'ai vu que l'appel provenait de « Alex Rudd Productions ». Mon rythme cardiaque s'est accéléré, et des pensées se sont bousculées dans mon esprit : *Youpi, j'ai réussi le test ! Oh, merde, ils me veulent. Non, attends, ils ne me veulent pas, ils veulent juste gagner de l'argent en faisant du sensationnel avec mes dons.* J'ai laissé le répondeur prendre le message.

« Maureen, c'est Brandon d'Alex Rudd Productions. Nous aimerions discuter avec vous de la possibilité que vous veniez à Los Angeles la semaine prochaine pour filmer le pilote du projet dont nous avons parlé. Rappelez-nous dès que vous le pouvez. »

En y repensant, je crois vraiment qu'il s'agissait d'un test. J'ai senti un léger coup de coude et j'ai su que le ciel me montrait la direction à prendre – j'ai donc refusé de participer au pilote.

Une heure plus tard, j'ai appelé mon bureau pour écouter mes messages. Lorsque j'ai entendu celui d'Elaine, de Disney, j'ai cru que quelqu'un me jouait des tours. Elle m'y expliquait qu'ils étaient à la recherche d'un médium. Arrivée à la fin du message, j'ai compris qu'il ne s'agissait pas d'un canular. Elaine y mentionnait les noms de quelques membres de la direction que je me souvenais d'avoir rencontrés lors d'une réunion Buena Vista trois ans auparavant. Deux producteurs et amis proches, Marianne Leone et Dot Aufiero, m'y avaient invitée afin de me faire découvrir le monde de la télévision.

Après avoir écouté le message, j'ai fait les cent pas dans la cuisine, puis je me suis laissée tomber dans mon vieux fauteuil à bascule marron, tenant toujours le combiné dans la main. *Il va falloir que je prenne l'avion pour aller les rencontrer,* pensai-je en moi-même. *Est-ce qu'il nous faudra déménager à Los Angeles ? Quelle incidence cela va avoir sur notre vie ?* J'ai respiré profondément, puis je me suis appuyée contre le dossier du fauteuil avant de composer le numéro avec prudence. Mon cœur battait la chamade tandis que je me disais : *Sois cool. Essaie de ne pas avoir l'air trop enthousiaste. Respire.*

À chaque sonnerie qui retentissait à l'autre bout du fil, mon visage me semblait de plus en plus chaud. Lorsque sa messagerie m'a répondu, mon corps s'est enfoncé dans le fauteuil, tellement j'étais déçue. Je lui ai donc laissé un message bref, accompagné de plusieurs moyens de me contacter. (Il est même possible que je lui aie laissé le numéro de ma gynécologue !)

J'avais l'impression d'être collée au fauteuil, et j'ai fixé le combiné avec une telle intensité que je l'ai pratiquement percé de mon regard brûlant ! *S'il te plaît, sonne ! S'il te plaît, sonne !* Au bout d'environ deux heures d'attente, j'ai décidé de la rappeler. Et si je devais tomber sur la messagerie, j'essaierais une stratégie différente.

« Vous avez joint le bureau de… » Après le bip, j'ai commencé à laisser un message : « Bonjour Elaine, c'est encore Maureen Hancock. Désolée de vous déranger. J'ai oublié de vous dire que j'étais représentée par Paradigm Talent Agency. » Alors que j'étais en train de parler, j'ai entendu un clic et une voix en direct au bout du fil.

– Bonjour Maureen, quel plaisir de vous entendre ! Vous souvenez-vous d'une réunion de Buena Vista il y a quelques années ? Des dirigeants d'ABC voulaient faire quelque chose avec vous, mais n'avaient pas encore d'idée précise.

Puis elle a continué :

– Nous pensons être parvenus à un concept que vous devriez aimer, et nous voudrions le mettre en place. Pour cela, nous avons besoin d'une femme forte qui sera une source d'inspiration pour le public. Votre émission serait un docudrame en lien avec votre vie. Pouvez-vous prendre l'avion pour venir rencontrer notre équipe le plus rapidement possible ?

Subitement, tout a ralenti comme si je me trouvais dans un rêve. Aucun son ne sortait de ma bouche. Puis j'ai entendu un petit gloussement et j'ai compris qu'il venait de moi.

– Oui, je peux vous rejoindre. J'aime l'idée que les gens connaissent ma vie et sachent tout des différentes casquettes que je porte.

– Pourriez-vous me dire à quoi ressemble une journée de votre vie pour que je me fasse une petite idée ? m'a demandé Elaine.

— Je commence ma journée en préparant mes garçons pour l'école. Après les avoir déposés, je me dirige vers mon bureau pour y rencontrer des patients atteints de cancer et des parents qui ont perdu un enfant. J'offre gratuitement ces services par l'intermédiaire de ma fondation Seeds of Hope. Il m'arrive de me rendre dans des hôpitaux et des domiciles pour aider les malades et leur famille à traverser cette période de transition finale. Je travaille également avec des détectives privés pour les aider à retrouver des enfants disparus, et avec la police locale pour résoudre des cas pouvant aller du vandalisme au meurtre. Après avoir ramené les enfants à la maison, nous faisons les devoirs et partons ensuite à leur entraînement de football. Le soir, je fais des spectacles de médiumnité dans différents lieux et j'enseigne également cette pratique. Mes journées sont pleines à craquer.

— Eh bien! s'est exclamée Elaine. Je suis épuisée rien que d'entendre tout ce que vous faites. Nous aimerions beaucoup vous avoir avec nous. Réfléchissez à une période qui vous convient, et nous organiserons une rencontre.

Après avoir raccroché, un million de pensées se bousculaient dans ma tête. *À quoi va ressembler notre vie si des caméras nous suivent toute la journée ? Je me demande comment vont réagir mon mari et les garçons.* J'ai interrompu un instant mes pensées pour saisir ce que tout cela signifiait *vraiment* : il fallait que je nettoie la maison!

J'avais envie de courir dehors en criant au monde entier que mon rêve allait enfin se réaliser. Tous les jours, j'avais prié pour que la situation appropriée, qui me permettrait de répandre mon message au-delà de la côte sud du Massachusetts, se présente à moi.

Il m'avait fallu près de cinq ans pour en arriver là. Tout avait commencé avec un couple qui avait perdu son enfant unique, Jesse, qui continue aujourd'hui à toucher et à illuminer de nombreuses vies grâce à son amour et à son soutien. Jesse, qui faisait partie des meilleurs étudiants de son université, aimait faire de la planche à voile et écrire de la poésie. Mais, atteint d'une infirmité motrice cérébrale, il est devenu quadraplégique, incapable de parler et victime de crises d'épilepsie régulières. Il est mort subitement à l'âge de 17 ans. Cette vieille âme était venue sur terre pour nous donner une leçon de patience, de compréhension, d'humour et d'espoir. Mis à l'épreuve par un corps qui ne pouvait pas toujours suivre le rythme de son esprit brillant, Jesse a pourtant persévéré en prouvant à la communauté médicale et aux conseils d'éducation qu'ils devaient regarder plus loin que la simple enveloppe corporelle.

Après ma séance avec les parents de Jesse, sa mère m'avait dit : « Maureen, vous devriez avoir votre propre émission. Je vais appeler mon amie Dot. Elle a fait partie de l'équipe du film *Les infiltrés* et s'avère une excellente productrice. Elle voudra certainement vous rencontrer. »

Conformément à sa proposition, la mère de Jesse avait laissé un message à Dot, et, une semaine plus tard, nous nous sommes rencontrées dans le cadre d'un déjeuner de travail. Dot venait juste d'achever la production de l'émission *Queer, cinq experts dans le vent*. Elle avait un peu d'expérience dans le monde de la télévision, mais était plutôt spécialisée dans la production de films. Ensemble, nous avons élaboré un concept que nous comptions transmettre à différents réseaux. Comprenant que notre projet devait être mis au goût du jour, nous avons eu l'idée de séances organisées dans des restaurants. Nous prévoyions que je passerais au milieu des clients pour leur transmettre des messages de l'Au-delà. Nous l'avions intitulé « Dinner and Drinks with the Dead[16] ». Ce concept était similaire aux rencontres « Cartes postales du ciel » que j'organisais depuis quelques années.

La mère de Jesse et Dot ont toujours cru en moi. Je leur serai éternellement reconnaissante de m'avoir soutenue au fil des ans et d'avoir participé à la réalisation de mes rêves.

Il faisait encore nuit lorsque mon réveil a sonné aux petites heures du matin, en cette journée du mois de juin 2009. Mes valises étaient prêtes et m'attendaient à la porte. Je me suis glissée dans la chambre de mes garçons pour les embrasser. Tyler, âgé alors de 10 ans, avait l'air tellement serein, allongé sur le dos avec sa couverture bien repliée sous son menton. Habituellement, il ne changeait pas de position de toute la nuit. Drew, installé à l'autre bout de la chambre, en diagonale, était étalé sur son lit. Ses jambes pendaient à l'extérieur du lit, il était entortillé dans ses couvertures, et ses deux oreillers avaient atterri sur le sol.

Ensuite, je suis retournée sur la pointe des pieds dans notre chambre pour murmurer au revoir à l'oreille de mon mari, qui a ouvert les yeux pour me souhaiter bonne chance.

Tandis que je roulais vers l'aéroport Logan, j'ai commencé à réfléchir aux questions que je souhaitais poser aux gens de Disney. « Combien d'heures par jour allez-vous filmer ? » — « Ai-je la possibilité de choisir ce qui sera filmé ? » — « J'aimerais être aussi authentique que possible, sans situations écrites à l'avance. Est-ce possible ? » — « Je

16. N.d.T. : Traduction littérale : Repas et boissons en compagnie des morts.

n'ai pas envie de finir comme dans l'émission de téléréalité *Jon & Kate Plus Eight*[17]. Entendu ? »

Mon esprit s'emballait.

La descente vers l'aéroport de Long Beach m'a coupé le souffle. Le soleil venait de se lever, et le ciel semblait parsemé de coups de pinceaux dans les teintes de rose et de lavande. J'avais des papillons dans le ventre à mesure que mon excitation grandissait. Même si je voyageais seule, je me sentais entourée par une délégation d'anges et d'esprits d'êtres chers. Une brise chaude m'a chatouillé la joue lorsque j'ai récupéré mes bagages au carrousel extérieur. Je sentais des picotements le long de mes jambes, ce qui était le signe que des esprits se trouvaient près de moi.

La circulation, qui était habituellement dense sur la 405, était exceptionnellement fluide, comme si l'escouade divine m'avait libéré la voie. J'ai décidé de me faire plaisir pour mon anniversaire (oui, c'était le jour de mon anniversaire en plus !) en séjournant dans un hôtel fabuleux : le Loews Santa Monica Beach Hotel.

En me dirigeant vers la réception, je me disais que l'on me proposerait peut-être une suite pour le même prix que la chambre. Je l'imaginais très bien, avec ses portes qui s'ouvraient sur la douce brise de l'océan, ses longs rideaux blancs qui menaient au balcon, son salon douillet orné d'un imposant bureau en merisier, et sa petite cuisine.

Le jeune homme qui s'est occupé de moi s'est affairé pendant un long moment sur son ordinateur. *Pourquoi ne me regarde-t-il pas ? Peut-être que, si je lui souris ou lui dis que c'est mon anniversaire, il aura envie de me surclasser ?* J'ai même

17. N.d.T. : Pour le tournage de cette émission, la famille de Jon et Kate était filmée chez elle pratiquement en permanence.

essayé par télépathie. En fermant les yeux, je me suis concentrée de toutes mes forces en lui envoyant des pensées positives : *Surclassez-moi, surclassez-moi…*

— Voilà, madame. Vous êtes dans la chambre 755. J'espère que vous apprécierez votre séjour, m'a-t-il dit en me tendant deux clés.

J'étais perplexe. *Hum, je ne dois pas être en forme aujourd'hui. J'ai dû simplement prendre mes désirs pour des réalités.*

Alors que je me retournais pour m'éloigner, j'ai entendu :

— Oh, madame, vous avez été surclassée. Vous avez maintenant une suite face à l'océan.

J'ai immédiatement fait un tour sur moi-même. Il souriait et me regardait droit dans les yeux, presque comme s'il était de mèche avec quelqu'un. (Peut-être que mon neveu Sean lui avait mis la puce à l'oreille depuis l'Au-delà.)

La suite était comme je l'avais imaginée, quoiqu'un peu plus petite. Lorsque j'ai ouvert les rideaux, la vue qui s'est offerte à mon regard m'a coupé le souffle. À droite se trouvait la fameuse grande roue installée sur la jetée de Santa Monica. La nuit, les lumières du manège empliraient ma chambre de clignotements éblouissants dans des teintes de bleu, de mauve et de vert.

Sous mon balcon, une pelouse en forme de carré occupait une petite partie de la plage. Un groupe s'y adonnait au tai chi, et je ne parvenais pas à décrocher mon regard de leurs mouvements envoûtants. Tandis que je les observais, j'ai remarqué que la plage se remplissait de plus en plus de gens de moins en moins habillés ! Un homme musclé est même arrivé sur les lieux avec un string mauve pour unique vêtement… oh, sans oublier ses patins à roulettes ! Un panneau sur ma gauche a attiré mon attention : MUSCLE

BEACH[18]. *Ahhh, je comprends maintenant!* J'avais vu cette plage dans plusieurs films. C'était l'endroit où reluquer et où se faire remarquer.

Peu importe mon envie de flâner à la plage toute la journée en exhibant mon bronzage irlandais couleur grège (ma peau brûle, pèle et se transforme en une teinte située entre le beige et le gris), ma rencontre avec Disney devait avoir lieu dans deux heures. J'ai donc posé ma valise sur le lit pour faire le tri dans mes vêtements. *Est-ce que je dois porter mon pantalon blanc avec ma chemise bleu pâle pour accentuer la couleur de mes yeux ou ma robe sans manche rayée marron et noire?* Je voulais faire bonne impression, et, comme il m'aurait fallu repasser le pantalon et la chemise, j'ai choisi la robe.

Ensuite, j'ai branché mon fer à friser, et, en attendant qu'il devienne chaud, je me suis maquillée en forçant un peu plus la dose qu'à mon habitude. Habituellement, je préfère un style naturel, mais j'espérais les impressionner. Je suis même allée jusqu'à mettre des faux-cils! Ma main tremblait tandis que je tentais de poser le premier, et j'ai fini par éternuer au beau milieu de l'opération. J'ai été surprise de constater qu'une rangée de cils avait poussé sur ma narine! Après avoir rapidement réparé les dégâts et ondulé mes cheveux, je me suis dirigée vers le rez-de-chaussée.

En sortant de l'ascenseur, je me sentais confiante et éblouissante. Dans le hall d'entrée, j'ai eu l'impression d'être une star de cinéma et je sentais le regard des gens sur moi. J'ai même vu certaines personnes pointer le doigt dans ma direction en murmurant quelque chose. J'étais convaincue d'avoir remis mes faux-cils en place, si bien que je pouvais

18. N.d.T. : Littéralement, «plage des muscles».

uniquement en conclure que j'étais parvenue à me faire belle. Trois valets se sont même précipités pour m'amener ma voiture. S'ils avaient su que, sous cette couche de fabuleux mirage se cachait en fait une vraie campagnarde !

Sur la route, j'ai reçu un appel d'un ami que j'avais rencontré à Los Angeles quelques années plus tôt et qui travaillait chez 20th Century Fox.

— Salut Maureen, c'est Jim. J'ai appris que tu étais à Los Angeles. À tout hasard, est-ce que tu pourrais passer me voir ? J'aimerais que tu rencontres le vice-président de la chaîne.

— Jim, bonjour ! C'est vraiment agréable de t'entendre ! Je me trouve sur l'Avenue of the Stars. Si tu es dans le coin, je peux passer te voir un instant ; j'ai encore une heure avant mon rendez-vous.

Jim s'est mis à rire.

— Ça doit être ton jour de chance parce que je suis justement au 2121, Avenue of the Stars. Viens me voir quelques minutes.

Le destin semblait travailler sérieusement ce jour-là. En regardant sur ma gauche pour y repérer l'adresse, j'ai vu qu'un grand panneau FOX se dressait en haut de la colline. J'ai pratiquement enfoncé mon pied sur la pédale de frein pour pouvoir prendre la direction du stationnement. Jim, un rouquin irlandais grand et mince au regard souriant, m'attendait déjà dans l'entrée lorsque je suis arrivée. Il m'a rapidement entraînée vers le dix-septième étage.

— Je tiens vraiment à ce que tu rencontres cet homme. C'est quelqu'un qui a les pieds sur terre. Je sais que tu vas l'apprécier et réciproquement. Il pourra te donner des conseils pour ta réunion de tout à l'heure et il a des contacts dans d'autres réseaux.

Jim s'est arrêté près d'un bureau et a entrouvert la porte pour y passer la tête. Puis il m'a regardée en me lançant :

— Vas-y, entre ! avec un grand sourire d'Irlandais.

Un homme grand, beau et bien habillé, dans la quarantaine avancée, est venu à ma rencontre.

— Bonjour, je suis Stephen, m'a-t-il dit. Est-ce que je vous connais ?

Quelque chose m'était familier chez cet homme. Je l'ai ressenti comme lui. Il m'a posé des questions sur mon rendez-vous avec Disney (Jim lui en avait parlé). Puis, environ cinq minutes après les présentations, il a levé la main pour interrompre la conversation. Il se frottait le menton et semblait plongé dans une profonde réflexion.

— Maureen, nous filmons actuellement une nouvelle émission de téléréalité pour Fox. J'aimerais que vous en fassiez partie en tant qu'invitée régulière. Est-ce que vous pourriez revenir la semaine prochaine pour filmer trente épisodes ?

Je pense que j'ai glissé de ma chaise et failli déchirer ma robe. *Bon sang ! Bon sang ! Garde un air cool. Reprends tes esprits*, pensai-je en moi-même.

— Eh bien, mes enfants sont en vacances la semaine prochaine ; alors je ne pourrai assister qu'à une journée d'enregistrement. Est-ce qu'une journée sera suffisante ?

Stephen a réfléchi un instant.

— Bien sûr, ce sera formidable. Tout ce que vous serez en mesure de faire me conviendra. Je suis heureux que vous fassiez passer votre famille en premier. Je savais que j'allais vous aimer. Nous pouvons enregistrer huit épisodes en une journée et vous faire revenir rapidement avec votre famille.

J'ai fait mes au revoir à Stephen en le remerciant de m'offrir ma première expérience télévisée. Jim et moi sommes sortis de là bouche bée.

— De toutes mes années passées à Fox, a-t-il commencé, je n'ai jamais vu personne arriver à une première rencontre et en sortir avec une offre pour participer à une émission.

Le choc qui se dessinait sur son visage était inestimable.

— Qu'est-ce qui vient de se passer exactement ?

Je suis presque allée jusqu'à ma voiture en sautillant, Jim à mes côtés, riant avec lui des étranges hasards de cette matinée. Après m'avoir pris dans ses bras tel un gros ours, Jim a posé ses mains sur mes épaules et m'a regardée droit dans les yeux en me disant :

— Tu vas faire un tabac chez Disney. Ils vont t'aimer autant que nous t'aimons.

Lorsque je me suis arrêtée devant les studios de Disney et ABC, mes yeux se sont écarquillés, car j'avais devant moi une statue de Mickey Mouse aussi grande qu'un immense garage, me souriant et pointant sa baguette magique vers moi. Après avoir fouillé dans mon portefeuille à la recherche de mon appareil photo, j'ai fait la mise au point sur Mickey.

— Je suis désolé madame, les photos sont interdites, m'a lancé l'agent de sécurité, qui m'a semblé sortir de nulle part.

J'ai sursauté comme si j'avais commis un crime.

— Vous devez rentrer votre appareil photo, a-t-il poursuivi. J'ai besoin de votre permis de conduire et du nom de la personne que vous êtes venue voir.

J'ai eu un blanc, un vrai trou de mémoire. Malgré tous mes efforts, je n'arrivais pas à me rappeler le nom de la vice-présidente, une femme avec laquelle j'avais pourtant discuté régulièrement au cours des dernières semaines. Je suis devenue rouge de honte (sans mentionner le fait que je suis censée être médium !)

J'ai farfouillé dans mes affaires à la recherche de mon permis de conduire, tout en me creusant les méninges pour retrouver son nom. L'agent, qui m'observait avec perplexité, a remarqué que ma main tremblait lorsque je lui ai tendu mon permis. Juste au moment où je pensais qu'il allait me demander de repartir, le nom de cette femme a surgi dans mon esprit. « Elaine Metaxas ! » ai-je lancé.

Après avoir vérifié sur son ordinateur, il m'a dirigée vers le stationnement et m'a expliqué que je devais aller à la réception, une fois à l'intérieur du bâtiment, pour obtenir la permission de monter au cinquième étage.

Lorsque je me suis garée, je n'étais pas tout à fait prête à sortir de la voiture. Je me suis remis du rouge à lèvres en me regardant dans le rétroviseur, j'ai vérifié que mes faux-cils étaient toujours en place, j'ai redonné du volume à mes cheveux, puis j'ai fait quelques respirations profondes et purifiantes… enfin, disons plutôt que j'essayais de respirer correctement. En vérité, je n'y parvenais pas vraiment, même si je me répétais : « Respire, respire. Tu es chez ABC ! »

Ensuite, j'ai récité une petite prière, demandé à mes anges, guides, proches décédés, ainsi qu'aux saints, à Dieu, à Jésus, à Marie et à feu mon chien de berger, Jillian, de m'accompagner à cette rencontre et de s'assurer que tout se déroule bien. Tandis que je priais, j'ai senti que ma confiance revenait. Puis je suis courageusement sortie de ma voiture pour me diriger vers le bâtiment, suivie de près par mes esprits alliés.

Lorsque l'ascenseur s'est ouvert sur le cinquième étage, une femme souriante était appuyée contre la cloison d'un bureau et discutait avec un collègue. Jetant un œil vers moi, son regard s'est arrêté sur le mien. De mon côté, je me suis immédiatement sentie à l'aise en sa présence, et j'espérais qu'elle soit la personne que je devais rencontrer.

— Maureen ? Je suis Elaine. Je suis heureuse de vous voir !

Mon instinct naturel m'aurait poussée à l'embrasser, mais je me suis contentée de lui serrer la main. Son assistante, Arielle, m'a dirigée vers la salle d'attente. Une fois assise sur l'un des petits canapés inconfortables, j'ai commencé à sentir des élancements dans ma tête. Les proches décédés des personnes que j'allais rencontrer ont commencé à me parler. *Salut Blondie. Je suis le grand-père de Ryan. Dites-lui bien que je suis là, d'accord ? Hé, je suis sa grand-mère, Mary. Je suis sûre que c'est à moi qu'il préférerait parler. Vous serez gentille de lui dire que j'entends ses prières.*

Mes mains commençaient à être moites, et j'avais des palpitations. Quant à ma bouche, elle était aussi sèche que le Sahara. J'arrivais à peine à bouger dans ma robe moulante. Mon estomac s'est mis à gargouiller bruyamment. *S'il te plaît, Dieu, fais que je n'aie pas de gaz. Cette robe est trop serrée, et j'ai bien peur que sa matière ne soit pas ignifugée,* pensais-je en moi-même.

Étant donné que par le passé j'avais eu recours à une agence artistique de Los Angeles à l'occasion de réunions de réseautage, je l'avais de nouveau contactée pour me représenter lors de cette rencontre. Chris, un agent dans la trentaine, avait été envoyé chez Disney pour m'accompagner. Il est arrivé à cet instant.

— Excusez-moi pour le retard. Je suis allé aux anciens bureaux d'ABC. Je n'avais pas su qu'ils avaient déménagé, m'a lancé Chris.

Il avait le souffle court, des gouttes de sueur perlant sur son front, en me rejoignant dans la salle d'attente.

— Voici ce que nous allons faire : Je vais écouter ce qu'ils ont à dire. De votre côté, vous les éblouissez avec vos dons, et nous en discutons après la rencontre.

Puis la tête d'Arielle est apparue de derrière le mur.

— Nous sommes prêts. Veuillez me suivre.

Nous nous sommes retrouvés dans le bureau d'Elaine, et je me suis assise avec prudence sur le coin du sofa dont la teinte se situait entre le rouge et le rose. Chris s'est assis à côté de moi. L'homme qui était assis sur une chaise à ma droite était très souriant et s'est rapidement levé pour se présenter. *Oh mon Dieu*, pensai-je, *il ressemble comme deux gouttes d'eau à Perez Hilton*.

— Bonjour, je suis Ryan, producteur. Je travaille avec Elaine.

Ma bouche s'est ouverte, et mes yeux se sont écarquillés.

— Vous vous sentez bien ? Qu'est-ce qui ne va pas ?

— Vos grands-parents me tenaient compagnie dans la salle d'attente. Votre grand-mère s'appelle-t-elle Mary ?

Le souffle coupé, il a porté la main à sa poitrine. Ses yeux couleur noisette, faisant penser à ceux d'un petit chien, se sont remplis de larmes tandis qu'il acquiesçait à ma question.

Je me suis penchée vers lui en lui prenant le bras.

— Je vous en dirai plus tout à l'heure. C'est une sacrée femme, lui ai-je murmuré à l'oreille.

Rebecca, la femme qui était assise à la droite de Ryan, s'est mise à rire nerveusement quand elle a entendu ce que je disais à Ryan.

Sans attendre, Elaine s'est lancée dans l'explication de leur projet.

— Nous sommes très enthousiastes à l'idée de travailler avec vous, Maureen. Nous modifions un de nos réseaux pour y inclure davantage de docudrames et d'émissions de téléréalité. Nous pensons que vous êtes la candidate parfaite pour une émission pilote dans le cadre de cette nouvelle formule. Nous aimerions particulièrement savoir comment vous organisez votre vie et parvenez à trouver l'équilibre entre votre rôle de mère, votre travail caritatif et votre grande famille catholique-irlandaise. Nous savons que vous pouvez redonner espoir à un grand nombre de familles qui traversent ces épreuves difficiles.

Soudain, quelqu'un a ouvert la porte avec précipitation. C'était un homme assez petit qui portait des lunettes. Il semblait pressé. Elaine et Ryan se sont redressés dans leurs sièges tout en se penchant nerveusement vers l'avant. *Hum*, pensai-je, *ce doit être quelqu'un d'important. Je me demande s'il sait qu'il ressemble à John Lennon.*

— Je suis David, m'a-t-il lancé en me tendant la main avec hésitation.

J'ai été tentée de l'attraper en lui criant « Bouh ! » mais j'ai résisté. Je lui ai souri et me suis présentée à lui.

Elaine a repris la parole.

— David, j'étais en train d'informer Maureen de notre idée d'émission et de lui dire à quel point nous étions enthousiastes qu'elle se joigne à notre réseau.

Je n'arrivais pas à cerner David, qui s'était contenté de s'asseoir confortablement et de mâchouiller son crayon en m'observant. Je me suis alors levée pour leur expliquer à quoi ressemblait une journée typique de ma vie, tout en gesticulant et en sautillant, leur donnant un aperçu du clown que j'étais.

Au bout d'un moment, David s'est penché en avant pour prendre la parole :

— Pourquoi voulez-vous avoir votre émission télévisée, Maureen ?

Quoi ? pensai-je. *Moi ? Une émission télévisée ? Pourquoi je voulais une émission ? Ce ne sont pas eux qui sont venus me chercher ? Ce n'est pas plutôt l'inverse ? Réfléchis vite. Non, attends. Ne réfléchis pas. Respire, regarde au fond de ton cœur et sois honnête. Mais qu'est-ce que c'est que ce bruit sourd ? Oh, c'est mon cœur. Allez, je me lance…*

Je me suis penchée pour regarder David droit dans les yeux.

— Je veux ma propre émission pour que je puisse atteindre le plus de gens possible, pour pouvoir les aider, pour semer des graines d'espoir où elles sont nécessaires. Je veux transmettre mes connaissances dans un monde où la souffrance, la peine et le désespoir font rage. Je veux montrer aux gens qu'il y a bien plus que notre corps physique, pour qu'ils puissent vivre chaque jour de leur existence comme s'il s'agissait du dernier. Je veux que les gens examinent leur propre vie et sachent à quel point il est important de payer au suivant, de pardonner, de rire, d'être proche de sa famille et de comprendre que leur voisin a peut-être besoin d'aide.

Tout le monde est resté silencieux pendant ce qui m'a semblé durer une éternité. Je me suis approchée de David.

— David, demandez-vous ce que vous donnez aux autres. Est-ce suffisant ? Ce qui compte n'est pas de savoir quelle quantité d'argent ou combien de voitures nous possédons, mais plutôt de déterminer pour quelle raison nous sommes sur terre, de retrouver la joie de vivre et de mener la meilleure existence possible jusqu'à notre départ.

Le regard de David s'est agrandi. Il a décroisé les jambes et poussé un soupir tout en se redressant dans son siège. Un sourire s'est lentement dessiné sur son visage, et son regard s'est éclairé. J'ai perçu un scintillement dans ses yeux comme s'il venait de découvrir le sens de la vie. Après s'être raclé la gorge, il m'a dit :

— D'accord. Merci.

Puis il s'est levé et m'a prise dans ses bras, ce qui m'a vraiment étonnée. De la chaleur a traversé mon corps tout entier, et j'ai compris. *C'est avec ces personnes que je veux travailler.* Et je savais que Dieu me dirigeait dans ce sens. Même si elles voulaient évidemment gagner de l'argent grâce à cette émission, mon intuition me soufflait qu'une puissance supérieure était à l'œuvre… quelque chose de plus grand que n'importe quel président de chaîne.

J'ai signé un contrat à option de quatre ans avec Disney/ABC pour la diffusion de ma propre émission de téléréalité. Le résultat m'a remplie de joie. En juin 2010, les producteurs exécutifs de la série *Ghost Whisperer,* Ian Sander et Kim Moses, ont signé un contrat avec ABC Media Productions pour produire mon émission. Je me pince encore.

Une semaine après mon importante réunion chez Disney, j'ai refait le voyage de Boston à Los Angeles pour filmer les huit épisodes auxquels je m'étais engagée avec Fox lors de ma rencontre récente avec le vice-président de la chaîne. J'ai auparavant vérifié avec Disney que j'en avais le droit puisque mon contrat n'était exclusif que dans le cadre de téléréalité.

Il m'a semblé irréel d'arriver au stationnement des studios Fox et de voir la barrière se lever pour me laisser passer lorsque j'ai donné mon nom. À 9 h, il faisait déjà une chaleur écrasante. Après m'être garée, je me suis dirigée vers le bâtiment où je devais être coiffée et maquillée. À mon arrivée, le personnel m'a dirigée vers une petite salle. Mais en y pénétrant, j'ai vu que des affiches de l'émission *Divorce Court,* animée par le Juge Toler, étaient placardées sur tous les murs. Je n'étais pas au bon endroit. Je m'imaginais tout le monde dire : « Tu savais que la médium s'est perdue et qu'elle est arrivée en retard pour l'enregistrement ? Quelle maladroite ! »

Je me suis donc échappée par une porte arrière et j'ai traversé le stationnement pour rejoindre un autre bâtiment. J'ai demandé à mes anges gardiens de me montrer le chemin. Puis j'ai entendu dans mon esprit : « *Va au bâtiment 11.* »

Lorsque j'ai ouvert la porte à double vitrage, une femme s'est précipitée vers moi pour me demander :

— Vous êtes Maureen, la médium ? Nous avons 10 minutes pour vous coiffer et vous mettre en tenue. Suivez-moi vite.

Ensuite, elle m'a pris le bras et nous nous sommes mises à courir dans le long couloir. Puis on s'est occupé en vitesse de ma coiffure et de mon maquillage, après quoi un homme grand, pourvu d'un talkie-walkie, m'a prise par le bras pour me diriger vers une autre pièce.

— Voici votre loge, Maureen. Si vous avez besoin de quoi que ce soit, demandez-le-moi. Je suis un des assistants de production. Enfilez une des tenues accrochées dans la salle de bain. Nous revenons vous chercher dans 5 minutes. Votre premier épisode commence dans 10 minutes.

Ma loge était fabuleuse ! Un long sofa moelleux couleur chocolat longeait le mur du fond, et deux gros fauteuils en cuir brun foncé étaient disposés dans les deux autres coins de la pièce. La table était couverte de diverses grignotines et boissons. J'ai mis quelques barres de céréales dans mon sac pour plus tard. J'avais l'impression de rêver. J'ai ouvert la porte pour jeter un œil à l'extérieur et j'ai remarqué quelque chose que je n'avais pas vu en arrivant. Un panneau accroché à la porte indiquait MAUREEN HANCOCK, TÉMOIN EXPERT. De quoi étais-je donc le témoin expert ? Il s'agissait peut-être d'une erreur.

J'ai rapidement enfilé un magnifique pantalon gris clair assorti d'un haut mauve. Alors que j'étais en train d'attacher mon collier, quelqu'un a frappé à la porte avec velléité.

— On tourne dans cinq minutes. On a besoin de vous maintenant !

J'ai ouvert la porte et me suis mise à courir. De toute évidence, c'est ainsi que l'on se déplaçait par ici. Nous avons descendu des escaliers pour nous retrouver au sous-sol. Derrière le décor se trouvaient les accessoires, les éclairages, le son et la production. Une petite femme brune m'a rapidement équipée pour le son et a accroché ce qui ressemblait à un vieux walkman Sony dans mon dos. Tandis qu'elle en dissimulait un fil sous la chemise, j'ai pris mon courage à deux mains pour lui poser une question.

— Sur quoi porte l'émission en fait ?

Elle s'est interrompe et m'a regardée comme si j'avais deux têtes.

— Personne ne vous a expliqué le concept de l'émission ?

— Non, lui ai-je répondu d'un air piteux.

— Ce sont des couples fiancés qui se pensent prêts pour le mariage, mais qui se posent quelques questions. Le Dr Michelle Callahan, spécialiste en relations, les interroge et détermine s'ils sont prêts. Vous êtes experte en quoi ?

— Hum, en communication avec les morts, lui ai-je chuchoté.

Ce à quoi elle a répondu avec ironie :

— Eh bien, n'est-ce pas intéressant !

Ainsi, ma première expérience télévisée a ressemblé à un rendez-vous arrangé où on ne connaît pas la personne que l'on va rencontrer. Je n'avais aucune idée de ce que j'allais faire, de qui j'allais rencontrer, ni de l'objectif recherché. Mon interrupteur psychique était sur off jusqu'à ce que le présentateur annonce mon nom. Les éclairages éblouissants se sont braqués sur moi. J'étais assise avec le public, à la première rangée. J'étais plutôt calme si l'on considère qu'il s'agissait de ma première apparition dans une émission télévisée nationale.

Pour chacun des épisodes dans lesquels je jouais le rôle de « témoin expert », un couple était confronté à la perte d'un proche. Ma mission consistait à mettre la situation en lumière et à transmettre des messages de l'Au-delà. D'une fois à l'autre, mes interprétations étaient validées avec une force toujours plus grande.

L'émission a été diffusée pendant quelques mois, dans plusieurs villes nationales faisant partie du marché-test. Pour mes amis et ma famille, j'avais ma propre émission hollywoodienne. Après trois mois supplémentaires de diffusion, elle a fini par être annulée à la fin de la première saison. Par la suite, j'ai reçu des centaines de courriels de la part de téléspectateurs qui cherchaient à prendre contact avec des proches décédés ou qui souhaitaient recevoir des conseils concernant leurs relations amoureuses.

Patience ! Ce n'est pas une leçon facile à apprendre pour moi, car je préférerais que les événements se déroulent selon mon propre calendrier. Mais j'ai fini par comprendre que le calendrier divin est habituellement celui qui gagne (non, finalement, c'est toujours lui qui gagne !) Quand vous avez un rêve qui vous enthousiasme vraiment, il peut être parfois difficile d'avoir la foi et d'être convaincu qu'il se réalisera. Mais il se passe en « coulisses » beaucoup de choses que nous ne savons pas et ne pouvons pas contrôler. Nous devons attendre. Et, pendant que nous attendons, nous avons la possibilité de déterminer nos désirs avec encore plus de clarté. N'acceptez pas d'abaisser vos attentes. Donnez à l'univers l'occasion de sculpter vos rêves à la perfection. C'est toujours ce qu'il fera pour vous… à moins que vous n'abandonniez. Alors n'abandonnez jamais !

Pensez à un bambou. Il lui faut passer environ trois ans dans la terre avant de commencer à pousser. Pendant tout ce temps, ses racines poussent profondément dans la terre. Puis, comme par magie, cet arbre peut atteindre jusqu'à 1 mètre au moins en l'espace de 24 heures !

Pensez maintenant à votre rêve. Avez-vous baissé les bras parce que vous ne voyiez pas de signes de sa concrétisation ? À moins qu'une personne vous ait convaincu qu'il s'agissait d'une pure utopie ou que vous ayez perdu la raison. Quelqu'un vous a-t-il donné une centaine de raisons pour que votre rêve ne puisse pas se concrétiser ? Ne laissez personne porter atteinte à votre confiance.

Lorsque votre rêve sera plus net et que vous en aurez un bon ressenti, soyez convaincu qu'il se concrétisera. Restez concentré sur votre désir, et non sur le fait qu'il ne s'est pas encore réalisé. Soyez assuré qu'il le sera ! Je crois en vous.

12

Enfants clairvoyants

Alors que je n'étais qu'une enfant, voir et entendre des esprits dans ma chambre ou ailleurs dans la maison faisait partie de mes habitudes nocturnes. La plupart du temps, je gardais ces histoires pour moi, de peur d'être ramenée à l'hôpital, comme ne cessait de me le répéter ma sœur à l'époque. Je me sentais seule, car je ne pouvais parler à personne de ce que je vivais.

Lorsque des esprits me sont apparus pour la première fois, j'ai manifesté une curiosité prudente. Mes sœurs Patrice et Sarah, avec lesquelles je partageais ma chambre, étaient profondément endormies quand les « fantômes » faisaient leur apparition. Parce que j'avais passé beaucoup de temps dans un hôpital, j'avais un mauvais sommeil ponctué par de fréquents réveils. J'étais particulièrement sensible aux bruits et aux mouvements.

J'ai arrêté de parler d'esprits lorsque j'ai vu que mes parents, ainsi que mes frères et sœurs, les ignoraient totalement ou les mettaient sur le compte des médicaments que je prenais pour soigner mon empoisonnement à la peinture au plomb. En y repensant, j'aurais aimé que quelqu'un m'explique ce qui m'arrivait. Je suis maintenant convaincue que le fait d'avoir été dans le coma et d'avoir frôlé la mort a ouvert une porte vers l'Au-delà.

Je suis étonnée de voir combien d'enfants clairvoyants ou intuitifs parlent ouvertement de leurs dons. Je suis heureuse de savoir que ces enfants ne gardent pas ces informations pour eux comme j'ai dû le faire à leur âge. La première étape pour aider votre enfant à comprendre ce qui lui arrive consiste à l'accepter et à le comprendre vous-même. Il existe des centaines de livres sur le sujet des enfants clairvoyants ou intuitifs, de même que des émissions télévisées telles que *Psychic Kids : Children of the Paranormal*, qui proposent aux parents des moyens d'aider leurs enfants. Aborder les sujets de la clairvoyance et du paranormal ne pose plus les mêmes problèmes maintenant que lorsque j'étais jeune.

Au fil des ans, mon travail m'a permis de rencontrer quelques enfants dotés de grandes capacités de clairvoyance et d'intuition. En fait, la plupart des enfants sont particulièrement intuitifs, et peuvent voir (clairvoyance) et entendre (clairaudience) des proches décédés, plus particulièrement s'ils ne les ont jamais rencontrés. Combien de fois votre enfant vous a-t-il parlé de son ami imaginaire ? Posez-lui des questions sur cet ami, par exemple : « Comment s'appelle ton ami ? À quoi ressemble-t-il ? Est-ce qu'il te parle ? »

Vous pourriez être surpris par les réponses de votre enfant. Son « ami imaginaire » est peut-être un de vos proches décédés.

Nombre de mes clients m'ont confié que leur enfant leur disait voir quelqu'un dans le coin de la pièce ou qu'ils le voyaient sourire sans raison apparente. Ce « quelqu'un » pourrait en fait être un esprit qui joue avec votre enfant ou qui le fait rire.

Naturellement, en grandissant les enfants sentent qu'il n'est pas socialement acceptable d'entendre des voix ou de voir des personnes imaginaires. Beaucoup de gens ont été conditionnés pour croire qu'une personne possédant de tels dons ne pouvait être que bizarre, effrayante ou même folle. Or, les intuitions, les visions et les dons psychiques en général sont un cadeau de Dieu inhérent à chaque individu. C'est aux parents que revient le rôle d'apprendre à leurs enfants, et d'apprendre eux-mêmes, à accepter leur don et à le maîtriser, au lieu d'en avoir peur.

Je me souviens que, lorsque j'ai commencé ma scolarité au primaire, j'ai raconté à ma nouvelle amie Debbie que des gens venaient me rendre visite pendant la nuit. Un jour, pendant la récréation, nous nous sommes assises près d'un immense chêne. Lorsque je lui ai confié mon secret, elle s'est mise à rire et à crier dans la cour : « Il y a des fantômes dans la maison de Maureen ! Sauvez-vous ! » Un groupe d'enfants de ma classe s'est mis à me siffler en s'éloignant de moi en courant. Pendant une semaine environ, personne ne s'est approché de moi. J'avais la sensation d'être une mal-aimée, un peu comme si j'avais des poux. Chaque jour, je feignais d'être malade et me rendais à l'infirmerie afin d'avoir le droit de rentrer chez moi.

Je reçois souvent des courriels de parents me demandant des conseils pour aider leurs enfants qui ont des visions et qui sont en contact avec des esprits. En voici un que j'ai reçu récemment :

Maureen, j'ai besoin de votre aide. Mes enfants voient des personnes décédées. Mes filles, des triplettes âgées de neuf ans seulement, ont des visions. Je voudrais juste m'assurer que ce sont de bons esprits qui leur apparaissent. L'une d'elles a vu une femme aujourd'hui et me l'a décrite. Je n'ai aucune idée de qui cela peut être. Ma fille ne sait pas comment interpréter ce qu'elle voit ni comprendre quels messages lui sont transmis. Toutes les trois sont un peu effrayées par ce qui leur arrive. Merci de me dire si vous pouvez m'aider.

Votre enfant n'a pas besoin de savoir que vous êtes totalement effrayé. Acceptez ouvertement qu'il puisse véritablement voir des esprits. Dites-lui que ce n'est pas le fruit de son imagination et qu'il n'est pas le seul dans cette situation. Aidez-le à se sentir plus normal en lui expliquant que beaucoup d'autres enfants ont les mêmes dons.

Aidez-le à accepter son don en l'encourageant à s'exprimer librement lorsqu'un événement d'ordre paranormal se produit. Vous pourriez lui demander : « Est-ce que tu as vu papa aujourd'hui ? De quoi avez-vous parlé ? Est-ce qu'il a dit ou fait quelque chose d'amusant ? »

Si votre enfant semble perturbé ou effrayé par ses dons, parlez-en avec lui. Demandez-lui : « Qu'est-ce qui t'effraie le plus dans ce que tu vois ? Est-ce que les esprits ne viennent que la nuit ou s'ils apparaissent aussi pendant la journée ? »

Si vous remarquez que l'esprit ou l'énergie en question le réveille la nuit, parlez avec votre enfant de la question de la maîtrise. Les capacités psychiques peuvent s'apparenter à un interrupteur, et, si votre enfant est bien guidé, il peut apprendre à les « éteindre » lorsqu'ils les trouvent trop envahissantes. Dites-lui : « Tu es protégé par les anges. Demande à tous les anges de venir t'entourer. L'archange Saint-Michel est ton protecteur. Appelle-le quand tu as besoin de lui. Demande aux esprits de te laisser tranquille s'ils te dérangent. Essaie de t'exprimer avec fermeté et efforce-toi de ne pas avoir peur. Les esprits apprécient probablement le fait que tu puisses sentir leur présence, et ils viennent vers toi parce que tu es spécial. »

Si vous avez plus d'un enfant dans cette situation, vous constaterez peut-être que le plus sensible est celui qui a le don le plus puissant. Il est habituellement celui qui maintient la paix au sein de la famille, autour duquel les autres enfants se rassemblent, et qui se fait le défenseur des défavorisés.

Je retrouve ces capacités uniques chez mes propres enfants. Tyler et Drew me disaient en permanence, surtout quand ils étaient plus jeunes, qu'ils voyaient leur cousin Sean, et ils décrivaient avec force détails ce que celui-ci faisait. Il y a quelques années, au cours d'un après-midi où régnait une chaleur accablante, les garçons et moi sommes partis à pied rejoindre la famille de Sean au cimetière. Nous savons bien sûr que notre Sean n'est pas réellement à cet endroit ; en fait, il nous accompagne lorsque nous y allons !

Leurs dons nous sont apparus clairement à notre retour. Rosie et John, les parents de Sean, ainsi que sa sœur Stassia, étaient revenus à la maison avec nous, et nous étions tous affalés sur le sofa, épuisés par la chaleur, tandis que Tyler et Drew jouaient par terre. Le plus naturellement possible, j'ai demandé à Tyler s'il avait déjà vu Sean. Tyler avait connu Sean sur le plan physique, et il devenait évident qu'il le connaissait également sur le plan spirituel. Il m'a répondu : « Oui, et il envoyait des tartes à Rosie, Stassia et Ally (leur chien). »

Nous avons tous crié : « Quoi ? » Rosie, John et Stassia ont bondi du sofa. Tyler/Sean faisait écho aux paroles d'une personne qui s'était rendue chez Rosie et John un peu plus tôt dans la journée.

En effet, ce jour-là un livreur d'UPS avait sonné chez eux pour déposer un colis. Ils étaient régulièrement inondés de lettres, de fleurs, de nourriture et de dons en argent, destinés au fonds de bourses d'études de Sean, lequel a pour mission d'aider les enfants de notre collectivité. Ainsi, ce livreur connaissait très bien la famille et était devenu particulièrement proche de John.

Les trois adultes avaient discuté sur le porche, car le livreur avait également perdu son fils des années plus tôt, et il partageait la peine de Rosie et John. Souhaitant leur apporter son aide, il leur avait proposé avec enthousiasme d'organiser une levée de fonds en l'honneur de Sean dans les mois suivants. Il pensait l'organiser dans une salle de la mairie, espérant attirer quelques centaines, voire un millier, de personnes. Il avait fait promettre à John et à Rosie de garder cette information pour eux, car il n'avait pas encore eu l'approbation de la mairie.

— Nous n'en parlerons à personne, avaient-ils répondu.

Ils allaient retourner à l'intérieur lorsque John avait soudainement crié à l'attention du livreur :

— Hé, mais qu'est-ce qu'on va proposer aux gens sur place ?

Ce à quoi le livreur avait répondu :

— J'ai supposé qu'il y aurait pas mal de gens prêts à m'envoyer une tarte à la figure. Je les ferai payer 10 $.

Mes enfants parlaient souvent de Sean comme s'il était encore avec nous. Ils le faisaient ouvertement parce que je leur avais expliqué que l'esprit, ou l'âme, de la personne survivait à la mort physique. En grandissant, leurs conversations avec Sean se sont espacées, mais leur curiosité à l'égard de la vie après la mort est toujours présente.

Mon fils cadet, Drew, pose beaucoup de questions sur la mort. Je redoute que sa fascination pour la mort soit source d'angoisse chez lui. Récemment, alors que je lui lisais une histoire au moment du coucher, il m'a regardée avec ses grands yeux inquisiteurs d'un bleu sombre avant de me demander :

— Maman, si tu meurs, comment je pourrai savoir que tu es toujours là ?

Je l'ai pris dans mes bras et l'ai serré très fort. Puis je lui ai murmuré à l'oreille :

— Tu sauras que je suis toujours là, car je te promets que je te le prouverai. Tu entendras ma voix dans ta tête, et elle te guidera. Je te rendrai visite dans tes rêves. Je me servirai de la musique pour t'envoyer des chansons et du vent pour te caresser la joue. Je dirai ton nom quand tu t'y attendras le moins.

— Maman, tu ne peux pas mourir. J'ai besoin de toi. Quand je me marierai, j'aimerais que tu vives dans mon sous-sol.

Je l'ai gardé dans mes bras en l'assurant que la mort n'était pas la fin et qu'il était inutile qu'il s'inquiète pour le moment. Il s'est endormi en me tenant par le bras.

Mon amie Noëlle a une fille de 12 ans particulièrement intuitive qui voit constamment des esprits. Maddie s'efforce d'accepter son don et apprend à ne pas avoir peur des esprits. Récemment, elle m'a demandé de l'aider. En effet, alors que, par le passé, ses visions ne concernaient que des membres de sa famille décédés, elle voyait maintenant des gens qu'elle ne connaissait pas, et cela pouvait même survenir alors qu'elle était dans la voiture avec sa mère. Elle les voyait assis au bord de la route, sortant la tête de derrière un arbre, ou encore lors d'événements sportifs.

J'ai demandé à Maddie de raconter son histoire dans l'espoir de permettre à d'autres enfants de se reconnaître dans son récit et de se sentir moins marginaux. Voici donc son histoire, dans ses propres mots :

Quand j'avais trois ans, mon grand-père est mort. Nous étions très proches tous les deux. Environ un an plus tard, il a commencé à me rendre visite. Ma mère m'a dit qu'elle n'oublierait jamais ce qui s'est passé un jour où nous étions tous assis à la table de la cuisine. Je lui avais dit que mon grand-père trouvait mon petit frère très beau et magnifique. Ma mère et le reste de ma famille ont semblé un peu surpris de la façon dont je leur avais parlé — je suppose que j'avais utilisé les mots précis que mon grand-père aurait prononcés. En plus, mon grand-père n'avait pas eu le temps de connaître mon petit frère. Mais je le voyais. Je pouvais lui parler. Lorsque ma mère m'avait demandé d'où me venait ce discours, j'ai simplement pointé le doigt vers le ciel en lui répondant que mon grand-père, qui était parmi les nuages, me l'avait transmis. Environ cinq ans plus tard, mon arrière-grand-mère est morte. Le week-end suivant sa mort, j'ai été malade. C'est là que je l'ai vue, assise dans la chaise berçante juste à côté de moi. C'était le dimanche du Super Bowl. Et ma grand-mamie ne ratait jamais le Super Bowl.

Lorsque ma mère est montée vérifier comment je me sentais, elle m'a entendue parler avec mon arrière-grand-mère. Je lui ai raconté ce qu'elle m'avait dit. Elle allait bien et était heureuse d'avoir retrouvé mon arrière-grand-père. Par la suite, j'ai régulièrement vu des membres de la famille que je reconnaissais, et j'en parlais à mes parents. Au cours des dernières semaines, j'ai vu des gens et des animaux que personne d'autre ne voit. Peu importe où je suis — au centre commercial, dans la rue, dans mon salon ou chez une amie —, ils me trouvent.

La plus grande partie de ma famille possède ce don, et je suis très contente de l'avoir moi aussi. Mais il arrive que je voie quelque chose et que je ne puisse rien dire à ceux qui sont là. Maureen m'a donné un conseil qui m'a beaucoup aidée : « C'est toi qui as la situation en main. Parfois, c'est à toi de dire : "Allez-vous-en ! Je ne veux pas de vous maintenant." » J'ai beaucoup de chance d'avoir grandi entourée de personnes qui comprennent ce que je vis et qui savent comment m'aider à gérer les choses.

Chez les enfants, les dons psychiques se présentent de nombreuses façons différentes. Ceux que je vois le plus couramment sont la clairsentience, la clairvoyance et la télépathie. Les enfants intuitifs ont tendance à sentir (clairsentience), à voir (clairvoyance) et à capter les idées d'autres personnes (télépathie).

La capacité de sentir fait également référence au don d'empathie, ce qui signifie qu'une personne pourvue de ce don peut ressentir et s'approprier les émotions physiques des autres, y compris des animaux et des esprits.

Enfant, j'étais très empathique. Pendant que les autres enfants de notre quartier jouaient au kickball et à cache-cache, mon amie Jackie et moi faisions du bénévolat dans une maison de repos. Nous n'avions que 11 ans. J'avais toujours été très peinée de constater que ces personnes âgées ne recevaient pas de visites. Leurs regards s'éclairaient quand nous arrivions dans l'établissement.

Il est utile, pour les parents d'enfants intuitifs, d'apprendre tout ce qu'ils peuvent sur les différents types de capacités psychiques afin de les aider à comprendre et à cultiver leurs dons. Croyez-en mon expérience, votre enfant se sentira isolé et seul si vous essayez d'ignorer ses appels à l'aide à cause de votre propre peur de l'inconnu.

Aidez vos enfants à comprendre ce qu'est la mort. Dites-leur que ce n'est pas la fin, mais simplement une transition d'un lieu à un autre, un peu comme de se rendre de la cuisine au salon. Quand une personne meurt, elle change seulement de forme. Elle n'est pas «partie», mais juste transformée. Elle passe d'un corps physique à un corps dont l'énergie est plus subtile. Vous pourriez dire à vos enfants qu'elle passe d'un corps d'humain à un corps d'ange.

Pensez à la vie d'une fleur. Au départ, elle est une graine dure et dense. Puis elle se libère de son enveloppe et devient un bourgeon subtil et doux. L'essence de la fleur se retrouve à la fois dans sa forme dense de graine et dans sa forme de floraison. Il est question de la même chose, sous deux formes différentes. Il en va exactement de même concernant la mort. Notre essence, notre âme — ce que nous sommes réellement — se libère de son enveloppe physique (notre corps) pour se transformer en une forme plus subtile que des personnes très intuitives peuvent voir, plus particulièrement les enfants et les personnes sur le point de mourir.

En tant que parent d'un enfant intuitif, une des choses les plus importantes que vous puissiez faire consiste à surmonter votre propre peur de la mort, afin que votre enfant n'associe pas cette dernière aux images stéréotypées de maisons hantées, fantômes et esprits diaboliques.

En offrant à vos enfants de bonnes bases axées sur l'amour et la confiance, et non sur la peur, vous leur permettrez de se sentir mieux dans leur peau, et d'être plus forts et plus heureux.

Établir un système de soutien est également essentiel pour aider les enfants et les adolescents à mieux gérer leurs dons. Les adolescents qui reconnaissent avoir des visions détaillées, des intuitions, des prémonitions et des rêves portant sur un proche décédé doivent bénéficier d'une communication claire et ouverte avec leurs parents et ceux qui se trouvent dans la même situation.

Les adolescents intuitifs ont un poids énorme sur les épaules, surtout s'ils parlent de leurs dons à des amis. Sans oublier que leurs hormones sont hyperactives et que leur niveau d'anxiété est élevé. Si vous rajoutez à cela des capacités médiumniques et psychiques, l'adolescent finit par être dépassé par les événements. J'ai remarqué que de nombreux adolescents intuitifs, ne sachant que faire de toute l'énergie qui affluait dans leur système, finissaient par développer un trouble anxieux ou une dépression. Aidez-les à comprendre qu'ils ont intérêt à en discuter avec un bon thérapeute. De nombreux psychologues se tournent vers des moyens holistiques et naturels pour aider les enfants et adolescents intuitifs.

Il existe dans le Massachusetts un endroit fabuleux connu sous le nom de A Place of Light[19]. Il s'agit d'un centre dont la mission est d'aider les familles à comprendre et à guider leurs enfants intuitifs. L'émission *Psychic Kids* de la chaine A&E en a parlé. Mon amie Jill Sylvester est une conseillère accréditée qui intègre des formes traditionnelles et nouvelles de traitement pour les enfants intuitifs.

Le plus important, vous devez savoir que vous n'êtes pas seul. Avoir des dons psychiques n'est plus aussi inhabituel qu'avant, et je vois de nombreux enfants intuitifs (et leurs parents) chercher à obtenir des réponses et des conseils, ainsi qu'à être acceptés. Faites un premier pas pour que vous et votre famille deveniez plus forts et pour que vous parveniez à comprendre, à nourrir et à apprécier vos dons divins.

19. N.d.T. : Traduction littérale : Une place de lumière.

13

C'est à vivre

J'ai une question à vous poser : Est-ce que vous m'imaginez tenir des séances de spiritisme dans mon bureau jusqu'à 3 h du matin et préparer des potions magiques dans ma cuisine ? Si vous répondez oui, il est préférable que je dissipe ce malentendu. Un jour, au cours d'une émission, j'ai mentionné que mes enfants étaient suivis par un médecin, et une femme s'est exclamée :

– Oh mon Dieu, *vous* avez des enfants ?

– Deux garçons.

– Je sais que cela semble étrange, mais je pensais que vous consacriez tout votre temps à aider les gens.

Oui, j'aide les gens *et* j'ai une famille – tout comme les 71 % de femmes qui travaillent. Cela peut vous surprendre, mais lorsque je suis chez moi et que j'ai fini d'aider mes enfants à faire leurs devoirs, et que j'ai mis en route une lessive, je m'installe sur le canapé pour regarder *Jerseylicious* ou *The Bachelor* à la télévision.

Parce que mon travail consiste à mettre des personnes en contact avec leurs proches décédés, les gens ont tendance à penser que je contrôle parfaitement le monde de l'invisible. Ils me demandent de retrouver leurs proches disparus, de localiser où se trouve leur bijou égaré, de diagnostiquer des problèmes médicaux, de parler à leurs enfants intuitifs et de découvrir si leur partenaire les trompe. Ils pensent avoir trouvé un condensé du Dr Phil, de Supernanny et de la messagère des esprits dans *Ghost Whisperer.*

Est-ce que je trouve mon travail difficile ? Oui, par moments. J'ai souffert de crises de panique pendant toute mon enfance et, de façon plus sporadique, durant ma vie d'adulte. Parce que je suis intuitive, je capte la tristesse et les énergies négatives des gens. J'ai appris à me protéger et à garder une certaine distance, et je dois également mettre des limites avec les gens — surtout lorsqu'ils sont obsédés par ce qu'*ils* veulent et ne voient donc pas *ma* propre vulnérabilité.

Prendre contact avec des esprits peut drainer votre énergie si vous manquez de prudence. Il me faut élever mon énergie à un niveau qui me permet de maintenir, sur une durée suffisamment longue, un lien avec les esprits. J'ai des outils pour m'y aider, notamment faire de l'exercice, méditer, manger sainement (pas de viande rouge ni d'alcool) et bien dormir.

Pendant des années, je restais devant mon public pendant quatre à cinq heures consécutives. Voir tous ces visages tristes qui me regardaient dans l'espoir de recevoir un dernier message d'amour de l'Au-delà me permettait de continuer, tel le lapin des piles Energizer. Mais au cours de l'année qui vient de s'écouler, j'ai commencé à porter une plus grande attention à mes réserves d'énergie et à ce que je suis capable de donner. En voici une illustration…

Il y a 4 ans, j'ai fait une présentation au restaurant Albert de la ville de Stoughton, dans le Massachusetts, devant plus de 200 personnes. La soirée avait commencé à 19h. Minuit venait juste de sonner lorsque, m'approchant de la dernière table, j'ai senti que la vision de mon œil droit était en train de diminuer. Puis j'ai vu de petits zigzags se dessiner dans mon œil droit et prendre de l'ampleur, et se déplacer ensuite dans le gauche, un peu comme si je regardais un kaléidoscope. La moitié de la pièce m'est subitement apparue noire, et je suis tombée sur le sol. J'ai su plus tard qu'il s'agissait d'une migraine oculaire. Il m'arrive souvent d'en avoir après mes spectacles devant des publics importants.

Vous pourriez penser que le fait de frôler l'évanouissement à la fin d'une représentation aurait dû me permettre de comprendre que je devais ralentir et prendre plus soin de moi-même. Mais il m'a fallu une sérieuse infection des diverticules pour me réveiller et me faire enfin comprendre que je ne pouvais pas continuer à ce rythme.

En 2006, alors que je m'apprêtais à partir pour une réception, j'ai été prise d'une douleur vive vers le bas du ventre, du côté gauche. Il ne s'agissait pas de douleurs abdominales courantes, car j'étais pliée en deux et je gémissais de douleur. Mais mon « besoin de plaire » étant réglé sur la force maximale, je n'ai pas voulu annuler la rencontre. Au lieu de cela, j'ai appelé ma sœur Rosie pour lui demander de m'y accompagner.

— Rosie, cela ne te dérangerait pas de me conduire à ma réception ?

— Qu'est-ce qui ne va pas ? Tu as une voix bizarre. Ça va ?

— Eh bien, j'ai très mal et je ne pense pas que je puisse conduire.

— Tu ne peux pas annuler, Mo ? Mon Dieu, tu ne peux pas continuer avec un emploi du temps aussi exténuant. Ils comprendront.

Je lui ai alors énuméré toutes les raisons pour lesquelles je devais y aller :

— Ces gens ont quitté leur travail pour venir me voir. Certains viennent de loin. Une femme a même pris l'avion depuis la Virginie.

À l'autre bout du fil, Rosie était silencieuse. Elle ne me croyait pas, mais elle savait que j'étais décidée.

— J'arrive, m'a-t-elle promis.

Lorsque nous sommes arrivées à destination, des gouttes de sueur perlaient sur mes tempes, et mon visage était rouge. Rosie a posé la main sur mon front.

— Tu es très chaude, Mo. Tu ne devrais peut-être pas y aller.

— Oh mon Dieu, non, il faut que j'y aille. Je ne peux pas supporter l'idée de décevoir tous ces gens. Cela fait six mois qu'ils attendent cette rencontre.

— D'accord, mais si tu as toujours cette mine à la fin de ta représentation, je t'emmène à l'hôpital.

Avant de commencer la séance de médiumnité, je me suis excusée et j'ai pris la direction de la salle de bain. Là, en regardant vers le ciel, j'ai prié et supplié l'Au-delà de m'aider à tenir toute la soirée. J'ai demandé à tous les morts qui voulaient bien m'entendre de me soulager de ma douleur pour que je puisse aider leurs proches présents dans l'autre pièce.

La plus grande partie de la soirée, mes communications avec les esprits ont été plus qu'exceptionnelles. Lorsque je prenais la parole, j'avais la sensation que ce n'était pas ma voix qui sortait de mon corps. C'était un peu comme si je flottais au-dessus de mon corps douloureux et laissais quelqu'un d'autre faire tout le travail à ma place. Mais entre deux prises de contact avec l'Au-delà, ma douleur redoublait d'intensité.

Habituellement, je m'assieds en face de la personne en lui tenant la main — cela m'aide à maintenir une bonne communication. Dans ma tête, je demande à l'esprit concerné de se présenter. Je ressens des fourmillements dans la tête et j'entends la voix de l'esprit. Mon rythme cardiaque s'accélère et je me sens anxieuse. Lorsque le lien est bien établi, je pose des questions à l'esprit par la pensée : *Qui êtes-vous ? Pouvez-vous me donner un nom ? Comment êtes-vous décédé ? Faites-moi sentir, dans mon corps, comment vous êtes mort. Aviez-vous des enfants ? Quel message puis-je transmettre ?*

Vers la fin de la soirée, mes communications avec l'Au-delà se sont faites plus courtes et beaucoup plus difficiles à retransmettre — j'avais du mal à terminer. Pourquoi personne n'a suggéré que je rentre chez moi ou me dirige vers les urgences les plus proches ? Parce que les gens qui viennent me voir sont tellement emprisonnés dans leur propre douleur qu'ils sont incapables de voir la mienne. J'ai cru que je n'arriverais jamais à la fin. Une fois la dernière séance terminée, et alors que ma douleur reprenait de plus belle, une femme s'est approchée de moi tandis que je mettais mon manteau.

— J'avais vraiment envie d'en entendre plus de la part de mon mari, m'a-t-elle dit. Je suis surprise qu'il n'ait pas eu plus de choses à me dire. S'il est encore là, pouvez-vous lui demander pourquoi il ne me parlait pas plus ?

La petite maline qui est en moi avait envie de lui dire : *Il ne voulait pas vous parler quand il était en vie ; alors pourquoi voudrait-il vous parler maintenant ?* Mais au lieu de cela, j'ai pris ses mains dans les miennes et l'ai regardée droit dans les yeux en lui disant :

— J'ai donné tout ce que je pouvais, et il a dit ce qu'il avait à dire.

Ensuite, Rosie a foncé vers l'hôpital de Brockton. J'ai commencé à m'inquiéter lorsqu'ils ont sauté l'étape de la salle d'attente pour m'amener immédiatement en fauteuil roulant vers le service de radiologie. Parce que j'étais totalement épuisée, mes antennes psychiques ne fonctionnaient pas, et je ne captais rien concernant mon état. (Il m'est beaucoup plus facile de capter des informations pour les autres que pour moi-même.)

Une fois la radiographie effectuée, le médecin est revenu me voir en moins de 20 minutes.

— Vous souffrez d'un cas sérieux d'infection des diverticules, m'a-t-il appris. L'origine peut en être un aliment que vous avez ingéré ou un stress excessif. Nous allons commencer par des antibiotiques différents, mais nous avons également une équipe de chirurgiens prêts à vous opérer si les médicaments ne sont pas efficaces. Êtes-vous allergique à quoi que ce soit ?

Rosie m'a regardée avec intensité. Je ne savais pas si elle réagissait au commentaire sur le stress ou à la question sur les allergies. Elle sait que mon travail me stresse énormément *et* que je suis allergique à tous les antibiotiques que j'ai eu l'occasion de prendre dans ma vie.

Le médecin a poursuivi :

— Si nous parvenons à faire baisser votre température et à vous administrer une bonne dose d'antibiotiques, il y a des chances pour que l'opération ne soit pas nécessaire. Vous êtes terriblement jeune pour souffrir d'une telle maladie. Que faites-vous dans la vie ?

Oh, la question tant redoutée. À cette époque de ma vie, il m'était difficile de révéler de but en blanc que j'étais médium et que je parlais avec ceux qui nous avaient quittés. Par conséquent, je répondais habituellement : « Je possède un centre de soins holistiques et j'ai créé une fondation me permettant de prendre soin de malades atteints du cancer. »

Mais, ce jour-là, j'ai répondu dans un murmure : « Je suis massothérapeute. » (Je dois mentionner qu'aujourd'hui, je n'éprouve aucune difficulté à répondre : « Je suis médium. Je parle avec les morts. » J'adore voir les yeux s'écarquiller et un air de surprise se dessiner sur les visages lorsque j'annonce cette nouvelle. Parler de ce que je fais ne me dérange plus.)

Les antibiotiques ont fonctionné et j'ai pu éviter l'opération. Cet incident m'a permis de comprendre pleinement que je devais ralentir le rythme. Il me fallait prendre soin de moi et faire des choses qui me rendaient heureuse. Plus tard, tandis que Rosie poussait mon fauteuil roulant vers sa voiture, elle m'a demandé :

— Qu'est-ce qui te rend heureuse, Mo ?

— Aider les gens, être avec ma famille et aider mes amis, ça me rend très heureuse.

— Non, ça ne compte pas à l'heure actuelle. Qu'est-ce qui *te* rend heureuse ? Que pourrais-tu trouver juste pour toi ? a insisté Rosie.

J'ai gardé le silence un instant, et ma propre réponse m'a choquée :

— Je n'en sais rien.

J'étais tellement occupée à aider les autres que j'en ai perdu de vue mes propres besoins.

Aujourd'hui, j'envisage chaque journée comme une occasion de grandir et de travailler sur moi-même. Je suis plus consciente de la nocivité d'une énergie négative sur mes capacités en tant que canal dégagé permettant de communiquer avec les esprits. La plupart des véritables luttes que nous menons sont en nous-mêmes, et l'une des miennes consiste à me faire passer en premier. Je me souviens de la période qui a suivi le décès de Sean, le fils de Rosie.

Rosie m'appelait tous les matins pour avoir des nouvelles de Sean, et je me transformais en clown pour la faire rire, jusqu'à ce que nous finissions par pleurer ensemble. Sean ne nous laissait jamais tomber et trouvait toujours le moyen de nous remonter le moral.

Un jour, au cours d'un de ces appels téléphoniques, j'ai dit à Rosie :

— Tu dois sortir de la maison. Qu'est-ce que tu as envie de faire ?

— Je n'ai pas envie de faire quoi que ce soit, m'a-t-elle répondu. Je crois que je vais simplement rester au lit et méditer.

— Méditer, mais oui… Allez, sors tes fesses irlandaises de ton lit, on va faire quelque chose ensemble.

— D'accord. La seule chose qui me tente est de manger un sundae au brownie, m'a répondu Rosie.

Rosie était devenue accro du sundae au brownie, car dans la famille nous n'étions pas du style à noyer notre chagrin dans l'alcool, à rouler sur des Harley dans le soleil levant ou à fumer des cigarettes sans filtre. Nous sommes plutôt des gourmets.

Plus tard dans la journée, un nappage chaud et fondant au chocolat débordait de ma cuillère tandis que je prenais ma première bouchée de mon sundae au brownie acheté chez Skinners Sugar House, notre petit marchand local de crème glacée et de friandises.

— Miam, c'est à mourir ! me suis-je écriée.

Rosie était assise à côté de moi, ses cheveux dorés voletant dans les airs telles de magnifiques vagues, le regard rivé sur sa récompense : le chocolat, bien sûr. Nous étions assises sur un banc de parc en bois, sous un chêne majestueux. L'atmosphère était paisible et calme, et nous n'entendions que les légers piaillements des oiseaux.

— Correction, m'a lancé Rosie. C'est à *vivre* !

Elle avait raison. Je veux vivre pour ces moments… pas seulement les plaisirs chocolatés, mais aussi le fait de prendre du temps dans mes journées chargées pour être avec les gens que j'aime. Après le décès de Sean, Rosie a trouvé des moyens de créer au quotidien de petits moments de joie à vivre.

Récemment, je me suis connectée à Facebook pour y inscrire ma phrase inspirante de la journée. Le message de Rosie a immédiatement attiré mon attention en touchant une corde sensible dans mon cœur : « La joie est le meilleur purificateur et le plus grand témoignage de notre foi (saint François d'Assise). »

Rosie aurait pu être de ceux qui plongent dans leur souffrance et se mettent en boule sous leurs couvertures remontées jusqu'au-dessus de la tête. Elle aurait pu afficher un message plus banal, ou même désagréable, tel que : « Un jour différent, mais la même galère. » Au lieu de cela, elle a ouvert les rideaux un jour et senti la chaleur du soleil. Puis elle a franchi l'étape suivante et a puisé dans le peu de forces qui lui restait pour ouvrir la fenêtre. Une brise chaude a caressé son visage, et un papillon voletait le long de la moustiquaire, comme pour dire : « J'ai quitté mon cocon pour partir à la découverte d'un monde totalement nouveau pour moi ! »

Rosie a su instinctivement que le papillon lui transmettait un message de Sean. En acceptant son nouveau « véhicule », le papillon nous incite à vivre avec confiance le processus inévitable de transformation qui nous attend. Les transitions se présentent sous de nombreuses formes différentes, et celle de Sean a pris des proportions épiques aux yeux de sa famille, surtout de sa mère dévouée et aimante. Désormais, elle sait que, lorsque son voyage physique dans cette incarnation arrivera à sa fin, elle s'envolera avec Sean sur les ailes de l'amour.

Revenons à la crème glacée de Skinners. J'ai commencé à avoir mal à la tête. Peut-être avais-je mangé ma glace trop vite. J'avais le cerveau gelé ! Pour soulager la douleur, j'ai appuyé contre mon palais avec mon pouce. En tournant les yeux vers Rosie, j'ai saisi que je ne voyais pas son visage, car elle avait le nez plongé dans son sundae, raclant le peu de miettes qui restaient au fond du bol. J'ai perdu le contrôle et je me suis mise à rire, un peu comme un enfant dans une église qui est pris d'un fou rire et ne peut plus s'arrêter. Ou, mieux encore, comme cette hilarité qui vous gagne lorsqu'une personne que vous connaissez glisse et tombe sur les fesses sous vos yeux. (Ma tante Peggy a ce problème. Elle ne peut pas s'en empêcher.) J'ai ri tellement fort qu'un morceau de noix a surgi de ma bouche pour aller atterrir dans l'épaisse chevelure de Rosie. Il nous aurait fallu des jours pour la trouver et un superviseur des recherches pour diriger le processus ! (Rosie a la chance d'avoir de longs cheveux bouclés, mais, par temps humide, sa tignasse peut ressembler à celle d'Animal dans le Muppet Show.)

Un de mes esprits « de marque » avait pour rôle de superviser la fabrication du chocolat de Skinners lorsqu'il était en vie. Il s'agissait d'une femme, Mary, que j'ai « rencontrée » pour la première fois dans une maison où s'était rassemblée sa famille au grand complet, c'est-à-dire de nombreux fils et filles agglutinés autour du petit canapé rayé de leur salon, pour une réunion de famille unique.

Mary McKenna était le ciment de cette famille catholique-irlandaise croyante et unie qui dirigeait Skinners. Sa joie de vivre était son moteur et lui permettait : d'assister à un match de baseball présenté au stade de Fenway Park, à l'âge vénérable de 82 ans ; de s'enrouler dans une montagne de couvertures pour regarder les séries éliminatoires des Patriots au football ; de danser sur un bateau de croisière en direction des Bermudes ; de se faire la conseillère de ses enfants et petits-enfants ; et de sauter sur toutes les occasions d'être active, à l'exception du saut à l'élastique. Sa liste de rêves à accomplir avant sa mort était presque entièrement cochée. Fervente adepte de la cathédrale Saint-Jude et de l'hôpital Saint-Jude, elle avait l'habitude de leur envoyer des dons mensuels pour les enfants, comme l'avait suggéré Marlo Thomas dans la série *That Girl*. J'aimerais être comme Mary un jour – vivre pleinement ma vie, persévérer malgré les difficultés et aimer tout le monde d'un amour inconditionnel.

Je porte le même regard sur Rosie ; ma grande sœur, ma meilleure amie et mon mentor, qui mène une existence basée sur l'inspiration et la joie. Elle a transformé son bol de citron en un magnifique gâteau renversé avec un supplément d'amour sous forme de crème fouettée. Comme elle, j'ai l'intention de savourer chaque délicieuse parcelle du cadeau que l'on appelle la Vie.

Les gens me disent souvent : « Tu es toujours positive et heureuse. J'aimerais être comme toi. » Et je leur réponds : « N'attends pas qu'une autre personne t'offre des fleurs. Plante les tiennes ! Embellis ton âme ! » Il m'a fallu déployer beaucoup d'efforts, au fil des ans, pour apprendre à être heureuse et positive.

Qu'est-ce qui nous empêche de mener une existence épanouissante, et comment mesurons-nous cet épanouissement ?

Je pense que la peur est le coupable numéro un, puisqu'elle nous rend prisonniers de notre propre vie. Lorsque nous nous extirpons de nos peurs (c'est-à-dire de notre zone de confort), nous sommes plus ouverts à la possibilité de vivre pleinement notre existence.

Je refuse de laisser mes peurs entraver mes décisions. Mais je n'ai pas toujours été ainsi. Il m'a d'abord fallu surmonter mes peurs, infondées pour la plupart, et reprendre les rênes. Parce que j'avais vécu avec un trouble anxieux la plus grande partie de ma vie, je me sentais emprisonnée par mes peurs et par la mauvaise image que j'avais de moi-même. Mes crises de panique fréquentes me tourmentaient et me laissaient recroquevillée dans un coin, en sueur, tremblante et nauséeuse. Graduellement, j'ai appris à reconnaître mon anxiété pour ce qu'elle était réellement – *simplement* de l'anxiété – et à comprendre comment la maîtriser. À partir de là, si je commençais à manifester des signes de crise imminente, je me raisonnais : « D'accord, Maureen, c'est de l'anxiété. Tu connais *très* bien cette sensation. Tu l'as vécue des milliers de fois. Tu sais comment la maîtriser. Elle finira par passer. »

Je m'assure de beaucoup dormir, d'éviter la caféine et le sucre (quand j'y arrive, en sachant que le chocolat ne compte pas !) et à lire des ouvrages inspirants. J'ai également appris à m'accorder des moments pour me « recentrer », même si mon agenda est chargé. J'imagine que je suis un arbre en prenant soin d'ancrer fermement mes pieds dans le sol. Je visualise mes « racines » s'enfonçant profondément dans le sol, équilibrant mon énergie et me reconnectant avec la terre. Cet exercice me calme instantanément. Vous devriez l'essayer. En prenant de l'expérience et de l'âge, j'ai appris à calmer mon esprit et à me fier à mon âme en transformant les messages intérieurs basés sur la peur en quelque chose de plus positif. Je réenregistre ma vie, et, cette fois-ci, je suis beaucoup plus gentille avec moi-même ! Je me tourne vers mes amis et vers ma famille, lesquels m'apportent leur soutien et leur amour. J'ai confiance en mon chemin de vie et j'accepte le merveilleux don qui m'a été accordé et que je me dois de partager avec les autres. Je « fais passer au suivant ».

Efforcez-vous d'être conscient de vos peurs et décidez de ne pas les laisser tisser leur toile toxique autour de vous. Il s'agit de la première étape vous permettant de vous ouvrir aux possibilités de connaître une joie abondante et souriante.

Un grand nombre de mes clients me posent les mêmes questions concernant leur vie sur terre : « Pourquoi suis-je ici ? » — « Quel est le but de ma vie ? » Je leur réponds de se contenter de *vivre* leur vie tout en étant véritablement disponibles et ouverts à ceux qui les entourent. Lorsque nous sommes plus ouverts et plus présents à l'égard de notre famille, de nos relations, de notre travail et de nous-mêmes, ce que nous souhaitons faire de notre vie nous apparaît plus clairement.

Commencez par établir des objectifs personnels. Sur un morceau de papier, faites trois colonnes. Dans la première, inscrivez « Objectifs à court terme ». Dans celle du milieu, « Objectifs à moyen terme ». Et dans la troisième, « Objectifs à long terme ». Vos objectifs à court terme doivent être simples et facilement atteignables. Par exemple, j'ai inscrit dans ma colonne : manger en famille autour de la table, lire des histoires à mes enfants, faire du bénévolat, aider les personnes âgées, donner de bons pourboires et sourire à un étranger (mais pas à la façon d'une névrosée qui veut s'emparer du petit chien de ladite personne.) Mes objectifs à long terme sont moins évidents. L'un d'eux vise à rembourser mes dettes et celles de ma famille, et à acheter un complexe résidentiel sur l'île Martha's Vineyard où ma famille et moi pourrions vieillir ensemble. Un autre de mes objectifs à long terme serait de créer d'autres organismes caritatifs (pour l'instant, j'en ai cofondé deux), dont l'un d'eux aurait pour mission d'aider les veufs et veuves à retrouver l'amour. J'aimerais l'appeler « Un couple créé par le ciel ».

Commencez modestement, et poursuivez votre chemin jusqu'à l'arc-en-ciel. Et n'oubliez pas de vous regarder dans un miroir. Le don le plus merveilleux qui vous ait été accordé est votre capacité à vous regarder en face. Souriez.

14

Jonathan, le rayon de soleil

Il y a quelques années, j'ai rencontré l'esprit le plus inspirant, le plus remarquable, le plus intelligent et le plus compatissant qui soit. Notre Sean Michael est encore plus intelligent, mais je sais qu'il partage fièrement la vedette avec Jonathan. Mary, la mère de Jonathan, était venue me voir dans mon ancien bureau de Middleboro. Ce jour-là, lorsque le carillon a retenti, je suis allée accueillir ma première cliente de la journée.

Une petite femme au sourire magnifique s'est approchée de moi pour me serrer dans ses bras. Elle avait les bras chargés. Dans une main, elle tenait un magnétophone entouré d'un nœud, et dans l'autre un sac rempli de cadeaux : des bougies, des chocolats, des livres et des fleurs. J'ai failli lui demander si elle était la livreuse de FTD[20].

— Je vous donne ce magnétophone pour que vous puissiez l'utiliser avec tous les parents qui viennent vous voir et

20. N.d.T. : FTD est un site Web de livraison de fleurs.

dont les enfants sont au paradis, m'a-t-elle dit avec un sourire.

Puis Mary s'est assise sur le fauteuil inclinable couleur chocolat que je venais juste d'acheter. Je me suis installée en face d'elle et j'ai pris ses mains dans les miennes. Je savais qu'elle venait me voir parce qu'une amie de ma sœur Rosie lui avait parlé de moi.

J'ai immédiatement ressenti la présence de son fils et la magie qui l'accompagnait. En effet, des étincelles de lumière blanche dansaient autour de la tête de Mary. Je craignais, si je commençais la séance en lui transmettant ce que je voyais, qu'elle se dirige immédiatement vers la sortie. J'ai donc préféré commencer par poser par télépathie des questions à Jonathan afin de valider sa présence auprès de sa mère. Il m'a parlé de l'université et des objectifs qu'il avait pour son avenir. Il a également mentionné une adoption.

– Jonathan me parle d'une petite fille. Il dit que vous envisagez de l'adopter.

Mary s'est figée, et ses magnifiques yeux bleus se sont écarquillés. Au bout d'un moment, elle a réussi à rassembler ses idées pour m'expliquer calmement :

– Je m'occupe d'une petite fille. J'envisage de l'adopter. Elle vient d'un pays du tiers-monde.

Jonathan était enthousiaste. Son énergie ne cessait de me traverser comme s'il s'agissait d'éclairs. Mon corps avait des secousses vers l'avant comme si quelqu'un utilisait un défibrillateur sur moi. Je n'étais pas effrayée, mais plutôt stupéfaite par cette connexion. (Tandis que j'écris ces lignes, une lumière blanche, similaire à l'étoile polaire, vient d'apparaître sur l'écran de mon ordinateur. J'adore ça !)

Jonathan m'a montré à quoi ressemblait son paradis. Je l'ai suivi pour gravir des collines ondulées et verdoyantes. Ce paysage ressemblait à celui de la campagne dans le film *La mélodie du bonheur*. Mon souffle devenait de plus en plus court. Les couleurs étaient tellement vives. Lorsque nous avons enfin atteint le sommet de la colline la plus haute, j'ai vu qu'une petite école (rouge, vous l'aurez deviné) se trouvait sur notre gauche. Même si sa structure semblait récente, les portes en bois étaient vieilles, et une cloche était suspendue devant le bâtiment.

— Je suis l'instituteur, m'a expliqué Jonathan. Je fais l'école pour tous les enfants. Regarde à l'arrière. Les enfants sont rassemblés pour la séance de lecture. Chaque matin, l'un de nous lit un livre pour les autres.

J'ai jeté un œil à l'arrière du bâtiment et y ai découvert un groupe d'enfants riant et s'embrassant pour se dire bonjour.

— Dites à ma mère que je suis très heureux. J'aide des enfants ici comme je le faisais là-bas. Oh, et il m'arrive aussi de faire du golf.

Quand j'ai ouvert les yeux, je me suis mise à pleurer. J'aurais souhaité que Mary puisse ressentir comme moi ce qu'était le paradis de Jonathan. Auparavant, je n'avais pleuré qu'une fois, de nombreuses années plus tôt, lorsque l'esprit d'une femme nommée Kerry était venue me voir quelques jours après son décès. Je suis maintenant très amie avec sa sœur, Kim. Lorsque je suis en « mode médium », je ne peux pas m'investir émotionnellement, car je risque de perdre le lien avec l'esprit. Mais avec Jonathan (et Kerry), je sentais de la joie et de l'euphorie à un niveau supérieur. Le paradis de Jonathan était à couper le souffle. J'ai vraiment eu la sensation de marcher en sa compagnie pendant ces quelques minutes passées avec lui.

J'ai donc décrit le moindre détail à Mary en essayant de me souvenir de tout ce que Jonathan m'avait transmis. La tristesse a disparu de son visage, et son sourire a éclairé la pièce.

— Dites à Jonathan que je suis très fière de lui. Il a toujours voulu aider les enfants. Il s'investissait auprès d'organismes caritatifs et il était très fier de pouvoir donner à son prochain.

— Mary, vous venez de le lui dire vous-même. Il vous aimait tellement. L'amour ne meurt jamais.

J'aimerais partager avec vous l'histoire de Mary, racontée avec ses propres mots, comme seule une mère peut le faire :

Nous étions en juin 2001, et Jonathan était revenu de l'université pour les vacances. Ses deux frères cadets et lui attendaient beaucoup des quelques mois à venir, et l'été promettait selon moi d'être merveilleux.

Le 3 juillet, Jonathan a eu 19 ans. Le 27, quelqu'un lui a, nous a, enlevé la vie.

Jonathan a été torturé et assassiné par un tueur en série qui a déclaré : « Je voulais juste tuer. » Trois personnes formidables, toutes aimées profondément, ont perdu la vie à cause de cet être maléfique. Il était 20 h, et nous avions une soirée d'été magnifique à Plymouth, dans le Massachusetts. D'innombrables touristes se promenaient dans les rues. Jonathan venait de sortir de son travail dans un restaurant de bord de mer, lorsqu'un monstre, vêtu d'un costume, a détourné sa voiture et assassiné notre rayon de soleil.

En l'espace d'un instant, notre vie s'est effondrée et a été transformée à jamais. Tout ce en quoi je croyais a été balayé et éparpillé dans l'air. Plus rien n'avait de sens. Nous l'avons cherché pendant quatre jours. Ce fut les quatre journées les plus longues de notre vie — des journées interminables pour la famille et les amis, les équipes de recherche, la police, le FBI, les détectives, les médiums… puis ils ont fini par trouver notre merveilleux fils. J'ai supplié de le voir pour lui transmettre mon amour, mais, parce qu'il s'agissait d'une scène de crime, et que, plus tard, tout le monde a jugé préférable que je ne le voie pas, je n'ai jamais eu l'occasion de lui dire au revoir en le prenant dans mes bras. Tous les jours, mes garçons avaient pris l'habitude de me prendre souvent dans leurs bras, car ils savaient qu'il s'agissait pour moi du plus beau cadeau qui soit. Je vis avec le regret de ne pas avoir été plus forte, ou plus insistante, pour embrasser Jonathan une dernière fois — toutes les mères ont le droit de le faire.

Certaines personnes ont pensé que le procès et l'application de la justice nous permettraient de « tourner la page ». Quelle pensée absurde. Il nous sera impossible de tourner la page tant que nous ne serons pas de nouveau réunis. Les jours où je me suis sentie au fond du trou, c'était tout ce dont j'avais envie. Progressivement, encore plus lentement que vous ne pouvez l'imaginer, j'ai compris que je devais vivre, et mes deux plus jeunes garçons méritaient de retrouver la mère et la vie joyeuse qu'ils avaient connues auparavant.

Je ne prenais pas soin de moi. J'aimais mon mari et mes garçons de tout mon cœur, mais c'est tout ce dont j'étais capable. Même leurs jeux sportifs me paraissaient violents. Nous n'avions plus d'intimité, et j'avais l'impression que tout le monde me dévisageait. Il arrivait que des gens estiment utile de donner leur opinion sur la façon dont le meurtrier devait mourir.

Parce qu'il m'était difficile de supporter tout cela, je m'enfermais chez moi. J'appréciais que ceux qui ne trouvaient pas les mots se contentent de me prendre dans leurs bras. Je n'étais pas animée par la colère, contrairement à ce que beaucoup de personnes imaginaient. Je n'avais aucune place dans mon corps pour la colère ; il débordait déjà de tristesse et de confusion. Tous les jours, je m'adressais à Jonathan en écrivant dans mon journal, et, ainsi, j'en ai rempli 10 dont les pages foisonnaient de phrases telles que : « Rentre à la maison, Jonathan. » — « Pourquoi ? » — « Tu me manques, mon rayon de soleil. » — « Je t'aime. »

Je savais, dans mon cœur et dans mon âme, que Jonathan trouverait un moyen de dire qu'il était toujours là. Son énergie et son amour étaient trop forts pour qu'il lui soit impossible de venir à moi. En outre, je savais qu'il s'attendait à ce que je fasse tout mon possible pour trouver un moyen de sentir son amour pour moi.

L'affection et la gentillesse de ma famille, de mes amis, de mon thérapeute et même d'inconnus, m'ont sauvé la vie. Malgré cela, tout était noir et lourd dans mon esprit, mon corps était douloureux, et je revivais sans cesse dans ma tête les moindres détails de la peur et de la mort que Jonathan avait dû subir. Faire son deuil est un processus qui nécessite du temps et qui se fait seul, mais il est nécessaire de parcourir ce chemin, même si l'on doit ramper pour arriver jusqu'au bout. J'ai essayé de me maintenir occupée, notamment en repeignant toutes les pièces de la maison d'une couleur différente, et ce, pendant plusieurs semaines consécutives. J'ai même essayé de prétendre que Jonathan était simplement retourné à l'université. Outre le fait que j'avais la sensation d'être folle et me sentais angoissée, je finissais toujours par me faire rattraper par ma tristesse et par m'écrouler.

La première année, vous avez la « chance » d'être encore anesthésié et sous le choc. La deuxième est plus éprouvante, car vous saisissez que vous allez encore devoir traverser une année sans votre enfant. Pour moi, la troisième année a été la pire. Tout le monde semblait aller mieux et continuer sa vie, mais, de mon côté, je luttais quotidiennement pour sortir de ma tristesse. Peut-être était-ce lié au procès imminent du tueur. Je ne le sais pas, mais le fait est que j'ai atteint le fond. Mon cœur, mon esprit et mon corps me semblaient irrémédiablement brisés.

Heureusement, en visualisant les doux visages de mes garçons, et sachant que je ne devais pas leur causer plus de souffrance, je parvenais chaque fois à sortir, en me traînant, de mes profondeurs obscures, jusqu'au jour où j'ai fini par me dire qu'il était temps de vivre avec cette tristesse.

J'ai donc commencé à m'interroger sur le sens de la vie. Pourquoi une vieille âme comme celle de Jonathan, qui croyait à l'effet d'entraînement des actes de gentillesse, avait-elle été enlevée, alors que tous ceux qui le connaissaient savaient qu'il aurait continué à faire de grandes choses ? J'ai prié et supplié pour que mes cauchemars disparaissent et pour qu'ils soient remplacés par des rêves à propos de Jonathan.

J'ai lu des centaines de livres : religieux, spirituels, historiques — tout —, à la recherche de réponses, mais aucune ne m'est parvenue. Aucun livre ne raconte votre histoire et ne peut retranscrire l'amour et la perte de votre propre enfant. Mais j'ai tiré de ces livres la compréhension que, pendant de nombreuses générations, les gens ont survécu à des pertes incommensurables. Ceux qui n'ont pas survécu en ont fait le choix.

Je ne voulais pas vivre dans le désespoir. Je voulais plus que tout m'accrocher à ma conviction qu'il existait dans ce monde une abondance de bonté et de bienveillance, et, par-dessus tout, je redoutais que mes garçons ne finissent rongés par la colère et l'amertume au lieu d'être aimants et généreux. Je souhaitais trouver un moyen d'aimer à nouveau ma vie.

J'ai commencé par faire des choses que je n'aurais jamais envisagé de faire auparavant, dans le but de m'aider à aller au bout de mes journées. On m'a tiré les cartes (de tarot) plusieurs fois, et j'ai rencontré divers voyants et médiums, mais, même si j'étais remplie d'espoir à chaque fois, je n'ai jamais senti qu'une véritable connexion était créée avec Jonathan.

Le jour où je suis entrée dans le petit bâtiment où travaillait Maureen, j'ai ressenti un calme que je ne pouvais pas m'expliquer, un sentiment de paix qui me faisait défaut depuis longtemps. Dès l'instant où elle est sortie de son bureau, la pièce s'est emplie de son énergie et de son amour immenses. Elle m'a immédiatement parlé avec passion, remuant les bras et les mains, ne pouvant maîtriser ses émotions, avec le même enthousiasme que celui qui habitait Jonathan. Ces premières minutes avec Maureen m'ont convaincue que Jonathan tentait de me parler à travers elle.

Elle m'a donné plusieurs éléments qui ont validé ce que je pensais, car personne ne pouvait les connaître. Mais le commentaire qui m'a vraiment convaincue fut celui-ci : « Jonathan veut que vous vous rappeliez de la conversation que vous avez eue ensemble quelques jours avant sa mort et que vous y réfléchissiez. » Je n'avais parlé de cette conversation à personne. Seuls Jonathan et moi étions présents.

À cette occasion, je lui avais dit qu'il travaillait trop et qu'il me manquait. Il avait ri en me répondant :

— Maman, tu es la meilleure. La plupart des mères disent à leurs enfants de travailler plus. Tu nous dis qu'on te manque et qu'on doit travailler moins !

Il avait donc pris une journée de congé, et nous étions allés manger à son restaurant italien favori et discuté pendant des heures, appréciant la compagnie de l'autre comme c'était toujours le cas. Je lui avais confié que je ressentais de la terreur et de la panique, et que j'avais fait un terrible cauchemar la nuit précédente dans lequel un de mes garçons perdait la vie. Je lui avais dit qu'il ne pouvait pas s'agir de lui puisque, dans ce cauchemar, je ne cessais de lui dire qu'il ne pouvait pas retourner à l'université. Puis je lui avais demandé de ne pas en parler à Nick et à Elliot, car je ne voulais pas les effrayer. (Je n'avais jamais fait un tel cauchemar auparavant. Mes nuits étaient habituellement remplies de rêves formidables et amusants.) Mes yeux étaient remplis de larmes tandis que je partageais cette histoire avec lui.

— Je ne m'en remettrais pas. Je serais incapable de continuer si un de mes fils devait mourir. Toi et tes frères êtes toute ma vie.

Il m'a regardée de ses yeux d'un bleu éclatant et m'a répondu :

— Maman, je ne sais pas d'où te viennent toutes ces idées, mais, premièrement, tu es plus forte que tu ne l'imagines. Tu nous as appris à profiter au maximum de chaque journée, de donner aux autres et d'être bienveillant avec tout le monde. Et nous sommes tous les deux convaincus que le temps que nous passons sur terre est prédéterminé et qu'il échappe à notre contrôle. Nous devons simplement vivre chaque journée avec un grand enthousiasme et apporter notre contribution à ce monde.

Un frisson a parcouru mon corps, et Jonathan m'a demandé si je voulais mettre mon chandail. Je me souviens de son regard inquiet et je lui avais répondu :

— Non, serre-moi juste dans tes bras.

Aujourd'hui, je repense à cette journée et je prends conscience du beau cadeau qui m'a été donné — l'un des nombreux cadeaux légués par notre fils. Maureen les a ramenés à ma mémoire, et je lui en serai éternellement reconnaissante. Au cours de la séance, elle m'a également demandé : « Que signifie "l'embrasser une dernière fois" ? Jonathan me dit qu'il n'y a pas de dernière fois. »

J'ai subitement compris quelque chose — après avoir passé toutes ces années à regretter de ne pas l'avoir serré dans mes bras une dernière fois après sa mort, j'ai compris que j'allais pouvoir le faire à nouveau. Le cercle qui s'était amorcé lorsqu'il avait été posé contre mon cœur à sa naissance allait poursuivre sa progression jusqu'à nos retrouvailles.

Je ne crois plus aux coïncidences. Les gens croisent notre chemin pour une bonne raison. Au cours des dernières années, j'ai rencontré des êtres formidables dotés de grâce et de courage. Nombre d'entre eux ont été pour moi source d'inspiration. Je sais maintenant qu'il nous revient de décider comment nous avançons dans la vie tout en portant quotidiennement notre tristesse d'avoir perdu notre enfant. Beaucoup de gens (généralement bien intentionnés) ne cessent de me répéter que Jonathan n'aimerait pas me voir triste. Je leur réponds toujours : « Jonathan comprendrait ma peine, et il sait que j'ai besoin de faire mon deuil à mon propre rythme. » Si mes paroles vous touchent, j'espère sincèrement qu'elles vous auront donné un peu d'espoir. Nos cœurs sont animés de l'espoir et du désir de rire, d'aimer et de donner aux autres, quel que soit notre cheminement. Jonathan est avec moi, son amour n'a pas de limites, et je crois qu'il comprend quel est son destin, ce que nous ne serons jamais capables de saisir tant que nous serons sur terre.

Un jour, tout deviendra clair, et toutes les questions auront une réponse. Par le passé, j'ai cru qu'au décès de Jonathan, une immense partie de mon cœur l'avait suivi dans la mort, mais je sais maintenant qu'à l'inverse, c'est lui qui a laissé auprès de moi une partie du sien. Il m'a transmis une force que je n'aurais jamais cru possible. Je n'ai pas peur de la mort et je ne partirai pas avant que le moment soit venu. Je suis sur terre pour honorer et chérir le sentiment d'amour. Je suis extrêmement reconnaissante d'avoir eu Jonathan dans ma vie. L'amour sincère qu'il nous a donné et continue de nous donner mérite toute la tristesse que nous ressentons. Dans cette vie, il était un cadeau du ciel, et je sais qu'il continue sur son nouveau chemin en aidant et en aimant les autres avec une intensité encore plus forte. Essayez de vous rappeler seulement l'amour. Rien d'autre ne compte ni n'est aussi réconfortant que l'amour d'un enfant.

L'impensable est arrivé à la famille de Mary – son fils a été assassiné. Bien qu'elle ait de la peine en permanence, elle a trouvé le moyen d'être présente pour sa famille et d'honorer la mémoire de Jonathan avec amour. Mary me donne de la force. À mes yeux, elle est l'exemple même de la victoire remportée sur la tragédie.

En mémoire de sa vie et pour appuyer les causes que Jonathan parrainait, ses parents Mary et Mike Rizzo ont créé la Jonathan Rizzo Memorial Foundation en 2001 (www.jonathanrizzofoundation.org).

Cette fondation est unique en son genre puisqu'elle soutient toute une variété de causes différentes plutôt qu'une cause spécifique. Avant de récolter des fonds, elle cible la cause dont les besoins sont les plus criants. La générosité de nombreuses personnes a permis de financer à peu près tout, du chauffage en hiver dont avait tant besoin une maman de deux enfants atteinte du cancer, aux frais scolaires en établissement privé pour des adolescents ayant perdu leur père, à un nouveau terrain de soccer pour des enfants du Massachusetts, et, plus récemment, à un refuge pour enfants au Rwanda, en Afrique. La fondation appuie également les organismes qui étaient importants aux yeux de Jonathan, notamment Christmas in the City[21] et la fondation Sleeping Children Across the World[22].

Grâce à cette fondation, l'esprit de Jonathan continue de vivre et d'accomplir ce qu'il a commencé durant son trop bref séjour terrestre de 19 années, et nous rappelle à tous que l'important n'est pas le temps que nous passons sur terre, mais ce que nous accomplissons tant que nous y sommes.

---

21. N.d.T. : Organise des festivités pour Noël au profit des enfants dont les familles sont dans le besoin.

22. N.d.T. : Fournit des ensembles de lit aux enfants défavorisés.

Comme l'a dit un jour l'anthropologue Margaret Mead : « Ne doutez jamais qu'un petit groupe d'individus conscients et engagés puisse changer le monde. C'est de cette façon que cela s'est toujours produit. »

Soyez patient avec vous-même et avec votre entourage, plus particulièrement les enfants. Chaque journée est un cadeau précieux.

L'attitude que vous choisissez d'adopter chaque matin déterminera le déroulement de votre journée. Comment tirer le meilleur profit de vos journées ? Privilégiez la simplicité. Faites l'effort d'être plus positif. Comprenez que chaque difficulté qui vous est présentée est une occasion pour vous de grandir. Donnez par de petits gestes qui vous procurent un bien-être intérieur. Il y a une lumière au bout du tunnel. Gardez à l'esprit que la graine de l'espoir a été plantée à votre naissance — c'est à vous de la faire grandir.

15

Survivre pour Bo

Noël était dans deux jours, et je courais dans tous les sens pour essayer de finir mes achats à temps. Je fais les choses à la dernière minute, sillonnant les centres d'achats où je dépense trop, achetant des cadeaux élaborés tels que l'appareil de massage Shiatsu pour le corps chez Brookstone, ce cadeau qui vous « donne la sensation qu'un homme vous pétrit le corps » et qui ne sera utilisé qu'une fois le matin de Noël. La musique des fêtes résonnait depuis le toit du bâtiment, me tapant sur les nerfs comme le ferait une mauvaise version de la chanson « Dude Looks Like a Lady » d'Aerosmith sur les jeux vidéo de *Guitar Hero*.

À cet instant, mes pensées ont basculé vers la rencontre de groupe de soutien qui allait se tenir ce soir-là dans mon bureau pour les parents ayant perdu un enfant. Tout en regardant la foule de consommateurs renfrognés qui affrontaient les caissières à propos d'articles en soldes et de remboursements, j'ai pensé aux invités spéciaux — ici sur terre et là-haut — que j'allais voir le soir même. J'avais envie de crier, du haut de l'escalier roulant : « Avez-vous une idée de la chance que vous avez ?! Vous achetez des cadeaux, en espérant qu'ils vous permettent d'exprimer votre amour, pour une personne *vivante*. La plupart des parents que j'aide refusent d'installer un sapin ou d'allumer des bougies. Ils ont besoin de toute l'énergie qu'ils sont capables de rassembler pour survivre aux fêtes de Noël ! »

Tandis que je quittais le stationnement du centre commercial, mon nouveau barbecue George Foreman installé dans la remorque, j'ai allumé la radio pour me préparer en vue de la rencontre de groupe. Toutes les chansons me semblaient parvenir des enfants de l'Au-delà. Entre les voix des chanteurs et la chair de poule qui remontait le long de ma nuque, il y avait dans la voiture une énergie palpable. Subitement, un esprit rusé a jeté quelque chose qui se trouvait sur le siège arrière encombré. Je pense qu'il s'agissait d'une boulette de papier. Les enfants de l'Au-delà sont joueurs, coquins, et ravis de s'amuser avec « Moprah » (c'est moi).

Lorsque je me suis garée devant mon bureau, l'aire de stationnement était pleine. Je me suis demandé s'il y avait eu un rabais de dernière minute sur les pédicures et manucures du salon asiatique installé au bout du bâtiment.

En grimpant les escaliers menant à mon bureau, j'ai eu des vertiges qui m'ont obligée à m'appuyer contre le mur pour m'asseoir sur les marches. *Ouh, dans quoi ai-je mis les pieds ?* pensai-je en moi-même. *Prendre contact avec un ou deux enfants est déjà difficile, mais comment vais-je faire avec une pièce entière ? Aidez-moi, mes anges. Aide-moi, Dieu.*

Soixante personnes m'attendaient. J'ai été surprise d'entendre des rires et des conversations animées. Ma sœur Rosie, qui dirige le groupe, était assise à l'avant, face à la foule. J'ai essayé de me glisser à l'intérieur mine de rien et de me mettre dans un coin.

Mais, alors que je pénétrais dans la salle, j'ai vu une femme passer le seuil de la porte. Son mari la soutenait tandis qu'elle sanglotait dans ses bras. Son état faisait penser à une transe. Son mari, qui pleurait également, lui serrait la main avec force. Ils m'ont regardée avec une immense tristesse, et j'ai compris qu'ils étaient impatients d'avoir des nouvelles de leur précieux fils.

Je me suis penchée pour demander son nom à la femme. Dans un murmure à peine audible, elle m'a répondu « Suzie ». Elle s'est assise et je me suis agenouillée près d'elle, puis j'ai pris ses mains. Un flot de chaleur a traversé mon corps. J'ai souri à Suzie en lui disant :

— Bo est là où il doit être. Cela faisait trop longtemps qu'il faisait des va-et-vient. Il a enfin trouvé la paix.

Puis j'ai touché son cou et lui ai dit que son fils s'était pendu. Suzie a acquiescé, parvenant difficilement à respirer.

— Il me dit qu'il est le plus jeune, ai-je ajouté.

— Non, il ne l'est pas. Ce n'est pas vrai.

— Il insiste en disant qu'il est le plus jeune des trois premiers, et que vous avez eu trois autres enfants. Vous en avez six en tout, lui ai-je répondu.

Suzie a regardé son mari et s'est mise à rire, puis elle m'a dit :

— J'avais trois enfants lorsque nous nous sommes rencontrés, et Bo était le cadet à ce moment-là. Nous en avons eu trois autres ensemble.

Suzie m'a confié qu'elle se sentait plus légère, et elle était maintenant convaincue que Bo était vraiment entré en contact avec moi.

Au fils des ans, j'ai mis des milliers d'enfants en contact avec leurs parents, mais ce cas précis était différent. Bo a confirmé sa présence de multiples façons pour aider ses parents à guérir.

Je faisais face à son père lorsque j'ai entendu dans mon esprit : *A majuscule pour Anthony.* Lorsque je lui ai transmis ce message, il s'est mis à rire.

— Bo dit que vous n'aimiez pas son nouveau tatouage, mais que vous l'adorez maintenant.

Suzie m'a expliqué qu'Anthony et elle avaient, au premier abord, détesté le tatouage que Bo s'était fait faire sur le bras. Mais, après sa mort, ils ont appris que les mots latins *Vive Doe et Vies*, écrits sous la croix tatouée, signifiaient : « Vis pour Dieu et tu auras la vie. »

Puis j'ai regardé Anthony dans les yeux :

— Vous n'aviez pas envie de venir ce soir, mais il est heureux que vous l'ayez fait. Il vous a même aidés à vous rendre jusqu'ici.

Suzie s'est dépêchée de me répondre :

— Nous pensions que nous n'y arriverions pas, car nous étions complètement bloqués dans les embouteillages. Subitement, tout s'est dégagé, et nous avons réussi à être à l'heure, avec même une minute d'avance.

— Il me dit qu'il avait déjà tenté de se suicider auparavant, ai-je poursuivi.

Suzie avait l'air perplexe.

— Non, m'a-t-elle répondu.

— Il insiste, lui ai-je expliqué.

Suzie m'a regardée en me disant :

— Je n'en reviens pas. Mais je me rappelle maintenant que, quelques semaines avant sa mort, j'ai remarqué que Bo avait des marques bleues sur le cou. Je l'avais interrogé sur ce qui s'était passé, et il m'avait raconté une histoire. Puis je lui avais demandé s'il avait essayé de se faire du mal, et, après avoir hésité un instant et regardé vers le ciel, il m'avait répondu « Non ». Si seulement j'avais compris ce que signifiait cette hésitation. Nous avons appris plus tard qu'il en avait parlé à certains de ses amis. Il leur avait également dit que j'étais au courant et que j'allais le faire aider, si bien qu'aucun de ses amis n'a jugé nécessaire de m'en parler.

J'ai pris les mains de Suzie et lui ai dit :

— Bo veut que je fasse cela avec vous.

Puis je l'ai prise dans mes bras pour la faire tourner. Lorsque je l'ai reposée, un grand sourire se dessinait sur son visage.

— Bo avait l'habitude de me prendre dans ses bras et de me faire tourner quand j'allais le voir à son travail — nous tournions jusqu'à en être étourdis. Et je criais parce que j'avais l'impression que nous allions tomber.

À la fin de la soirée, je suis allée vers Suzie et Anthony pour leur proposer de revenir me voir rapidement pour une séance gratuite. Je leur ai expliqué que je rencontrais rarement des esprits aussi forts, surtout lorsque la transition avait été récente. Bo ne voulait pas se taire et avait essayé de dominer durant toute la soirée.

— Vous savez, votre fils ne connaît pas les bonnes manières du monde des esprits ! leur ai-je confié en riant.

Le lendemain matin, Suzie m'a appelée pour prendre rendez-vous. Elle croisait les doigts pour que l'attente ne soit pas trop longue. À l'évidence, cela a fonctionné puisque, deux mois plus tard très exactement, ils venaient me voir au bureau. Ils m'ont confié avoir compté les jours jusqu'à notre rencontre.

Après la séance, Suzie m'a confié :

— Je ne cesse de me repasser dans la tête tout ce que vous nous avez dit lors de la soirée du groupe de soutien. Et nous n'avions parlé que 10 minutes ! Cette fois-ci, nous allions passer une heure entière avec vous. C'est ce qui m'a permis de ne pas perdre la tête et de rester optimiste. Anthony et moi avons pu retrouver un peu de paix le jour où nous vous avons rencontrée. Vous avez changé notre vie à jamais.

Le 16 février 2008

Le rendez-vous de Suzie et Anthony était à 11 h. Je leur avais demandé d'apporter avec eux un magnétophone s'ils le souhaitaient. Ils en ont amené un petit qui leur avait été prêté. En regardant à travers la vitre qui séparait mon bureau de la réception, j'ai vu qu'ils étaient avec deux filles qui ne semblaient pas contentes d'être là — toutes les deux avaient les bras croisés, et l'une d'elles avait un air renfrogné. J'ai rapidement enlevé ma veste et me suis précipitée vers eux.

— Bo a caché mes clés et m'a importunée pendant tout le trajet jusqu'ici ! me suis-je exclamée.

Les deux filles se sont regardées en levant les yeux au ciel.

— Vous pouvez enregistrer, ai-je dit à Suzie. Il est prêt à commencer. Qui est Carly ? Bo n'arrêtait pas de répéter ce nom dans la voiture, ai-je demandé.

La fille qui était assise à ma droite s'est tortillée sur sa chaise.

— C'est moi, m'a-t-elle répondu avec hésitation.

— Bo me parle de l'iPod dans votre chambre et du fait qu'il se met en marche toutes les nuits à 2h, ce qui vous réveille, vous et votre compagne de chambre, lui ai-je dit.

Les yeux de Carly se sont éclairés.

— Ça se produit toutes les nuits ! s'est-elle exclamée, avec une grande fierté.

Je sentais qu'elle commençait à m'apprécier et à envisager la possibilité d'une vie après la mort.

Ensuite, je me suis tournée vers l'autre sœur de Bo.

— Bo me dit que vous avez un petit garçon qu'il aime beaucoup. Il me parle de la fois où votre fils a perdu une dent dans un accident alors qu'il n'avait que deux ans.

— Oh mon Dieu ! Mon fils Cameron est tombé sur le trottoir quand il avait deux ans et il avait perdu une de ses dents de devant.

— Votre frère veut également vous rappeler qu'il est toujours avec vous. Vous savez, les bruits bizarres que vous entendez dans votre appartement et les affaires qui tombent parfois de l'étagère ? Bo m'explique que c'est sa façon d'attirer votre attention. Il ne veut pas vous faire peur, mais juste vous dire qu'il est avec vous. Il vous aime beaucoup.

La tête dans les mains, la sœur de Bo s'est mise à sangloter. J'ai alors pris ses mains dans les miennes.

– Qui est Chris, et quel est le rapport avec un nom commençant par la lettre L ? lui ai-je demandé.

– Chris est mon fiancé, et je m'appelle Lauren, m'a-t-elle répondu.

– Bo aimerait qu'il se fasse tatouer son nom juste à côté de sa tache de rousseur.

Lauren et Carly, la main devant la bouche, se sont mises à crier, puis à rire hystériquement.

– Chris a un grain de beauté sur la joue, et Bo se moquait de lui en l'appelant sa « tache de rousseur ». Chris n'aimait pas qu'il se moque de lui.

Captivées par tous les détails que je leur donnais sur leur vie, Carly et Lauren en ont oublié leur scepticisme du départ.

Ce fut ensuite au tour d'Anthony.

– Bo me parle de l'école de pilotage en Floride où vous l'aviez inscrit, ce qu'il avait beaucoup apprécié. Il me demande également de vous dire qu'il sait maintenant qu'il aurait dû vous écouter davantage.

J'ai serré les mains d'Anthony dans les miennes et lui ai dit :

– Bo vous est très reconnaissant pour la façon dont vous l'avez aidé, même s'il ne vous l'a pas vraiment montré quand il était en vie. Il veut vous dire qu'il en est désolé. Il vous remercie d'avoir tout essayé avec lui, et veut que vous sachiez qu'il vous a toujours aimé profondément — maintenant il vous comprend mieux.

Les yeux d'Anthony se sont remplis de larmes, et il m'a souri.

— Oh, une dernière chose, ai-je ajouté. Bo veut vous remercier de lui avoir donné la croix en argent que vous aviez reçue de votre grand-mère italienne à la fin de sa dernière année d'études secondaires. Il apprécie que vous l'ayez déposée dans son cercueil, car il sait ce qu'elle représente pour vous.

Suzie s'est mise à pleurer. Elle m'a expliqué qu'elle se souvenait du jour où avait eu lieu la veillée mortuaire de Bo, lorsqu'Anthony s'était subitement rappelé la croix qui était accrochée à leur tête de lit depuis 15 ans. Il lui avait demandé de la laver pour la mettre au cou de Bo.

Suzie s'agitait et commençait à être nerveuse. J'ai installé ma chaise face à elle pour prendre ses mains dans les miennes, et elle s'est mise à m'expliquer avec ferveur tous les signes qu'elle avait reçus au cours des deux derniers mois.

— J'ai rêvé de Bo, et je sais que ce n'était pas un rêve comme les autres. Il m'a réellement rendu *visite.* Dans mon rêve, il me serrait dans ses bras et me regardait droit dans les yeux en me disant : « Maman, mes chiffres sont 2, 6, 11, et parfois 26 — je t'aime. » Le lendemain, alors que je parlais de mon rêve à mon neveu, le téléphone de ma sœur a bipé, car il venait de recevoir un message texte. Ma sœur, qui n'était pas au courant de mon rêve, m'a tendu son téléphone en me lançant : « Regarde, c'est la troisième fois que je reçois ce genre de message ! Avec le premier, c'était 261126112611, avec le deuxième 112611261126, et avec le troisième 621162116211 ! » Mon neveu et moi sommes tombés à genoux en criant, tandis que le reste de la famille se demandait si nous avions perdu la tête. Bo est derrière tout cela, n'est-ce pas Maureen ?

J'ai regardé Suzie en souriant.

– Bo n'est pas mort, il est juste différent, lui ai-je dit.

Lorsqu'ils se sont levés pour partir, nous nous sommes tous embrassés, et Suzie m'a dit :

– Merci à vous et à Bo de nous avoir transmis les plus belles leçons qui soient. Maintenant nous pourrons survivre à ce cauchemar.

De temps en temps, un esprit me surprend avec sa capacité à atteindre sa famille aussi rapidement après la mort de son corps physique. Dans le cas de Bo, parce qu'il avait beaucoup souffert avant son départ, il voulait assurer sa famille qu'il était désormais en paix. Comme beaucoup de familles qui traversent une épreuve similaire, celle de Bo avait essayé de l'aider, mais elle ne pouvait pas le guérir. Même si Suzie et Anthony faisaient preuve de ce que j'appelle un « scepticisme sain », ils ont tenté l'expérience de la communication avec les esprits, et la petite graine d'espoir qu'ils ont semée a bourgeonné et continuera de fleurir durant les années à venir.

Au fil des ans, j'ai rencontré des milliers de gens provenant de toutes sortes de milieux. Certains croient, d'autres sont des sceptiques sains, et d'autres encore n'ont plus de place en eux pour croire, après avoir traversé la période la plus éprouvante de leur vie en perdant un être cher. J'ai moi aussi vécu cette situation où l'on ne pense pas pouvoir continuer à espérer, où la souffrance est trop grande et ne semble pas en finir. Pourtant, c'est précisément dans ces moments que l'espoir existe réellement. Après tout, l'espoir est toujours dans l'air. Même si nous ne pouvons pas « le voir » — en fait, il l'est plus particulièrement lorsque nous ne le voyons pas — il est là. Il se produit, dans de tels moments, un virage important dans la conscience. Des millions de personnes cherchent la preuve qu'ils ne sont pas seuls. Nous recevons tous des signes, peu importe que nous les percevions ou non. En tant qu'êtres humains, nous tentons de rationnaliser ce que nous vivons et nous nous convainquons de tourner le dos à ce qui est en réalité un cadeau merveilleux de l'Au-delà. Fiez-vous à votre cœur et écoutez différemment : ouvrez-vous aux possibilités, à l'espoir et à l'immuabilité de l'amour de votre être cher, comme il tente de vous le montrer. Tout cela vous est toujours accessible, et l'esprit de votre proche est présent en permanence pour vous soutenir et vous transmettre un nouveau mode de pensée et un espoir renouvelé.

16

S'attendre à l'inattendu

Je faisais une démonstration de mes dons à Uplifting Connections, un centre de bien-être, qui est également une librairie, situé à cinq minutes de chez moi. J'aime beaucoup l'énergie de ce lieu de rencontre spécial et insolite. La propriétaire, mon amie Ellie, a trouvé le moyen d'apporter une contribution à sa communauté tout en nourrissant sa propre croissance spirituelle lorsque son mari est décédé d'une tumeur au cerveau. Les murs sont couleur orange brûlée, et des lumières en forme d'étoiles sont accrochées tout autour du magasin. Des étagères remplies de livres et d'idées de cadeaux uniques et de bon goût sont dispersées un peu partout. Pour les rencontres que j'organise, Ellie parvient à entasser cinquante chaises au milieu de la boutique. Lors d'une de ces rencontres, alors que la séance venait de commencer, j'ai immédiatement remarqué une femme qui était assise à la dernière rangée, des lumières étoilées au-dessus de la tête. L'esprit de sa mère me poussait à aller vers elle.

— L'esprit de votre mère est là. Est-ce qu'elle est décédée d'un cancer aux poumons ?

— Oh mon Dieu, oui. Elle a été malade pendant deux mois.

— Elle me montre une scène où vous essayez d'arranger ses cheveux dans le cercueil. Elle dit qu'ils avaient fait un travail horrible et qu'elle ne se coiffait jamais de cette façon.

Surprise, sa fille a étouffé un cri, et son visage est devenu rouge.

— Ma mère était toujours coiffée à la perfection, m'a-t-elle expliqué. J'ai dit à ma sœur Diane que ma mère aurait été dans tous ses états si quelqu'un avait vu ses cheveux ce jour-là. Quand personne ne nous regardait, nous allions à tour de rôle arranger sa coiffure. Elle ressemblait à Phyllis Diller[23] après une nuit passée à faire la fête.

J'entendais sa mère pousser des soupirs d'exaspération — je suppose qu'elle n'était pas très heureuse d'être comparée à Phyllis Diller. Elle m'a demandé de remercier sa fille pour avoir essayé d'arranger ses cheveux.

Après une mort physique, un esprit reste sur terre pendant quelques jours pour s'assurer que tout le monde va bien et pour assister à ses funérailles. Cette mère s'est présentée ce jour-là pour dire à sa fille qu'elle n'était pas satisfaite de la façon dont les pompes funèbres l'avaient préparée. Habituellement, les esprits ne sont plus attachés à leur aspect physique, mais il arrive, si une femme avait des exigences strictes sur son apparence physique sur terre, qu'elle conserve cette caractéristique pendant une courte période dans l'Au-delà.

---

23. N.d.T. : Actrice américaine qui a créé le personnage d'une femme vêtue et coiffée de façon excentrique.

Des milliers de personnes viennent me voir lorsqu'elles se sentent paralysées par la douleur d'avoir perdu un être cher. Nombre d'entre elles souhaitent recevoir un signe ou entrer en communication directe avec leur proche pour s'assurer que celui-ci va bien et qu'il est en paix. Je leur dis que nous sommes tous des médiums. La différence entre nous est que je me fie à ce que j'entends, vois et ressens, ce qui me rassure quant au fait que je crée vraiment un lien entre ce monde et celui d'après. À l'instar d'un instrument de musique que l'on accorde, si j'affine mes dons en les utilisant au quotidien, j'obtiendrai un flux d'information merveilleusement bien orchestré.

Le processus de deuil est constitué de plusieurs étapes, mais il est différent pour chacun. Mon amie Marianne, dont le merveilleux fils, Jesse, nous a quittés il y a cinq ans, m'a informée qu'une cinquième édition du *Manuel diagnostique et statistique des troubles mentaux*, de l'Association américaine de psychiatrie, était en préparation[24]. On y propose l'idée qu'une personne ayant perdu un proche dispose de deux semaines pour faire son deuil avant de recevoir le diagnostic de dépression clinique. Par conséquent, si vous avez perdu un enfant ou un être cher, et qu'au bout de deux semaines vous vous sentez encore triste, que rien ne vous intéresse, que vous n'arrivez pas à dormir ou que vous ne voulez pas aller travailler, vous souffrez, selon le manuel, d'une dépression majeure, et vous avez besoin de prendre des médicaments. Qui écrit ce genre de texte ? Des directeurs de compagnie pharmaceutiques ?

Je pense que la médication est très bénéfique dans les cas de dépression ou autres difficultés. Toutefois, si cette

24. N.d.T. : La publication est prévue pour le mois de mai 2013.

nouvelle directive est appliquée, nombre de personnes qui vivent un mal-être totalement justifié pourraient tomber dans la catégorie des troubles psychiatriques. Même le manuel actuel propose un délai irréaliste d'une période de deux mois de deuil avant qu'une dépression clinique ne soit diagnostiquée. Pour la plupart des gens en deuil, je ne pense pas qu'un tel diagnostic et une ordonnance d'antidépresseurs – parfois à vie – soient la solution. Essayez plutôt de parler à un conseiller en deuil et envisagez d'autres possibilités pour vous aider à mieux dormir et à aller au bout de vos journées, mais ne vous laissez pas avoir par les compagnies pharmaceutiques à ce sujet.

On dit que le temps guérit toutes les blessures. Le deuil est une histoire différente. Le vide laissé dans votre cœur ne sera jamais comblé, mais, avec le temps, vous apprendrez à le remplir de petites parcelles de joie. J'appelle cela « colmater le cœur ». Vous aurez des bons et des mauvais jours. Parfois, le colmatage se fissurera, et vous devrez trouver de nouveaux moyens pour tenir toute la journée. Tournez-vous vers de véritables amis qui vous aideront à sortir de votre lit.

Après le décès de mon neveu Sean, ma sœur était en colère contre Dieu, ce qui est compréhensible. Elle avait dressé ses poings vers le ciel pour le mettre au défi, et elle lui criait, du plus profond de son cœur et de son âme : « Comment as-tu pu me faire ça ? Comment as-tu pu me prendre mon bébé ? » Pendant les séances du groupe de soutien qu'elle a mis en place pour les parents ayant perdu un enfant, elle parle de la lutte qu'elle a menée pour comprendre comment il était possible que Dieu ait infligé cette tragédie à sa famille. Rosie est une battante, et Dieu a bien fait de l'écouter.

Avec le temps, nous avons tous commencé à accepter l'idée que Sean était destiné à vivre dans le monde physique pendant 19 années seulement. Sean lui-même est venu me voir dans un rêve pour me le confirmer. Ce soir-là, il était un peu plus de minuit lorsque j'ai regardé l'horloge. Je revenais d'une présentation devant un grand public et j'étais épuisée. J'ai sombré dans le sommeil à l'instant où ma tête a touché l'oreiller. Dans mon rêve, je marchais le long d'une plage qui me semblait se trouver dans les Caraïbes. L'eau était turquoise et le sable, quasiment blanc. Sean venait à ma rencontre. En me souriant, il s'est précipité pour me prendre dans ses bras. Tandis qu'il me serrait contre lui, je lui ai demandé s'il allait bien. Il m'a répondu dans l'oreille : « *Tantine Moey, mon âme avait un contrat de 19 ans pour cette vie sur terre. C'est le temps que je devais y passer.* » Puis j'ai senti une brise chaude balayer mon visage et je me suis réveillée. Pendant son court séjour sur terre, Sean a touché plus de vies que n'en sont capables la plupart des gens ayant une existence terrestre bien plus longue.

Vous savez qui sont vos vrais amis dans les jours et les semaines qui suivent le décès de votre proche. Après les funérailles, votre maison est remplie d'amis et de membres de la famille. Les enfants courent en criant d'une pièce à l'autre, ne comprenant pas la tristesse profonde qui se cache entre les murs. Des rires résonnent depuis la cuisine tandis que l'on s'y remémore des souvenirs liés à l'invité spécial *qui n'est pas là* : « Tu te rappelles quand papa enlevait son dentier et qu'il se mettait à courir après les enfants dans le jardin tout en le faisant claquer avec sa main ? Je parie qu'en ce moment il nous regarde en gloussant. »

Pendant les quelques jours qui suivent l'enterrement, les visites et les appels téléphoniques sont nombreux. Puis, environ une semaine plus tard, lorsque la poussière retombe, votre maison fait penser à une ville fantôme. Certains vivent mal l'idée de la mort ; alors ils la fuient. Voir une personne souffrir et pleurer les gêne. Je pense que cela les ramène à leurs propres vie et famille. Nous fuyons tout ce qui peut nous rappeler que nous sommes des êtres mortels.

Au début, les signes provenant de l'Au-delà sont nombreux. En effet, les esprits profitent souvent de leur énergie nouvelle pour manipuler l'électricité ou pour avertir de leur présence par d'autres moyens. Il arrive que les ampoules se mettent à clignoter ou qu'elles s'éteignent ; le téléphone peut sonner alors que personne n'est à l'autre bout du fil ; la télévision peut s'allumer et s'éteindre ; des jouets musicaux peuvent se mettre en marche ; et le réveil peut sonner sans avoir été programmé. Ces signes se produiront lorsque vous vous y attendrez le moins ; alors soyez vigilants, et prévoyez d'être surpris.

Juste après avoir quitté le monde physique, l'esprit doit s'ajuster à son nouveau corps spirituel. La période nécessaire pour y parvenir dépend de chaque esprit. Pour vous prévenir qu'ils sont là, ils peuvent vous apparaître dans un rêve, et il est possible que vous aperceviez une ombre dans le couloir – pas à la façon terrifiante du film *Les Griffes de la nuit,* mais simplement pour vous dire qu'ils sont toujours là.

Au cours d'une séance, une cliente s'est souvenue que sa mère lui était apparue une semaine après sa mort physique. Elle faisait le ménage à l'étage lorsqu'elle a entendu quelqu'un sonner.

J'ai entendu la sonnette de l'entrée. Je suis descendue, et, juste avant d'arriver en bas de l'escalier, j'ai eu des palpitations. Je m'imaginais ouvrir la porte pour trouver sur le seuil ma mère en train de me sourire. J'ai demandé qui était là et n'ai obtenu aucune réponse. Mon rythme cardiaque s'est accéléré. Lorsque j'ai ouvert la porte, elle était bien là, un grand sourire sur le visage. Elle paraissait tellement jeune — je me souvenais qu'elle avait précisément cette apparence plusieurs années avant son décès. Sa peau, dépourvue de rides, était nette et radieuse. Sa coiffure était telle qu'elle la portait dans la quarantaine.

Je n'en croyais pas mes yeux. Mon cerveau humain a pris le dessus et je lui ai demandé plusieurs fois comment elle avait fait pour être là. Elle m'a répondu : « Tu ne vas pas me proposer de rentrer pour prendre un café ? » Nous avions l'habitude de nous retrouver pour boire un café ensemble. C'était notre rituel. Puis elle a ajouté : « Je ne peux pas rester longtemps. Je voulais juste que tu saches que je vais bien. Vous avez peut-être l'impression que je ne suis plus avec vous, mais c'est faux. Je suis toujours là. Dis à ta sœur que je suis passée. »

Puis nous avons ri jusqu'à en pleurer, comme dans le bon vieux temps. Je sentais les effluves de sa brume Jean Naté pour le corps. Nous nous sommes enlacées, et je l'ai serrée très fort, tout en m'imprégnant de son essence. Ensuite, elle s'est retournée pour se diriger vers la porte. Avant de sortir, elle m'a souri en me faisant au revoir de la main. « Tu vas t'en sortir », m'a-t-elle dit.

Un des moyens les plus surprenants par lequel j'aie vu un esprit communiquer avec nous porte le nom de « phénomène de voix électronique » (PVE). Le PVE est un phénomène mystérieux qui consiste à entendre, à l'écoute d'un enregistrement sonore, des voix ressemblant à des voix humaines, d'une source inconnue. Ces voix se mélangent à des grésillements similaires à ceux que l'on peut entendre à la radio, mais le phénomène peut également se produire par l'intermédiaire d'autres médias électroniques. La plupart du temps, les PVE sont enregistrés sur bande sonore. Les voix mystérieuses ne se font pas entendre au moment de l'enregistrement, mais plutôt lorsque le contenu est réécouté. Il est parfois nécessaire d'amplifier le son et d'utiliser un filtre antiparasite pour entendre ces voix. Certains PVE sont plus faciles à entendre que d'autres. Il peut s'agir d'hommes ou de femmes, d'adultes ou d'enfants, et le ton de la voix ou l'émotion transmise peuvent également varier. Habituellement, ces voix s'expriment en un mot, en un syntagme ou en une phrase courte. Parfois, elles gémissent, grognent, grommellent, ou émettent d'autres bruits. Les PVE se manifestent dans différentes langues. Personnellement, je n'ai assisté à ce phénomène qu'à quelques reprises au cours de mes séances.

Mon ami Eric Lavoie, qui est un enquêteur du paranormal, m'a fait écouter des PVE à l'occasion de quelques-unes de ses enquêtes. Je dois être honnête : il arrive qu'ils soient un peu effrayants. Un jour, Eric et moi avons pris des mesures rapides de l'énergie des esprits dans la mairie historique de Middleboro, dans le Massachusetts. Tandis que nous montions les escaliers qui mènent au balcon du Great Hall, j'ai senti un frisson remonter le long de mon dos. Arrivé à la dernière marche des escaliers, Eric m'a fait écouter ce qu'il venait d'enregistrer, et nous avons été tous les deux stupéfaits en entendant clairement les rires de plusieurs femmes. C'était clair comme de l'eau de roche. Inutile de dire que je me suis précipitée en bas des escaliers pour prendre la porte de la sortie. Même s'il s'agit de mon métier, je vis parfois des moments de stupéfaction.

J'ai un ami esprit très spécial qui m'aide au quotidien et qui s'appelle Nicky O'Neill. Le 20 février 2003, Nicholas O'Neill, âgé de 18 ans, a perdu la vie dans le quatrième incendie de discothèque le plus meurtrier de l'histoire des États-Unis. La discothèque Station, située à West Warwick, dans le Rhode Island, a été envahie par les flammes en l'espace de 10 secondes, à cause d'un mélange de pièces pyrotechniques intérieures et d'une isolation acoustique constituée d'une matière inflammable. Une de mes vieilles amies, Carla Bagtaz, est également morte dans cet incendie.

Nick était acteur, musicien, comédien, compositeur et écrivain. Alors qu'il n'avait que 16 ans, il a écrit une pièce en un acte intitulée *They Walk Among Us*. Dans cette pièce, des adolescents meurent et reviennent sous la forme d'anges gardiens. Selon le père de Nick, cette œuvre est non seulement prophétique, mais elle est également une célébration émouvante et inspirante de la vie et de l'espoir.

Depuis que Nick est décédé, sa famille et ses amis ont fait l'expérience d'innombrables signes et événements étranges, tous reliés au nombre 41. Ses parents, Dave et Joanne, sont venus me voir peu après sa mort. Lorsque je les ai accueillis dans mon ancien bureau, j'ai vu qu'une certaine nervosité se cachait derrière leurs sourires chaleureux. Tandis que je les conduisais vers la salle de traitement située au fond du magasin, je n'avais encore aucune idée de la personne avec laquelle ils souhaitaient prendre contact. J'ai approché une chaise du fauteuil inclinable. Nous avions en fond sonore la musique du groupe Enya accompagnée par le bruit de l'eau se déversant en minces filets d'une fontaine en bambou.

Après leur avoir expliqué comment je travaillais, j'ai immédiatement ressenti l'énergie d'un jeune homme, qui m'a raconté être décédé de façon tragique. Il m'a été difficile au premier abord de décrypter les symboles qu'il utilisait pour représenter les flammes. J'ai également vu dans ma tête la scène d'un homme victime d'un accident de voiture fatal. Les parents de Nick m'ont confirmé qu'un ami de Nick, Eric, était décédé avant lui dans un accident de voiture. J'ai ressenti à l'égard de Nick une connexion similaire à celle que j'avais avec mon neveu Sean.

Subitement, une vague d'énergie m'a envahie, et j'ai ressenti le besoin de me lever et de sauter dans tous les sens à l'image de Mick Jagger. Puis j'ai imité Michael Jackson en dansant comme lui. Alors que nous n'en étions qu'à la moitié de la séance, j'avais déjà besoin de faire une sieste ! Cet esprit avait plus d'énergie que Jim Carrey dans le film *Le masque.* C'était un peu comme si Nick s'était emparé de mon corps. Il voulait faire sourire ses parents en leur rappelant quelle personnalité il avait dans son corps physique. Nick était un jeune homme très expressif et animé. « *Dites à mon père que sa mère est avec moi. Mentionnez le nom de Bill. Il est avec moi lui aussi. Ma mère comprendra de qui je parle. Dites-leur que j'ai ma guitare noire. J'adore la musique. Mentionnez le nom de Chris. Dites bonjour à mes frères* », a-t-il transmis à ses parents à travers moi.

Nick a continué ainsi un moment, donnant à ses parents des preuves qu'il était bien là, tout en les faisant rire. Ce jour-là, Nick et moi sommes devenus amis.

Au cours de la séance, je n'ai pas cessé de demander à la mère de Nick :

— Vous ne l'entendez pas ? Il n'arrête pas de me dire qu'il vous appelle.

Mais elle me répondait invariablement qu'elle ne l'entendait pas. De retour à leur domicile, quand elle a écouté la cassette que nous avions enregistrée pendant la séance, elle a entendu des voix étranges par-dessus l'enregistrement. Il s'agissait d'un phénomène de voix électronique :

Moi : « Vous ne l'entendez pas ? Il n'arrête pas de me dire qu'il vous appelle. »
Joanne : « Non, je ne l'entends pas. Je ne comprends pas à quoi il fait référence. »
PVE : « Maman ! »

Un peu plus tard au cours du mois, Joanne m'a fait écouter l'enregistrement. Tous ceux qui l'écoutent entendent nettement Nick appeler sa mère. Dave et Joanne ont donc fait appel à Margaret, une spécialiste des PVE qui vivait dans l'ouest. En effet, celle-ci possède un matériel spécial qui lui permet de capter les PVE subtils lorsqu'elle entre en contact avec les esprits. Pendant sa séance avec les O'Neill, le PVE suivant a été capté :

« Salut maman, c'est moi, Nick. »

En écoutant l'enregistrement, j'ai eu la chair de poule. Joanne m'a confirmé qu'il s'agissait bien de la voix de Nick.

Les parents de Nick ont parlé de leur expérience avec Suzie, la mère de Bo, dont j'ai parlé au chapitre 15. Celle-ci a donc pris contact avec Margaret afin de vérifier si son fils pouvait utiliser le même véhicule pour communiquer.

Elle lui a donc envoyé une lettre pour lui relater l'histoire de Bo. Quelques semaines plus tard, elle a reçu un courriel de Margaret l'informant qu'elle pensait avoir reçu un PVE de la part de Bo la nuit précédente ; elle voulait confirmer avec Suzie qu'il s'agissait bien de sa voix.

Ce jour-là, un dimanche matin, Suzie se préparait pour aller à la messe. Lorsqu'elle a ouvert le courriel et cliqué sur le lien vers le PVE, elle a entendu ceci : « Salut maman, c'est moi, Bo. » Puis elle a cliqué sur le lien suivant. Margaret y avait pris la parole :

— Qui est-ce ? À qui je parle ?

— *C'est moi, Bo. C'est moi qui parle, je parle à maman !*

Il parlait fort et semblait irrité que Margaret ne sache pas qui il était. En écoutant l'enregistrement, Suzie pleurait et riait en même temps, totalement submergée par ce qu'elle venait d'entendre — c'était du Bo tout craché !

C'est au cours d'une de mes séances que j'ai vécu ma deuxième expérience d'un PVE, en présence d'une femme du nom d'Eileen. Ce jour-là, lorsqu'Eileen était arrivée en haut des escaliers qui menaient à mon nouveau bureau, elle était fatiguée et essoufflée. Elle avait le teint pâle, et l'épuisement se lisait sur son visage. Elle transpirait énormément. Une fois assise, elle s'est mise à pleurer. Je l'ai consolée, puis je suis entrée en contact avec sa mère.

— Votre mère est là. Elle me montre qu'elle est décédée d'une insuffisance cardiaque. Avez-vous deux frères ou sœurs ? Elle mentionne le chiffre 3. Elle a envie de vous tirer par les bretelles pour vous sortir de votre dépression.

Plus tard, après ma séance avec Eileen, j'ai écouté les messages sur mon répondeur du bureau. J'avais du mal à comprendre le premier. C'était une voix qui criait et qui haletait. Cela faisait des années que je n'avais pas été la cible d'un canular téléphonique, et celui-ci en était certainement un.

Après avoir écouté le message à trois reprises, je n'arrivais toujours pas à le comprendre, à l'exception du nom de la personne, et j'ai utilisé la fonction d'identification de l'appelant pour retourner son appel.

— Maureen, c'est moi, Eileen. J'ai écouté l'enregistrement de notre session en le rembobinant et je voudrais vous faire entendre quelque chose.

Eileen était tout excitée. Je l'entendais se dépêcher de préparer le magnétophone. Voici ce qu'elle m'a fait écouter :

Moi : « Elle a envie de vous tirer par les bretelles pour vous sortir de votre dépression. »

PVE : « Souris, souris ! »

— Maureen, vous avez entendu ? C'est la voix de ma mère ! Je n'arrive pas à y croire. Je l'écoute en boucle. Je vais vous en envoyer une copie. Je sais que c'est sa façon de m'aider à sortir de ma dépression. Je vous serai éternellement reconnaissante à toutes les deux pour ce cadeau.

Même si j'ai la capacité d'entrer en contact avec les esprits, certaines choses me déconcertent et suscitent en moi des questionnements.

Depuis ma rencontre avec Nick O'Neill, je vois le nombre 41 partout, et mes capacités ont décuplé. En lisant ces lignes, vous aussi serez piqué par la mouche du 41 — préparez-vous ! Vous allez le voir sur des choses différentes, notamment du shampoing, des boîtes de lait, des plaques d'immatriculation, des numéros de table, des affiches, de la mayonnaise, du matériel électronique et des vêtements. Dave Kane, le père de Nick, a écrit un livre intitulé *41 Signs of Hope*[25], dans lequel il relate les expériences et les signes mystérieux qu'a connus sa famille en rapport avec le nombre 41. En outre, Chris O'Neill, le frère de Nick, et son ami Christian DeRezendes, ont réalisé et produit le film *41*.

Lorsque des parents viennent me voir pour communiquer avec leurs enfants, Nick est toujours dans mon esprit, souriant et prêt à passer à l'action. J'ai l'habitude de demander à Nick et à Sean de m'aider avant chacun de mes spectacles. Je demande également à un ange spécial, Jennifer Fay (une fille de Brockton, dans le Massachusetts, disparue depuis 1989), de m'aider. Les trois mousquetaires arrivent alors en courant avant que ne débute ma séance, mon cours ou mon spectacle.

J'ai fait un jour une présentation au Raffael's, un restaurant de taille moyenne situé à Hull dans le Massachusetts. Il se trouve à l'intérieur de l'hôtel Clarion, lequel borde la plage réputée de Nantasket, près de l'un des plus vieux carrousels du monde.

Alors que je roulais en direction de ce restaurant, Nick est apparu et a chuchoté dans mon oreille. Il m'a expliqué qu'une femme ayant perdu son fils dans un accident d'auto allait assister à ma présentation, et que je la reconnaîtrais grâce au nombre 41.

Une fois sur place, j'ai garé ma voiture en face de l'hôtel, du côté de l'océan. Le vent ramenait mes cheveux devant mon visage, et j'ai entendu des petits rires qui provenaient des personnes garées juste à côté. Ils riaient probablement parce que je ressemblais à Cousin Machin dans *La famille Addams*. Sous l'effet du bruit de l'océan, la tension que je ressentais jusque-là s'est évanouie. Je savais que Nick faisait des

25. N.d.T. : Traduction littérale : 41 signes d'espoir.

heures supplémentaires pour réunir ce jeune homme avec sa mère.

Lorsque je suis montée sur scène, j'ai balayé la salle du regard à la recherche du nombre 41. J'ai regardé les numéros des tables, les t-shirts, les chapeaux et les tatouages… en vain. La salle était en forme de L. Je me suis donc dirigée vers le coin d'où partait l'autre moitié du L, et quelque chose a attiré mon regard. De l'autre côté des magnifiques fenêtres couvrant toute la hauteur du restaurant, j'ai trouvé mon 41. Stationnée pratiquement contre la fenêtre se trouvait une voiture dont la plaque d'immatriculation contenait les chiffres 141. La tête d'une femme m'empêchait de voir les autres chiffres de la plaque. Dans mon esprit, j'entendais un jeune homme crier avec enthousiasme :

« *C'est ma mère ! Celle qui a la grosse tête avec la coiffure des années 1980 !* »

Pendant toutes mes années d'expérience, je n'avais jamais été plus convaincue d'avoir ciblé la bonne personne.

— Votre fils est décédé, ai-je commencé. Sa voiture a percuté un arbre. J'entends le nom de Mike.

L'expression qui s'est dessinée sur le visage de cette femme était inestimable. C'est en partie pour être témoin de ces moments que je continue à faire ce travail.

— Oh mon Dieu, oui ! Je n'arrive pas à y croire. Mon Michael. Il va bien ?

— Il va plus que bien. Il veut que vous sachiez qu'il était avec vous lorsque vous avez appris sa mort. Il y a eu un délai, car on n'arrivait pas à vous trouver.

— Vous avez absolument raison. J'étais dans le New Hampshire, et la police ne parvenait pas à me trouver. Je n'ai appris la mauvaise nouvelle que trois heures après l'accident. Je suis encore en colère contre moi-même, car je n'étais pas là au moment où mon fils avait le plus besoin de moi.

— S'il vous plaît, débarrassez-vous de cette colère inutile, lui ai-je dit. C'est parce qu'on n'arrivait pas à vous trouver que votre fils a eu le temps de vous rejoindre en esprit. Il est heureux, car il sait que vous serez à nouveau réunis. Pour l'instant, vivez en pensant à lui, inspirez-le, sentez sa présence et soyez convaincue qu'il est votre ange.

Lorsqu'elle a déplacé ses cheveux, j'ai pu voir le reste de la plaque d'immatriculation : XO[26]-141. Nick O'Neill venait de m'envoyer un câlin et un baiser depuis l'Au-delà. J'ai tellement de chance.

Si nous nous donnons la permission de ressentir au quotidien le lien qui nous unit en esprit à nos proches, nous pourrons non seulement survivre à la souffrance la plus intense qu'il nous ait été donné de vivre, mais également triompher de notre tragédie. Perdre quelqu'un ou quelque chose que l'on aime peut nous rappeler à quel point la vie est fragile et temporaire, mais, surtout, combien il est important d'apprécier la chance que nous avons d'avoir notre famille, nos amis, notre bonne santé, etc.

En plus des signes qui se mettent à pleuvoir du ciel après un départ, il existe de nombreuses façons de célébrer la mémoire de l'être cher. En voici quelques exemples : créez un fonds de bourses d'études en son nom ;

26. N.d.T. : Les lettres X et O sont parfois utilisées en fin de lettre, de courriel ou dans un message texte pour exprimer l'affection de l'expéditeur à l'égard du destinataire.

organisez un rassemblement pour l'anniversaire de sa naissance ou de sa mort et lâchez un ballon pour l'occasion. Pour les enfants, il peut être bénéfique d'écrire un mot et de l'attacher au ballon. Créez un jardin commémoratif en son honneur en y plantant ses fleurs préférées ; plantez un arbre dans votre jardin ; faites un CD contenant ses chansons préférées ; confectionnez une housse de coussin à partir de son t-shirt ou de son veston préféré ; fabriquez des bracelets ou des colliers en utilisant les fleurs de ses funérailles ; confectionnez un album personnalisé en y collant des photos et des objets qui vous font sourire ; et utilisez un journal pour y écrire des lettres qui lui sont adressées et pour y noter les signes que vous recevez de sa part.

Les sentiments qui accompagnent le processus de deuil sont éprouvants et parfois épuisants, mais il est important de savoir qu'un deuil ne prend jamais fin. Les personnes endeuillées doivent absolument apprendre à intégrer leur perte dans leur vie pour qu'elle fasse partie d'elles-mêmes, sans pour autant les définir. Le deuil est un processus qui ne finit jamais, mais les sentiments qui l'accompagnent évoluent avec le temps, et de nombreuses personnes affirment qu'elles finissent par être à nouveau capables de vivre et de profiter de leur vie. Elles apprennent à mener une existence selon une « nouvelle norme » et à accepter qu'elles ne pourront jamais retrouver leur vie d'avant.

De nombreuses personnes souffrent en silence et se retrouvent déchirées par leur deuil. Même s'il est rassurant de communiquer avec un proche par l'intermédiaire d'un médium, le risque est d'en devenir dépendant. La médiumnité n'est qu'un outil sur le chemin de la guérison. Je recommande de solliciter l'aide d'un conseiller en deuil pour bénéficier d'un soutien hebdomadaire et de conseils visant à surmonter cette épreuve. Il existe peut-être aussi des groupes de soutien dans votre région. N'hésitez surtout pas à demander de l'aide. Si vous êtes intéressé par la médiumnité, sachez que certains médiums n'agissent pas avec leur cœur et risquent de tirer profit des personnes qui souffrent. Assurez-vous d'avoir les références d'un médium de bonne réputation.

17

Anecdotes

Au fil des ans, j'ai tissé des liens étroits avec des personnes provenant de différents horizons : des célébrités, des sportifs professionnels, des policiers, des pompiers, des infirmiers, des médecins, des cols bleus et blancs, des octogénaires, des mères, des pères et même un chien. J'aimerais partager avec vous quelques-unes des anecdotes les plus touchantes, les plus impressionnantes et les plus drôles qu'ait vécues la « médium comique » que je suis. J'ai une façon unique de communiquer avec les esprits et d'élever le niveau d'énergie d'un public en me servant de mon humour. Nos êtres chers de l'Au-delà souhaitent nous voir célébrer les bons souvenirs que nous partageons avec eux — et non vivre une autre veillée mortuaire.

Un de mes meilleurs souvenirs concerne une présentation que j'avais faite au restaurant Fireside. Ce jour-là, en m'approchant d'une des tables, j'ai perçu de la nervosité sur le visage d'une dame âgée dont les joues commençaient à rougir, et qui s'agitait sur sa chaise.

— Madame, votre mari est-il décédé ?

C'était comme si je lui avais crié : « Vous êtes la prochaine candidate pour *Le juste prix.* » Elle a bondi de sa chaise, la faisant basculer tandis qu'elle venait vers moi en traînant les pieds, affairée à régler son appareil auditif.

— Oui Maureen, mon mari est décédé, m'a-t-elle répondu d'un ton neutre.

J'ai ensuite ressenti une douleur vive dans la région du foie et du pancréas, ce qui m'a indiqué que l'esprit essayait de me dire comment il était décédé.

— Il me montre qu'il avait le cancer.

La dame a acquiescé.

— Pancréatique ?

Ses yeux se sont écarquillés tandis qu'elle inclinait sa tête vers l'arrière, puis elle m'a pris le micro des mains pour dire :

— Patriotique, bien sûr qu'il était patriotique ! Il est né un 4 juillet !

Le public s'est levé pour lui faire une ovation.

Il y a plusieurs années, lorsque j'ai commencé à faire des séances privées, une octogénaire est venue dans mon bureau par un lundi pluvieux. Avec sa jupe courte en denim, ses leggings et son bandana marron à pois autour du cou, elle avait un style jeune pour son âge. Je me suis dit que Dolly Parton pourrait lui ressembler quand elle atteindrait son âge. Elle m'a demandé si j'avais le temps pour une petite séance.

Appréciant son courage, j'ai accepté de la placer entre deux rendez-vous. Nous nous sommes assises sur le vieux canapé antique que ma mère m'avait donné. Lorsque j'ai demandé son nom à mon invitée spéciale, elle m'a répondu : « À vous de me le dire. » J'avais entendu cette réplique des millions de fois, mais cette fois-ci j'ai ri de bon cœur. Devinez comment elle s'appelait… Dolly !

J'ai commencé la séance en lui prenant les mains et en fermant les yeux pour entrer en contact avec le monde des esprits. Dans ma tête, j'ai demandé aux proches décédés de Dolly de se présenter s'ils souhaitaient lui parler. Un homme vêtu d'un uniforme de la marine, les cheveux lissés vers l'arrière, s'est présenté à moi. Il avait un petit sourire satisfait.

– Dolly, il y a un homme brun en uniforme de la marine.

Lorsque j'ai ouvert les yeux, je l'ai vue remuer la tête. Puis elle a agité sa main comme si elle essayait d'écraser une mouche, tandis que sa lèvre supérieure était relevée en signe de dégoût.

– C'était un pauvre type. Il y a quelqu'un d'autre pour moi ? Je prends n'importe qui sauf lui.

J'ai failli perdre mon sérieux. Mais j'ai repris ses mains et fermé les yeux.

– Dolly, il y a maintenant un autre homme qui souhaite communiquer avec vous. Il me montre la ville de York, dans le Maine. Il tient également une bouteille de Scotch.

Dolly a soudainement bondi du canapé et posé les mains sur ses hanches.

– Vous plaisantez, j'espère ! On l'a accepté au paradis ?

J'essayais de me retenir d'éclater de rire en me mordant la lèvre.

Dolly a récupéré son sac et son parapluie.

— Je suis venue ici pour parler avec mon chat qui est mort, et non avec mes salauds d'ex-maris. Merci quand même.

Lorsque ABC Media Productions a filmé une séquence de présentation qui a servi de bande-annonce pour les réseaux du câble intéressés par l'émission, nous avons décidé d'organiser une séance de médiumnité au Tirrell Room de Quincy, au Massachusetts, pour profiter de sa vue imprenable sur les Blue Hills. Ces collines ont été baptisées ainsi par les premiers explorateurs européens qui avaient remarqué les teintes bleutées que prenaient leurs flancs tandis qu'ils naviguaient au large de la côte. Celles-ci s'expliquent par la présence de riébeckite, un minerai, sur les rochers des collines.

En passant devant une jeune femme, j'ai entendu quelqu'un crier dans ma tête : *C'est ma fille. Arrêtez-vous !*

— Votre père est-il décédé ? ai-je demandé à la jeune femme.

— Oh mon Dieu, oui ! s'est-elle exclamée.

Je lui ai demandé de venir sur la piste de danse pour entrer en contact avec son père. Sa mère, son oncle et ses sœurs sont venus avec elle.

— Papa me parle d'un mariage.

Après le choc causé par cette information, le petit groupe a fondu en larmes. La jeune femme m'a répondu en premier.

— Je me suis mariée il y a un mois, et mon père est décédé deux semaines avant.

Son père m'a ensuite montré des scènes familières de ma propre base de données d'Aruba, notamment celles de la station balnéaire de Divi Divi.

— Vous avez séjourné à Divi Divi pour votre lune de miel ?

Les cris se sont faits plus intenses.

— Je n'arrive pas à le croire. Mon père m'avait offert un voyage tout compris à Divi Divi pour notre lune de miel.

Puis elle a saisi la main de son mari.

— Vous devez savoir qu'il était avec vous.

Un silence gêné s'est installé tandis qu'ils se regardaient. La mère a pris le micro.

— C'est formidable parce que la famille tout entière est partie en lune de miel.

Le père m'a informée que sa fille attendait un garçon, mais je ne savais pas si je devais lui transmettre cette information. Elle était mince, et sa grossesse ne se voyait pas.

— Papa me montre un bébé.

Ils se sont tous regardés, l'air perplexe.

— Non, je ne suis pas enceinte, s'est exclamée la nouvelle mariée.

— Nous prévoyons attendre cinq ans.

— Eh bien, ai-je répondu, il y a une pharmacie un peu plus loin dans cette rue. Il serait peut-être bon d'y acheter un test.

Son mari et elle pouffaient de rire. Mais j'étais *très* sérieuse. Une semaine plus tard, elle m'a écrit pour me dire qu'elle avait fait un test « pour le principe » et qu'elle était bel et bien enceinte !

Il y a six ans, j'ai reçu une femme qui s'appelait Sue, avait la cinquantaine et venait de perdre son père. Parce qu'elle avait pris soin de lui jusqu'à sa mort, elle était totalement désemparée. Elle espérait apprendre qu'il allait bien. C'était un homme très solide d'origine italienne. Il ne lui a pas fallu longtemps pour entrer en contact avec moi.

— Votre père est là. Il me montre qu'il avait un cancer du côlon ou un cancer quelque part au fond du ventre. J'ai la sensation que mes fesses sont en train de tomber.

Sue a eu l'air surprise mais heureuse.

— Il va bien ? Est-ce qu'il est content de ce que j'ai fait pour essayer de l'aider ? Il sait combien il me manque ?

— Oui, il est très heureux. Il ne souffre plus et a conservé son merveilleux sens de l'humour. Il sait combien il vous manque. Il a un grand sourire. Il me dit que l'argent se trouve sous les marches de l'escalier.

Nous avons ri toutes les deux, et Sue semblait soulagée. Ensuite, je lui ai transmis les nombreux éléments que son père me communiquait à propos de sa vie sur terre. Il m'a notamment montré qu'il construisait des maisons et qu'un jour il s'était coupé un pouce. À la fin de la séance, Sue est repartie plus légère.

Deux mois plus tard, je l'ai rencontrée alors que je faisais mes courses. Elle avait l'air contrariée en venant vers moi.

— Maureen, il n'y avait pas d'argent sous l'escalier. Nous avons demandé à un excavateur de venir une semaine après notre séance, et il n'a rien trouvé. Pourriez-vous redemander à mon père où se trouve l'argent ?

J'étais abasourdie et ne trouvais pas les mots. Après avoir repris mes esprits, j'ai respiré profondément avant d'expliquer à Sue que son père plaisantait lorsqu'il avait dit : « *L'argent se trouve sous les marches de l'escalier.* »

J'ai la chance d'être connue dans toute la Nouvelle-Angleterre pour mes dons de médium, mais il arrive qu'il ne soit pas aussi agréable qu'on le pense d'être reconnue dans la rue. De simples activités comme faire les courses peuvent parfois être accompagnées de murmures et de regards inquisiteurs. Un jour, alors que je me trouvais dans le rayon des fruits et légumes de mon supermarché habituel, j'ai entendu un « psssst » provenant du coin des salades. Une femme d'âge moyen tentait d'attirer mon attention tout en feignant d'examiner les salades. Lorsque j'ai regardé dans sa direction, elle m'a murmuré :

— Est-ce que mon frère est là ? Il vient juste de mourir.

J'ai répondu :

— Non, il est dans le rayon de la charcuterie. Et en ce qui me concerne, je m'efforce de trouver un beau cœur de romaine.

Vous l'avez deviné, elle s'est précipitée pour essayer de l'attraper avant qu'il ne parte.

J'ai récemment donné un cours sur la communication avec les esprits. Je suis fermement convaincue que n'importe qui peut prendre contact avec ses proches décédés. Tandis que nous accueillions les participants, j'ai eu l'impression de reconnaître une femme.

— Je vous ai déjà rencontrée ? J'ai l'impression de vous connaître.

Au lieu de parler, elle a mis les mains devant sa poitrine en formant une sorte de boîte, puis elle a fait le geste d'écraser quelque chose.

— J'ai fait votre mammographie, s'est-elle exclamée fièrement. Tous mes collègues ont paniqué quand ils vous ont vue arriver.

— Est-ce qu'ils se sont battus pour savoir qui s'occuperait de moi ?

— Ah non, pas vraiment. Personne ne voulait le faire. Ils redoutaient tous que vous parliez de morts pendant la procédure.

Cette conversation a fait remonter en moi le souvenir d'un événement survenu l'année précédente, lors de ma toute première mammographie. Si vous n'avez jamais eu le plaisir d'avoir votre poitrine écrasée par des serre-livres, imaginez qu'un étau transforme votre chair tendre et sensible en une croûte de pizza très mince.

L'année dernière, au milieu de la procédure, le sein gauche posé sur une plaque en plexiglas, et des « bip bip » dignes d'un tractopelle en fond sonore, la technicienne me demande de retenir ma respiration. J'ai inspiré profondément, priant quiconque m'entendrait d'abréger mon calvaire. Puis la technicienne m'a demandé : « Est-ce que mon père vous dit quelque chose en ce moment ? »

Je n'ai pu m'empêcher de penser : *Vraiment ? Vous plaisantez, là ! Vous pensez peut-être que mes mamelons ont des sortes d'antennes reliées au ciel ? En fait, oui, et il vous demande de relâcher la prise vulcaine sur mon sein droit. Je suis impatiente d'avoir mon prochain test de Pap.*

Il m'arrive parfois de laisser les esprits venir à moi lorsque je ne suis pas en « mode travail ». Les esprits aiment particulièrement attirer mon attention quand je suis au restaurant. (J'appelle cela « repas et boissons en compagnie des morts ».) Parfois, je dois déployer des efforts considérables pour qu'ils restent tranquilles, plus particulièrement lorsque je passe ma commande. Un jour où je mangeais avec certaines de mes sœurs chez Dave's Diner, un restaurant local dont la décoration est inspirée des années 1950, la sœur décédée de la serveuse ne voulait pas me laisser tranquille. J'ai fini par céder en acceptant de communiquer avec cet esprit.

— Il y a l'esprit d'une femme qui refuse de me laisser manger. Elle dit qu'elle est votre sœur.

Laissant tomber la pile de menus qu'elle avait dans les mains, la serveuse s'est figée sur place. Puis elle s'est assise près de moi, accablée par le chagrin, et elle s'est mise à pleurer doucement.

— Votre sœur a eu un cancer du sein, lui ai-je dit. Elle me montre un « C » majuscule, et je ressens une pression au niveau de la poitrine. Est-ce qu'elle a trois enfants ? Elle me montre trois doigts.

— Oh mon Dieu, oui, elle avait bien un cancer et elle a trois enfants.

Je lui ai dit :

— Elle veut vous remercier d'avoir pris aussi bien soin d'elle et de vous occuper de ses enfants maintenant.

La serveuse s'est mise à sangloter sans pouvoir s'arrêter, si bien que plusieurs des clients nous regardaient. Ils devaient penser que nous avions fait une crise parce que nos œufs étaient trop cuits. Plus tard, après avoir terminé mon café et mes beignets, en compagnie des morts, je me suis levée pour prendre la serveuse dans mes bras.

J'ai effectué de nombreuses séances de médiumnité dans des endroits inhabituels tels que des magasins de vêtements au centre commercial, le cabinet de mon dentiste, des bars, des librairies, des fleuristes, le cabinet de mon ophtalmologue, des toilettes publiques, des événements sportifs, des hôpitaux, un train de banlieue et même lors d'une séance de bronzage par pulvérisation.

Récemment, une de mes amies sur Facebook, Kathleen Gallagher Perry, a relaté une expérience inoubliable. Après l'avoir lue, mes joues étaient douloureuses tellement j'avais ri.

> Voici une histoire amusante qui relate la conversation que j'ai eue aujourd'hui avec une enfant d'environ sept ans pendant le cours de catéchisme que j'enseignais.
>
> Petite fille : « Madame Perry, pourquoi il n'y a que des images de Jésus et aucune de Dieu dans ce livre ? »
>
> Madame Perry : « Eh bien, Dieu est partout. On ne peut pas vraiment le voir comme les gens pouvaient voir Jésus. »
>
> Petite fille : « Je parie que Maureen Hancock pourrait le voir. »

Le rire est le meilleur des traitements. Si je peux aider ceux qui restent à rire malgré leur peine, j'aurai fait mon travail. Alors, lâchez-vous et offrez-vous une bonne crise de rire, pourquoi pas après une bonne crise de larmes ! Vivez pleinement chaque jour de votre vie pour être fier, plus tard, des années séparées par le tiret sur votre tombe.

Voici un exercice simple à appliquer lorsque vous vous sentez perdu et en perte d'équilibre. Imaginez que vous êtes debout au milieu d'un champ. Respirez en imaginant les racines d'un arbre, remplies de l'énergie de la terre, remonter en passant par la plante de vos pieds. Ces racines entourent délicatement vos jambes et vous soutiennent. Vous êtes ancré fermement tout en restant souple. Visualisez maintenant une boule de lumière blanche à vos pieds. Imaginez que cette lumière chaude, éclatante et protectrice remonte dans vos jambes, puis dans votre torse, votre cou et votre tête. Imaginez qu'elle imprègne votre corps tout entier. Elle est votre protection de lumière blanche ou votre couverture d'énergie. Elle agit comme un champ de force qui vous protège de toute énergie négative. Maintenant, lancez-vous dans le monde et riez, pleurez et guérissez.

Conclusion

J'ai passé les quatre dernières années à donner forme à mon premier livre — mon rêve est maintenant devenu réalité. En le commençant, j'avais l'espoir qu'en suivant mes aventures de véritable messagère des esprits, vous alliez rire, pleurer, et mieux comprendre ce qu'est la mort. Je comprends maintenant qu'il est bien plus que le récit de ma vie. Les histoires que j'y relate sont des exemples de tragédies devenues victoires. Ce livre est un guide qui porte sur le processus de transition de la vie à la mort et de la mort à la vie, et sur l'importance de vivre pleinement notre existence en mémoire de nos êtres chers. J'espère par-dessus tout qu'il vous permettra d'être plus conscient du divin et qu'il ouvrira votre intuition telle une fleur dont la graine avait été plantée, mais avait simplement besoin d'être nourrie. Il est même envisageable que vous aspiriez à atteindre les étoiles, porté par la certitude que tout est possible.

Nous avons tous reçu le don incroyable de la vie. Mais le don véritable est notre possibilité de choisir comment nous la vivons. Vous sentez-vous rapetisser à la simple idée de devoir surmonter des périodes de peine, de transition et de changement ? Ou bien acceptez-vous de ressentir cette peine, permettant ainsi à la guérison de commencer ?

Certains des parents que j'ai reçus et qui ont perdu un enfant passent le plus clair de leur temps à attendre de vivre leurs retrouvailles ultimes dans l'Au-delà. En se tournant vers cet avenir, ils trouvent une motivation pour aller de l'avant et ils accueillent l'idée de la mort au lieu de la redouter. Ma sœur Rosie, quant à elle, ne passe pas son temps à attendre la mort. Même si nous parlons du bonheur qui l'inondera lors de ses retrouvailles avec Sean, elle a conclu un pacte avec lui : vivre pleinement l'aventure magnifique qu'est la vie et ainsi le rendre fier. (Après tout, il vit lui-même sa propre aventure.) La mort ne lui a pas retiré sa passion pour la vie. C'est au contraire en vivant chaque instant qu'elle s'est rapprochée de Sean.

La mort est le plus grand mystère et l'expérience la plus puissante qu'il nous soit donné de vivre. Mon désir profond est qu'en partageant ces histoires avec moi, vous ayez non seulement appris à mieux connaître la vie après la mort, mais également à *vivre* – et non à vivre dans le sens de se lever le matin, de partir travailler et de refaire la même routine le lendemain, mais de vivre dans la joie. De retirer de chaque journée des parcelles de joie jusqu'à ce que celles-ci explosent autour de vous tels des confettis. C'est ce que vos proches, dans l'Au-delà, souhaitent pour vous. Ils vous encouragent à comprendre avec clarté ce que sont la mort, l'expérience de la mort et la vie après la mort.

J'évolue et je tire des leçons de chaque expérience, tout en continuant à être profondément touchée par les parents que je rencontre et qui ont eu à faire leurs adieux physiques à leur enfant ou qui n'en ont pas eu la possibilité. Lorsque mes réserves d'énergie sont basses, mais qu'il me faut transmettre des messages de guérison à un public, je fais appel à certains de mes jeunes aides : Sean Michael, Nick, Jennifer, D.J., Jonathan, Bo, Anjuli, Drew et Maddie. Je les vois dans mon esprit, se tenant la main et me souriant, prêts à aider d'autres enfants à transmettre leurs messages d'espoir et de guérison à leurs parents qui attendent avec inquiétude parmi le public.

Je suis peut-être la « Médium d'à côté », mais je ne suis pas différente de vous. Nous avons tous la capacité d'entendre, de sentir et de voir en esprit nos proches disparus. J'espère que vous comprenez maintenant mieux ce qu'est la communication avec les esprits et que vous avez appris à calmer votre esprit, à faire confiance et à écouter. Car, lorsque vous le ferez, il est bien possible que des couches de peine commencent à disparaître.

Tandis que je suis sur le point de répandre mon message dans toute la nation par le moyen de ma propre émission télévisée – une chose que je n'aurais espérée qu'en rêve –, je sais que Dieu, mes anges, et mes êtres chers en esprit, m'ont ouvert la voie pour que je puisse l'étendre au monde entier. J'espère que « mon message » deviendra votre message et que nous pourrons aider les autres à ne plus avoir peur de la mort et à comprendre la perte physique d'un être cher d'une façon nouvelle et éclairée. Si mon histoire résonne dans votre cœur, partagez-la avec votre famille et vos amis.

Je crois que l'imagination est plus forte que la connaissance,
Que le mythe est plus puissant que l'histoire,
Que les rêves sont plus puissants que les faits,
Que l'espoir l'emporte toujours sur l'expérience,
Que le rire est le seul remède à la douleur.
Et je crois que l'amour est plus fort que la mort.

– Robert Fulghum

Annexe : Questions fréquemment posées

De nombreuses personnes se posent des questions sur la vie après la mort, sur la communication avec les esprits et sur la spiritualité en général. Je suis sans cesse sollicitée pour répondre à ces questions au cours de mes présentations, dans des courriels, et même lorsque je passe du temps avec mes fils sur le terrain de baseball. J'ai donc puisé dans mes expériences de travail et dans les informations fournies par les esprits pour vous en présenter une liste. Certaines de ces réponses ne reflètent que mon point de vue, et je les validerai lorsque je serai dans l'Au-delà.

Q : Qu'est-ce qu'un médium ?

R : Un médium est une personne qui communique télépathiquement avec les esprits, en les entendant, en les ressentant, et en voyant dans sa tête des images, des symboles et des scènes envoyés par le monde des esprits ou l'Au-delà. Un médium a la capacité de recevoir les fréquences et énergies plus élevées auxquelles vibrent vos proches décédés, et de s'y connecter. En ce qui me concerne, je transmets les messages avec ma voix, mais ce sont les pensées et images envoyées par votre proche. Pour moi, c'est un peu comme un stade rempli de gens, ou, mieux encore, comme dans la publicité de Verizon où un « réseau » (une foule) se présente à la porte d'un client.

Je transmets au destinataire mon interprétation des images et des informations qui me parviennent en accéléré pendant une séance. Il peut m'arriver de me tromper, mais, dans 90 % des cas, l'information est comprise au moment de la séance, et il y a de bonnes chances que, si ce n'est pas le cas immédiatement, elle le soit plus tard. Les noms des personnes vivantes et décédées sont toujours mentionnés. Vos proches décédés aiment dirent qui ils sont, de qui ils sont accompagnés, et qui ils ont laissé derrière eux. Ils ne se présentent pas en tenant une pancarte indiquant : « *Je suis Billy, j'ai 42 ans, je suis Gémeaux et j'aime faire de longues promenades au bord de la plage.* » Si je recevais un cent chaque fois qu'une personne me demande si un esprit peut lui donner les bons numéros de loto, je serais riche ! Oh, et oubliez les pièces de 1 cent tombées du ciel. Personnellement, j'attends des dollars !

Q : Est-ce que tout le monde a la capacité de communiquer avec les esprits ?

R : Oui, tout le monde possède les dons divins que sont l'intuition et la capacité à recevoir des messages. Mais certaines personnes y sont plus réceptives. Comme c'est le cas de toutes les compétences, notamment jouer d'un instrument de musique, certains ont un don inné et d'autres ont besoin de s'entraîner. Des outils tels que la méditation, le yoga, les livres spirituels, les enregistrements destinés à vous faire développer votre intuition et à faire le silence dans votre esprit ne sont que quelques moyens de vous y aider. Vous est-il déjà arrivé de penser à une personne et que celle-ci vous appelle presque immédiatement après ou encore que vous tombiez sur elle par hasard ? Si la réponse est oui, devinez quoi ?… Vous avez des dons psychiques ! Mais si vous tombez *physiquement* sur elle, vous êtes légèrement psychotique (je plaisante !). Apprenez à ne pas avoir peur de ce don ; fiez-vous plutôt à lui, lâchez prise et observez-le tandis qu'il vous guide, vous et votre famille, pour les années à venir. Cela a l'air facile, n'est-ce pas ? Disons qu'un certain entraînement est nécessaire.

Q : La médiumnité va-t-elle à l'encontre de l'Église catholique et des enseignements chrétiens ?

R : Il arrive, au cours d'une séance, qu'un client me dise que son père ou sa mère n'accepte pas de communiquer, car cette pratique va à l'encontre de sa religion. J'ai été élevée dans la religion catholique irlandaise et je suis toujours une catholique irlandaise. Ma foi me permet de transmettre des messages d'espoir, de paix et d'amour inconditionnel envoyés par le plan supérieur de la vie. Après une communication avec l'Au-delà, je ne vois rien d'autre qu'une magnifique manifestation de guérison, et cela n'a rien de diabolique. Pour citer les propos de saint Paul à propos des dons du Saint-Esprit : « Il y a diversité de dons de la grâce, mais c'est le même Esprit (…). À chacun est donnée la manifestation de l'Esprit en vue du bien de tous. À l'un, par l'Esprit, est donné un message de sagesse, à l'autre un message de connaissance, selon le même Esprit ; à l'un, dans le même Esprit, c'est la foi ; à un autre, dans l'unique Esprit, ce sont des dons de guérison ; à tel autre, d'opérer des miracles, à tel autre, de prophétiser, à tel autre, de discerner les esprits, à tel autre encore de parler en langues ; enfin, à tel autre, de les interpréter. Mais tout cela, c'est l'unique et même Esprit qui le met en œuvre, accordant à chacun des dons personnels divers, comme Il veut. » (1 Co 12,4-11[27])

Je crois que le Seigneur nous transmet des dons spéciaux par l'intermédiaire du Saint-Esprit. Ces dons se manifestent sous différentes formes. La médiumnité est le don de prophétiser. Tout au long de l'Ancien et du Nouveau Testament, Dieu a toujours communiqué avec son peuple par la médiumnité. Cette communication s'est présentée sous de nombreuses formes différentes : anges, visions, « morts » ou rêves. La naissance de Jésus et de Jean Baptiste était prophétisée. Jean Baptiste a prévu la venue du Messie (Jean 1,6-9). On considère que des manifestations de médiumnité sont derrière les événements « surnaturels » ou « miraculeux » sur lesquels se basent la plupart, si ce n'est la totalité, des enseignements chrétiens. Dieu est présent et actif à travers tous mes dons.

Q : Comment puis-je communiquer avec mes êtres chers de l'Au-delà ?

R : Vous le faites déjà quand vous pensez à eux. Vos pensées s'en vont directement vers eux, et ils les entendent clairement. Vous devez simplement être patient, déterminé, dépourvu de crainte. Vouloir forcer les choses n'aidera en rien. Il arrive souvent que les parents qui ont perdu un enfant me confient à quel point il leur est difficile d'obtenir des signes. Je les aide à repérer les plus subtils, comme le fait de se réveiller toujours entre 3 h et 4 h, lorsque le voile entre ce monde et l'autre est plus fin. Ou encore lorsqu'ils sont en

27. N.d.T. : Selon la Traduction Œcuménique de la Bible (TOB).

voiture et n'écoutent pas particulièrement les paroles d'une chanson jusqu'au moment où elles les frappent subitement de leur sens bien particulier. Nos proches nous envoient des messages et communiquent avec nous de multiples façons. Nous devons simplement apprendre à faire la différence entre nos pensées et les leurs.

À combien d'entre vous est-il arrivé d'entendre une voix vous intimant de vous retourner alors que vous conduisiez votre voiture ? À votre grande surprise, vous avez vu qu'un camion ou un autre véhicule était sur le point de percuter votre voiture, et vous frôlez la catastrophe de justesse. Si vous ne vous étiez pas retourné, vous auriez pu avoir à rendre visite à votre garagiste. Nos êtres chers nous guident, et notre lien d'amour ne se brise pas lorsque leur enveloppe corporelle disparaît. Les esprits sont éternels et vivent bien plus longtemps que ne vit la voiture usagée que nous appelons notre corps.

Q : Entendez-vous les voix des morts en permanence ? Comment parvenez-vous à les faire taire ?

R : Quand j'ai compris que je possédais ce don, je n'avais pas la capacité de l'utiliser à ma guise. Mon ami Tom Frederick, un chaman amérindien, m'a aidé à comprendre que je pouvais le maîtriser et le « mettre en marche » ou l'arrêter comme je le souhaitais. Selon lui, j'étais trop ouverte et empathique, ce qui incitait les esprits à penser qu'ils pouvaient se présenter à moi à n'importe quel moment. Lorsque j'ai saisi que c'était moi qui décidais, les esprits ont cessé de me harceler et de sortir la tête de mon armoire. (Quoique cela m'amuse parfois, surtout lorsque, au moment où je m'endors, j'entends : « *Salut Maureen, c'est moi, Bob. Tu reçois ma fille demain pour une séance. J'ai eu envie de passer pour te dire bonjour.* »)

Maintenant, j'arrive à faire des nuits complètes. Mais si j'ai fait une prestation devant un public important le jour même, il m'arrive d'être réveillée par des esprits rebelles qui n'ont pas pu se présenter pendant l'événement et qui ne respectent pas l'étiquette du monde des esprits.

Q : L'enfer et le paradis existent-ils ?

R : Il me faudrait écrire un livre distinct pour répondre à cette seule question. Au fil de l'histoire, différents enseignements ont fait référence au paradis et à l'enfer. Mon opinion personnelle est que nous créons notre propre réalité. Je ne crois pas qu'il existe un lieu appelé enfer où le soufre et les flammes éclairent la nuit, tandis qu'un homme en costume rouge et affublé de cornes et d'une queue nous attend devant la porte. Dieu nous a dotés du « libre arbitre ». Je pense qu'il existe différents niveaux au paradis, en fonction de ce qu'a été notre vie terrestre. Je crois également qu'il existe des niveaux de vibration inférieurs où se tiennent les esprits qui se sont mal comportés (pour le dire gentiment). Les esprits qui se sont efforcés de respecter les lois spirituelles de la réussite telles que l'amour inconditionnel, l'aide à son prochain, l'absence de jugement et un intérêt raisonnable pour les biens matériels, dégagent des vibrations bien supérieures et semblent plus près de Dieu. Je le répète, je ne suis pas Dieu, et j'obtiendrai toutes les réponses de la même façon que vous.

Q : Existe-t-il de « mauvais » esprits ?

R : Il existe des esprits dont les vibrations sont plus basses et qui peuvent être malicieux et parfois perturbants. Personnellement, je me protège grâce à la prière. J'érige des barrières autour de moi et je m'entoure de la lumière de Dieu. Ces énergies négatives se nourrissent de votre peur, et il est donc important de savoir que c'est vous qui avez les rênes. Si vous ressentez la présence d'une énergie indésirable qui vous donne la chair de poule ou une sensation de nausée, ordonnez-lui de partir. Tirer les couvertures au-dessus de votre tête en gémissant ne vous aidera pas. Parlez-lui ainsi : *Je vais prier pour vous, mais vous devez partir maintenant. Allez vers la lumière.* Dites-le avec conviction en essayant de ne pas vous enfoncer davantage dans votre sentiment d'anxiété. Efforcez-vous de ne pas laisser votre peur prendre le dessus en recréant la fausse énergie d'un mauvais esprit. Notre esprit est un outil puissant qui peut parfois provoquer un stress et des inquiétudes exagérés.

Je ne suis pas un fan du plateau de Ouija. Il a tendance à attirer des énergies indésirables qui refusent parfois de partir. Je m'en méfie encore plus lorsque ce sont des enfants ou des adolescents qui le manipulent. Mon amie Nancy était adolescente lorsqu'elle a fait sa première expérience avec le Ouija. Quand elle est allée se coucher ce jour-là, elle avait la sensation que quelque chose était assis sur sa poitrine. Ce n'est qu'au bout de quelques semaines que cette sensation a disparu. Ce n'est pas un jeu ; gardez vos distances.

Si vous sentez une énergie malveillante chez vous, plus particulièrement dans une chambre d'enfant, essayez des fumigations de foin d'odeur et de sauge. La sauge séchée et le foin d'odeur — que l'on peut acheter dans des boutiques holistiques ou dans des magasins amérindiens — sont utilisés dans la tradition amérindienne pour nettoyer et purifier un lieu. Faites brûler une extrémité du paquet d'herbes et agitez-la pour que la fumée se répande dans le lieu ciblé.

Personnellement, j'ai eu la chance de réussir à me débarrasser d'une énergie malveillante présente dans la chambre de mes enfants en accrochant un capteur de rêves amérindien devant la fenêtre. Pour une meilleure protection, vous pouvez suspendre une croix dans la pièce concernée et y répandre également de l'eau bénite. En tant que parents, nous souhaitons protéger nos enfants. Parlez à l'énergie qui vous semble malveillante ou qui perturbe votre enfant. Dites-lui qu'elle effraie votre enfant et que, par conséquent, elle doit partir.

Q : Que se passe-t-il quand nous arrivons au ciel ?

R : Les esprits m'ont expliqué qu'ils passaient par un processus appelé « orientation ». Il s'agit d'une visite de l'Au-delà destinée aux esprits fraîchement arrivés. Puis ils sont réunis avec leurs proches et retrouvent leur esprit-guide ainsi que leurs autres guides. Si un esprit éprouve des difficultés à s'ajuster à ce nouveau monde, les autres esprits l'aident comme le ferait une assistante sociale ou un thérapeute dans le monde des vivants. Ils font également un survol de leur Livre de Vie qui leur permet d'examiner quelles ont été leurs pensées, leurs paroles et leurs actions sur terre. Ensuite, certains se reposent, d'autres participent à des festivités, tandis que d'autres encore passent un peu de temps seuls. Il y en a qui étudient, d'autres qui travaillent, et d'autres encore qui se guérissent de leur mort physique ou de leur séparation d'avec un être cher resté sur terre. Les esprits nous ressemblent à de nombreux égards, mais ils se distinguent de nous dans leur façon de gérer et de traiter certaines choses telles que les sentiments, les choix et le libre arbitre.

Q : À quoi ressemble l'Au-delà ?
R : J'ai remarqué que chaque esprit avait sa propre « version » de ce qu'était l'Au-delà (un peu comme un économiseur d'écran). Ils créent leur paradis de manière à s'y sentir à l'aise. Par exemple, un esprit peut me montrer qu'il est assis face à l'océan, comme il aimait le faire sur terre. Ou il peut m'apparaître dans un environnement que connaît bien la personne qui est venue me consulter – en train de pêcher, de naviguer, de faire une randonnée en montagne ou de travailler dans la ferme où il a grandi.

Q : Mes proches qui sont dans l'Au-delà sont-ils encore en colère contre moi ?
R : Je n'ai jamais rencontré d'esprit qui soit en colère contre ses proches, même si leur relation sur terre était problématique. Tous sont venus à moi avec une attitude d'amour inconditionnel. Cela s'explique par le fait que, dans l'Au-delà, vous prenez du recul par rapport à votre vie sur terre et à ceux qui en faisaient partie. En outre, Dieu n'est rien d'autre que pur pardon et amour inconditionnel, et les esprits pardonnent et aiment, eux aussi. Il leur arrive souvent de demander à leurs proches de se pardonner à eux-mêmes pour que tout le monde puisse vivre pleinement son

existence. Soyez convaincu que tout le mauvais reste sur terre.

Q : Les animaux transmettent-ils des messages depuis l'Au-delà ?
R : Les animaux communiquent exactement de la même façon que les esprits humains. J'en ai fait l'expérience à plusieurs reprises, lorsque j'ai mis des clients en contact avec leurs animaux. Étonnamment, ils me parlent d'une façon très humaine, et leurs messages sont les mêmes que ceux des humains.

Q : Les animaux sont-ils réceptifs à l'énergie des esprits ?
R : En général, les animaux, et plus particulièrement les chiens, sont très réceptifs à l'énergie qui les entoure. Il peut leur arriver d'aboyer et d'avoir l'air de regarder quelque chose ou quelqu'un alors qu'il n'y a rien. Les chats sont plus agités en présence d'un esprit. Ils peuvent être particulièrement « bavards » et s'installer à l'endroit où se trouve l'énergie.

Q : Comment peut-on communiquer avec des gens qui ne parlaient pas notre langue sur terre ?
R : Il existe un langage universel dans l'Au-delà. Les esprits communiquent avec moi dans ma langue pour que je puisse les comprendre. Il en va de même pour les bébés et les animaux. Cependant, si des mots ont une signification particulière dans sa langue, l'esprit me le transmettra sans me le traduire. Par exemple, alors que je recevais une dame grecque en séance, son mari s'est présenté à nous, et il a fallu que mon amie Maryanne, qui parle couramment le grec,

joue le rôle d'interprète. Mais son mari ne cessait de répéter la même chose en grec, et je m'appliquais à transmettre ce que j'entendais : « *Ska'se Malaka.* » Maryanne me donnait des coups de pied sous la table, mais ma cliente souriait en acquiesçant. Elle semblait heureuse de recevoir ce message, et je ne comprenais donc pas pourquoi mon amie me fusillait du regard.

Au bout d'un moment, je lui ai chuchoté :

— Qu'est-ce qu'il dit ?

Maryanne a serré les dents et m'a murmuré à l'oreille :

— Tais-toi, imbécile !

J'ai soupiré, mais la vieille dame grecque m'a saisi la main pour me dire approximativement ceci :

— Maintenant je sais que c'est lui. Il me disait toujours cela !

Remerciements

Il me faudrait la moitié du livre pour remercier tous ceux qui ont contribué à ce que mon projet devienne réalité. Tant d'amis et de membres de ma famille m'ont entourée pendant que je m'efforçais de transmettre mes messages au public par l'intermédiaire de ce livre et de la télévision. Voici quelques-unes des personnes qui ont pavé mon chemin et m'ont soutenue. Merci à :

Ma famille immédiate – Greg, Tyler et Drew, mes anges terrestres, pour votre patience, votre amour inconditionnel et votre soutien.

La bande des Dalton – maman, papa, Rosie, Jim, Liz, Maggie, Joe, Marygrace, Sarah et Patrice. Vous êtes le vent qui souffle sous mes ailes.

Anastassia Grace et Candy Dalton – tout mon amour et mes remerciements à mes nièces magnifiques et brillantes.

Lisa Tener – ma coach littéraire et amie au talent incroyable. Je te suis profondément reconnaissante pour l'expertise et les conseils que tu as partagés avec moi. Je n'y serais pas arrivée sans toi.

Imal Wagner – mon ami et agent littéraire. Merci de m'avoir éclairée et permis de croire que les rêves peuvent devenir réalité.

Carol Rosenberg – ma formidable éditrice chez HCI Books. Les mots ne suffisent pas pour exprimer ma gratitude à l'égard de la patience, de l'énergie et des remarquables compétences que tu as mises au service de ce livre.

Peter Vegso – fondateur de HCI Books. Merci de m'avoir donné une chance et d'avoir permis à un rêve de se réaliser.

Nancy Burke – merci d'avoir saupoudré mon livre de ton extraordinaire talent d'éditrice.

Marianne Leone Cooper (et Jesse) – ma chère amie et guide. Merci de m'avoir constamment soutenue, d'avoir partagé ton talent avec moi et de m'avoir aidée à trouver ma voix.

Dot Aufiero – sans tes efforts inlassables et ta foi en moi, je n'en serais pas là aujourd'hui.

Kelly Scriven – un merci spécial à mon amie et agente. Je te suis profondément reconnaissante d'avoir cru vraiment en moi et d'avoir porté la flamme tout au long de ce marathon.

Wanda McManus – ma chère amie et assistante. Merci de m'aider à rester forte et organisée !

Sandy Alemian – je te compte parmi mes trésors. Merci pour tes conseils, ton soutien et ton amour inconditionnel.

Kerry Brett – mon âme sœur et incroyable photographe. Merci d'avoir donné vie à *La médium d'à côté*.

Larry Quemere – un merci spécial pour avoir toujours pris soin de moi et pour avoir offert aux publics un espace sacré de guérison.

J'aimerais remercier particulièrement certains de mes amis les plus proches pour leur soutien inébranlable et pour leurs encouragements : Lori Belche, Maryann Georgantas,

Diane, Katie, Melissa et Erica Laubi, les Fontneaus, Ellie Bassick-Trovato et l'équipe de Uplifting Connections, John Holland, Noelle Armstrong, Jaqi Murphy, Paula Wonson, Lisa Hockney, Lorna Brunelle, Ted Lopes, Shelley Hines, John Trifiro, Teesha Latec, Kendall et Dina Fisher, Père Al Faretra, les mamans des Bridgewater Badger et Juliena Fehrer.

Merci à mes amis de la télévision et des médias pour avoir cru en moi : Elaine Metaxas, Rebecca Eisen (mon âme sœur), David Stone, Anne Lewis Roberts (et toute l'équipe d'ABC Media Productions), Kim Moses et Ian Sander (Sander/Moses Productions), Stephen Brown (20th Century Fox Television), Cal Boyington, Dan Ilani, Steve Wohl de la Paradigm Talent Agency, les directeurs de Style. Merci d'avoir élaboré le concept. Je suis impatiente d'entreprendre ce voyage [et de le continuer].

J. R. Reitz, Michael Rock et Larry Soares de Fun 107 radio, Loren et Wally, ainsi que l'équipe tout entière de radio WROR, Eric Latek de Phantazma Pictures et John Belche de Outsource Creations.

Merci à mes amis spéciaux qui ont contribué à l'élaboration de ce livre avec leurs histoires touchantes — Rosie Dalton, Dave Kane et Joanne O'Neill, Suzanne D'Olimpio Falco, Gail Hunter, Mary Rizzo, Madison Armstrong, Donna Wells, Julie et Pete Ostiguy, et Kristen Savoie.

Le détective Alan Tate et l'équipe de Metro Investigations — notre passion pour aider à ramener les enfants chez eux vient de prendre forme grâce à notre initiative conjointe de « Mission for the Missing ». Merci d'être toujours là pour moi.

Merci à la détective Cindy Felts et au chef John LaCrosse.

Enfin, à tous ceux qui se sentent oubliés en lisant ceci : j'ai de la chance d'être entourée de nombreux amis qui m'aident dans différents aspects de ma vie. Merci.

Ressources

Bereaved Parents of the USA

www.bereavedparentsusa.org

Organisme national visant à aider et à soutenir les parents en deuil et leur famille accablés par la douleur d'avoir perdu un enfant.

Compassionate Friends

www.compassionatefriends.org

Organisme national constitué de parents en deuil qui vous offrent leur amitié et vous proposent des groupes de soutien et une aide individuelle dans votre région.

Forever Family Foundation

www.foreverfamilyfoundation.org

Vise à promouvoir la science de la compréhension de la vie après la mort, grâce à la recherche et à l'enseignement, tout en fournissant un soutien aux personnes en deuil et en les accompagnant dans leur guérison.

Wings

www.wingsgrief.org

Source d'information et d'inspiration pour les personnes en deuil et pour celles qui en prennent soin, incluant un magazine trimestriel contenant des récits véridiques de cheminements à travers le processus de deuil.

Livres

ALEMIAN, Sandy. *What Was God Thinking?! I Wanted to Know… So I Asked*, Bloomington (IN), Balboa Press, 2010.

BERKOWITZ, Rita et Deborah S. ROMAINE. *The Complete Idiot's Guide to Communicating with Spirits*, Indianapolis (IN), Alpha Books, 2002.

BROWN, Robert. *We Are Eternal: What the Spirits Tell Me About Life After Death*, New York (NY), Warner Books, 2003.

HOOD, Ann. *Comfort: A Journey Through Grief*, New York (NY), W. W. Norton & Company, 2008.

IRELAND, Mark. *Soul Shift: Finding Where the Dead Go*, Berkeley (CA), Frog Books, 2008.

LEONE, Marianne. *Knowing Jesse: A Mother's Story of Grief, Grace, and Everyday Bliss*, New York (NY), Simon & Schuster, 2010.

PRAAGH, James Van. *Guérir d'un chagrin : reconquérir sa vie après un malheur* (traduit de l'anglais par Linda Cousineau), Paris, éditions J'ai lu, collection Aventure secrète, 2010.

VIRTUE, Doreen. *Aimer et prendre soin des enfants indigo* (traduit de l'anglais), Outremont (Québec, Canada), Les éditions Ariane, 2008.

À propos de l'auteure

Maureen Hancock est une médium, une enseignante, une conférencière et une guérisseuse holistique, de réputation nationale [et même internationale]. Elle a consacré les 10 dernières années à se servir de ses dons pour aider les autres. Elle est la cofondatrice de deux organismes à but non lucratif : Seeds of Hope, proposant des soins holistiques aux patients atteints de cancer et un soutien aux parents ayant perdu un enfant, et Mission for the Missing, qui fournit de l'aide et du matériel dans les cas de disparition d'enfants et d'adultes. Maureen est membre associée de la Licensed Private Detective Association of Massachusetts. Elle a fait l'objet de nombreux articles et elle est invitée dans des émissions de radio partout au pays. En outre, Maureen a participé à l'émission-débat *Wedlock or Deadlock* des studios Fox, et elle travaille actuellement à sa propre émission de téléréalité en collaboration avec ABC/Disney et les producteurs exécutifs de la série télévisée *The Ghost Whisperer* ; Sander/Moses Productions[28]. Maureen réside dans une petite ville au sud de Boston, dans le Massachusetts, avec son mari, leurs deux enfants, et Ally, leur labrador couleur chocolat.

---

28. Cette minisérie télévisée est portée à l'écran depuis le 30 juillet 2011 sous le titre de *Psychic in Suburbia*. Voir à cet égard la page Facebook *Psychic in Suburbia Fans*, ainsi que la section appropriée du site Web de Maureen Hancock.

Pour obtenir de plus amples renseignements à propos de Maureen et de son calendrier d'événements, ou pour vous inscrire gratuitement à son bulletin électronique (en anglais seulement), rendez-vous au www.maureenhancock.com. Visitez également le www.seedsofhope.com et le www.missionforthemissing.com.

AdA
éditions

www.ada-inc.com
info@ada-inc.com

www.facebook.com/EditionsAdA

www.twitter.com/EditionsAdA